高职高专“十二五”规划教材

冶金企业安全生产与环境保护

主编　贾继华　白　珊　张丽颖

北　京
冶　金　工　业　出　版　社
2023

内容提要

全书分企业安全生产和环境保护知识上、下两篇，共15章。上篇以钢铁企业的基本生产厂为单元（烧结厂、炼铁厂、炼钢厂、轧钢厂、焦化厂、动力厂共6个厂），分别介绍了各厂作业现场安全隐患，包括有毒有害气体、有毒粉尘、高温、辐射、高压容器、工业用电、自然界雷电、火灾等，并针对这些隐患提出了应采取的预防措施，以及一旦出现不安全状况时处理的方法。下篇介绍了环境保护、清洁生产与循环经济，并在介绍大气污染、水污染、固体废物、噪声、热污染等的基础上，提出了具有针对性的防治措施。

本书为高等职业技术院校冶金相关专业的教学用书，也可作为冶金企业专业技术人员和技术工人的培训教材，还可供相关专业人员参考。

图书在版编目(CIP)数据

冶金企业安全生产与环境保护/贾继华，白珊，张丽颖主编．—北京：冶金工业出版社，2014.2（2023.7重印）
高职高专“十二五”规划教材
ISBN 978-7-5024-6480-6

Ⅰ.①冶… Ⅱ.①贾… ②白… ③张… Ⅲ.①冶金工业—工业企业—安全生产—高等职业教育—教材 ②冶金工业—工业企业—环境保护—高等职业教育—教材 Ⅳ.①F407.362 ②X756

中国版本图书馆CIP数据核字(2014)第005096号

冶金企业安全生产与环境保护

出版发行 冶金工业出版社　**电　话** (010)64027926
地　址 北京市东城区嵩祝院北巷39号　**邮　编** 100009
网　址 www.mip1953.com　**电子信箱** service@mip1953.com

责任编辑 戈　兰　美术编辑 彭子赫　版式设计 葛新霞
责任校对 禹　蕊　责任印制 窦　唯
三河市双峰印刷装订有限公司印刷
2014年2月第1版，2023年7月第8次印刷
787mm×1092mm 1/16；14印张；336千字；211页
定价45.00元

投稿电话 (010)64027932 投稿信箱 tougao@cnmip.com.cn
营销中心电话 (010)64044283
冶金工业出版社天猫旗舰店 yjgycbs.tmall.com
（本书如有印装质量问题，本社营销中心负责退换）

前言

本书是根据现阶段冶金生产安全与环保知识普及的需要而编写的。冶金工业是我国国民经济的基础和支柱产业，从事冶金工作的人员众多，这些人员的安全问题必须受到重视。无论是已经进入冶金企业工作岗位的操作工人、技术人员和管理人员，还是冶金技术、冶金动力工程、金属材料工程和煤化工等冶金企业需要的专业学生，都需要具备安全生产和环境保护方面的基础知识。冶金生产过程产生大量污染物，如果处置不当，污染物对周围环境会产生较大的不良影响。因此，掌握安全生产知识，加强环境科学知识教育，普及环境保护知识，增强全民环境保护意识具有重要的现实意义。

本书结合冶金企业安全生产的现状和发展需要，以烧结厂、炼铁厂、炼钢厂、轧钢厂、焦化厂和动力厂等为单元，分别介绍了冶金企业生产中存在的各种安全隐患及其防范措施，一方面通过大量的现实事故案例说明冶金企业生产的危险性，另一方面也对事故的发生原因进行了较全面的分析，使事故案例不仅仅是一个记录在案的事件，更重要的是对学生起到教育、警醒和引导防治的作用，为以后进入工作岗位打下良好的基础。

本书在结构安排、内容选择、知识讲解等方面，都紧密结合职业教育的特点，注重可读性的同时，还注重实用性技能的介绍。

本书由唐山科技职业技术学院的贾继华、白珊和张丽颖担任主编。参加本书编写的还有唐山科技职业技术学院的孙雅平、徐海芳、孟建荣、王会凤、李秀华、薄荷、潘韶慧、陈学英、齐玉珍、王艳春，河北大唐国际唐山热电有限责任公司的袁斌等。贾继华和白珊还负责书稿的统稿工作和初稿的审稿工作。

本书编写过程中还参考了大量的宝贵资料，在此，编者对收入书后“参考文献”中的作者表示由衷的感谢！

由于编者水平有限，书中存在的不足，敬请广大读者批评指正。

编　者

2013 年 9 月

目　录

上篇　企业安全生产

下篇　环境保护知识

上篇

企业安全生产

1 安全生产概述

1.1 冶金工业生产的特点及安全问题

1.1.1 冶金工业生产的特点

冶金工业包括钢铁工业和有色金属工业。钢铁工业是国家的基础工业之一，工业、农业、国防、交通运输乃至人们的许多日常生活用品都离不开钢铁材料。钢铁产量往往是衡量一个国家工业化水平和生产能力的主要标志。钢铁质量和品种对国民经济其他工业部门产品的质量有着极大的影响。

随着社会的发展，冶金产品对国民经济的发展起着越来越重要的作用。航空航天技术的进步，离不开冶金材料的发展，高新技术的发展、高性能冶金材料的研制和应用更是必不可少。

冶金企业作为金属材料的生产单位，它的生产过程同其他行业相比，具有以下特点：

（1）冶金企业生产过程环节多、工序多、工艺复杂。

（2）冶金企业的生产过程既有连续的，又有间断的。

（3）冶金企业属于“资本密集型”企业，即它需要数量庞大且种类繁多的生产设备。

（4）冶金企业的作业方式综合性很强，其主要加工作业和关键工序都不是由单体操作能独立完成的，而是必须由人数不等的群体密切配合，对一定的劳动对象进行连续作业。

1.1.2 冶金工业生产的安全问题

冶金工业生产的安全问题与其生产工艺密切相关，既有生产工艺条件所决定的高动能、高势能、高热能所带来的重大危险因素，又有化工生产常见的有毒有害物质，还有一般机械行业常见的机械伤害事故。其特点是危险源点多、危害大、高温作业和煤气作业多、作业环境差。

冶金工业生产存在的主要安全问题如下：

（1）冶金生产高温冶炼过程中产出的铁水、钢水危险性极大。一旦发生罐体倾翻、泼溅、炉体烧穿导致铁水或钢水遇水，就会爆炸，造成人员大量伤亡和重大经济损失；铁水、钢水喷溅易造成灼烫事故。

（2）各种工业气体使用量大，危险性较大。冶金工业大量使用煤气做燃料。煤气的来源多（包括焦炉、高炉、转炉煤气等），使用场所更多（如炼铁、炼钢、轧钢以及其他辅助生产都要用到煤气做燃料）；煤气输送管网和设备复杂，对主体生产系统影响大，一旦失控，立即影响到主体生产系统；煤气还极易造成中毒窒息、爆炸事故，导致人员大量伤亡。氧气是冶金工业重要的氧化剂，用量大，也极易发生爆炸事故。氮气作为保护气体，使用范围越来越大，易发生窒息事故。

（3）冶金企业大量使用起重机械、压力容器和压力管道等特种设备，危险性大。起重机械负荷大，吊运高温物体，作业环境恶劣，一旦发生铁水罐、钢水包倾翻事故，后果十分严重。压力容器和压力管道内的介质通常为高温、高压、有毒、有害物质，运行线路长，监测、维护困难。

（4）冶金生产设备大型化、机械化、自动化程度较高，高温作业、煤气作业岗位多。作业时经常涉及高空，高温，高速运动机械，易燃、易爆、有毒气体泄漏，腐蚀等危险状况，作业空间狭窄，立体交叉作业，容易发生中毒窒息、火灾爆炸、灼伤、高处坠落、触电、起重伤害和机械伤害等事故。

（5）冶金企业粉尘、噪声、高温、有毒、有害等职业危害严重，治理困难。在一些老企业，职业病患病人数超过了工亡人数。尤其是焦化厂和炼铁厂，作业条件十分恶劣。随着自动化水平的不断提高，单调作业引起疲劳等问题，影响越来越大。

（6）主体生产对辅助系统的依赖程度高，一旦出现紧急状况，处置不当则极易引发重特大事故。

冶金生产系统可能会受到某些自然条件的制约。例如，地震区冶金企业曾因大地震造成人员重大伤亡和财产重大损失；沿海冶金企业也曾因地基不均匀引起沉降，从而拉裂煤气管网，导致煤气泄漏等。

目前，我国冶金企业在炼铁生产中大量喷吹烟煤粉以替代冶金焦炭，而烟煤粉具有较强的爆炸危险性。

冶金企业生产工艺复杂、危险因素多，造成伤亡事故的原因多种多样。据调查表明，机械伤害、起重伤害与物体打击等事故发生频率较高，死亡人数位于各类事故的前 3 名。近年来，行业扩张迅速，企业装备与管理水平参差不齐，这也是导致安全问题的一个主要原因之一。冶金企业主要分为国有中央企业、国有地方骨干企业、民营企业和股份制企业等几种类型。其中，国有中央和国有地方骨干企业生产设备的本质安全度高，管理者和员工的安全生产意识较好，安全生产管理制度健全；民营企业和股份制企业情况较复杂，部分企业安全生产责任制极不健全，安全生产规章制度缺项多，甚至无安全管理机构和专职安全管理人员等。

1.2 安全生产的重要性

钢铁企业的安全生产是促进钢铁行业生产力水平长足发展的必然要求。作为企业中流砥柱的劳动者是生产力中最活跃、最重要的因素。钢铁企业的安全生产可以有效地减少伤亡事故的发生，使人们在劳动中所结成的生产关系更加稳固，从而促进生产力的发展。但目前钢铁企业的安全生产形势并不乐观，较大事故时有发生。例如，2008 年 2 月 19 日某公司检修工程公司 1 号高炉计划检修时，当班工长未严格执行安全生产规定，检修公司没有严格执行国家《炼铁安全规程》（AQ 2002—2004）致使发生火灾事故，造成 1 人死亡，损失 7100 个工作日，直接经济损失 29 万元；2008 年 2 月 22 日某公司炼铁二工序一作业区，一职工单某在得知下水井溢水后，未经作业区同意，擅自下水井违规操作造成窒息。刘某在没有通知其他人员也没有采取安全防护措施的情况下，盲目冒险进入井内施救，导致事故扩大，造成 2 人死亡，直接经济损失 40 万元。2008 年 4 月 21 日，某项目部进行检修时，未按规定进行空气安全取样分析的情况下，未采取相应的安全防护措施，检修人员擅自进入二级二号电滤器内，导致死亡 2 人，轻伤 5 人，直接经济损失 70 万元。2008 年 7 月 6 日，某热轧宽板厂乙作业班电工罗某未按规定穿戴劳动防护用品，并且在未采取有效的安全防范措施情况下，冒险拆除水泵临时电源线，从而触及其他裸露带电体导致身亡。2011 年 6 月 11 日，某铸造厂在维修冲天炉除尘装置时没有按操作规程操作，发生煤气中毒事故，死亡 6 人、受伤 1 人。

可见，安全生产一直是钢铁企业关系生命安全的首要问题。钢铁企业安全生产，可以使职工在相对安全的工作环境中从事生产作业，解除职工对自身安全的后顾之忧，全身心投入到生产中，提高劳动生产率，为企业创造更多的效益，使企业在竞争中不断地发展壮大。

1.3 安全生产方针

我国的安全生产方针是：安全第一，预防为主，综合治理。把“安全第一，预防为主”作为安全生产的工作方针，是由国家的性质决定的，是由发展生产的经济规律决定的，是由重视人的安全需要决定的，也是由企业的社会责任决定的。

安全生产方针是长期安全生产管理实践与经验的总结，是我国对安全生产工作所提出的一个总的要求和指导原则，它为安全生产指明了方向。要搞好安全生产，就必须贯彻执行安全生产方针。

1.3.1 安全生产方针的含义

“安全第一”，首先强调安全的重要性。安全与生产相比较，安全是重要的，因此，要先安全后生产。也就是说，在一切生产活动中，要把安全工作放在首要位置，优先考虑。它是处理安全工作与其他工作关系的重要原则和总的要求。

“安全第一”体现了人们对安全生产的一种理性认识，这种理性认识包含两个层面。第一层面，生命观。它体现了人们对安全生产的价值取向，也体现了人类对自我生命的价值观。人的生命是至高无上的，每个人的生命只有一次，要珍惜生命、爱护生命、保护生命。事故意味着对生命的摧残与毁灭，因此，生产活动中，应把保护生命的安全放在第一位。第二层面，协调观，即生产与安全的协调。任何一个系统的有效运行，其前提是该系统处于正常状态。因此，“正常”是基础，是前提。从生产系统来说，保证系统正常就是保证系统安全。安全就是保证生产系统有效运转的基础条件和前提条件，如果基础和前提条件得不到保证，就谈不上有效运转。因此，“安全第一”应为重中之重。

“预防为主”是指安全工作应当做在生产活动开始之前，并贯彻始终。凡事预则立，不预则废。安全工作的重点应放在预防事故的发生上，事先考虑事故发生的可能性，采取有效措施以尽量减少并避免事故的发生以及由此造成的损失。因此，必须在从事生产活动之前，充分认识、分析和评价系统可能存在的危险性，事先采取一切必要的组织措施、技术措施，排除事故隐患。以“安全第一”的原则，处理生产过程中出现的安全与生产的矛盾，保证生产活动符合安全生产、文明生产的要求。

“预防为主”体现了人们在安全生产活动中的方法论，事故是由隐患转化为危险，再由危险转化而成的。因此，隐患是事故的源头，危险是隐患转化为事故过程中的一种状态。要避免事故，就要控制这种“转化”，严格地说，是控制转化的条件。那么，什么时候控制最有效？按照事物普遍的发展规律，事故形成的初始阶段，力量小、发展速度慢，这个时候消灭该事故所花费的精力最少、成本最低。根据这个规律，消除事故的最好办法就是消除隐患，控制隐患转化为事故的条件，把事故消灭在萌芽状态。因此，应把预防方法作为控制事故的主要方法。

“综合治理”是指适应我国安全生产形势的要求，自觉遵循安全生产规律，正视安全生产工作的长期性、艰巨性和复杂性，抓住安全生产工作中的主要矛盾和关键环节，综合运用经济、法律、行政等手段，人管、法治、技防多管齐下，并充分发挥社会、职工、舆论的监督作用，有效解决安全生产领域的问题。实施综合治理，是由我国安全生产中出现的新情况和面临的新形势决定的。综合治理是落实安全生产方针政策、法律法规的最有效手段。

1.3.2 贯彻安全生产方针

贯彻落实安全生产方针，首先，要树立正确的安全观，在思想上要重视安全，把安全工作放在“第一”的位置上，当安全与生产出现矛盾的时候，首先必须保证安全，决不能违章冒险蛮干。只有坚持“安全第一”，才能保持生产稳定、持续、顺利进行。如果忽视安全，一味图快走捷径，则很容易发生伤亡事故，影响生产甚至停产，即所谓“欲速则不达”，甚至适得其反。

其次，要端正安全生产的态度，要变消极被动的“要我安全”为积极主动的“我要安全”，自觉遵守安全生产管理制度。

再次，要树立科学的安全观，树立“事故是可以预防的”观念，积极采用科学技术手段来防止事故，不得消极被动地承受生产事故造成的损失和灾难。

最后，坚持“预防为主，综合治理”的安全生产管理原则，将安全管理方式由事后管理变为事前预防，采取法律、技术、培训、管理等多方面、全过程的综合治理。

1.4 安全生产法律法规知识

安全生产法律法规是调整安全生产关系的法律规范的总称，是我国法律体系的重要组成部分。在社会主义市场经济条件下，必须将安全生产管理纳入法制化轨道，用法律法规来规范企业的生产行为，要求企业依法生产经营，实现安全生产，保障企业的健康持续发展。对职工而言，安全生产法律法规，既是对职工的约束，促使职工自觉遵纪守法，同时也是对职工的保护，使职工懂法、守法，学会利用法律的武器来维护自己的生命安全与合法权益。

有人说，这个法律，那个规定，把人的手脚都捆起来了，没有了“自由”；还有人说，要是完全按照规程干，就没有办法干活。这些说法是错误的，安全规程是成千上万人用鲜血和生命换来的教训，它反映了生产过程中的客观规律，谁也不能随心所欲地违背，否则，就要受到客观规律的惩罚。一旦发生伤亡事故，可能伤害你自己，也可能伤害他人。有了你的所谓“自由”，就没有他人的自由。把别人的生命和劳动权利都剥夺了，就要追究你的法律责任，你还谈什么自由？因此，只有遵守客观规律才会有最大的自由，违背规律就没有真正的自由。

（1）《宪法》。我们的国家是人民的国家，广大人民群众的利益高于一切。保障从业人员的安全生产、劳动保护权益，是党和国家一贯坚持的方针，也是法律赋予从业人员的权益。

宪法是我国的根本大法，它赋予从业人员享有安全生产、劳动保护的权益。宪法规定：“国家尊重和保障人权。任何公民享有宪法和法律规定的权利，同时必须履行宪法和法律规定的义务。”我国宪法还规定：“加强劳动保护，改善劳动条件。”维护广大劳动者安全生产、劳动保护的合法权益，就是尊重和保障最基本的一项人权。

（2）《安全生产法》。《安全生产法》是我国安全生产方面的基本法律，于2002年6月29日第九届全国人民代表大会常务委员会第二十八次会议通过，于2002年11月1日起实施，是我国第一部综合性的有关安全生产的法律。《安全生产法》立法的宗旨是加强安全生产监督管理，防止和减少生产安全事故，保障人民群众生命和财产安全，促进经济发展。

《安全生产法》规定了7项基本的法律制度：安全生产监督管理制度、生产经营单位安全生产保障制度、生产经营单位负责人安全责任制度、从业人员安全生产权利义务制度、安全生产中介服务制度、安全生产责任追究制度、事故应急救援和处理制度。

《安全生产法》的颁布实施，是安全生产法制建设的里程碑，对我国安全生产意义重大，影响深远，它标志着我国安全生产工作进入了一个新阶段。

（3）《劳动法》。《劳动法》是全面调整劳动关系的法律，它于1994年7月5日第八届全国人民代表大会第八次会议通过，于1995年5月1日起实施。该法是调整劳动关系及与劳动关系密切联系的其他关系的法律规范，它以国家意志把实现劳动者的权利和义务建立在法律保障的基础上，既是劳动者在劳动问题上的法律保障，又是劳动者在劳动过程中的行为规范。该法涉及劳动保护与安全卫生方面的内容主要有：

1）工作时间和休息休假的规定。

2）劳动安全卫生的规定。

①用人单位在劳动安全卫生方面的权利与义务；

②劳动安全卫生设施和“三同时”规定；

③特种作业的上岗要求；

④劳动者在安全生产中的权利和义务；

⑤伤亡事故和职业病的统计、报告和处理制度。

3）对女职工和未成年工实行特殊劳动保护的规定。

4）社会保险和社会福利。

（4）《职业病防治法》。《职业病防治法》于2001年10月27日第九届全国人民代表大会常务委员会第二十四次会议通过，于2002年5月1日起实施。制定、实施该法是为了预防、控制和消除职业病危害，防治职业病，保护劳动者健康及其相关权益，促进经济发展。

（5）《工伤保险条例》。工伤保险是社会保障的重要组成部分。它通过社会统筹来建立工伤保险基金，对因工作遭受事故伤害或者患职业病的职工暂时或永久丧失劳动能力，以及因这两种情况造成死亡的职工的亲属，进行医疗救治和经济补偿，以保障因工伤亡人员或其亲属的基本生活。《工伤保险条例》对工伤保险基金的征集与管理、工伤认定、劳动能力鉴定、工伤保险待遇、监督管理与法律责任等作了规定。

1）工伤保险基本规定。生产经营单位必须依法参加工伤社会保险，为从业人员缴纳保险费。

2）工伤认定的规定。

①职工受到事故伤害以后，具有下列情形之一的，应当认定为工伤：

Ⅰ在工作时间和工作场所内，因工作原因受到事故伤害的；

Ⅱ工作时间前后在工作场所内，从事与工作有关的预备性或者收尾性工作受到事故伤害的；

Ⅲ在工作时间和工作场所内，因履行工作职责受到暴力等意外伤害的；

Ⅳ患职业病的；

Ⅴ因工外出期间，由于工作原因受到伤害或者发生事故下落不明的；

Ⅵ在上下班途中，受到机动车事故伤害的；

Ⅶ法律、行政法规规定应当认定为工伤的其他情形。

②职工有下列情形之一的，视同工伤：

Ⅰ在工作时间和工作岗位，突发疾病死亡或者在48h之内经抢救无效死亡的；

Ⅱ在抢险救灾等维护国家利益、公共利益活动中受到伤害的；

Ⅲ职工原在军队服役，因战、因公负伤致残，已取得革命伤残军人证，到用人单位后旧伤复发的。

职工有前款第Ⅰ项、第Ⅱ项情形的，按照《工伤保险条例》的有关规定享受工伤保险待遇；职工有前款第Ⅲ项情形的，按照《工伤保险条例》的有关规定享受除一次性伤残补助金以外的工伤保险待遇。

③职工有下列情形之一的，不得认定为工伤或者视同工伤：

Ⅰ因犯罪或者违反治安管理伤亡的；

Ⅱ醉酒导致伤亡的；

Ⅲ自残或者自杀的。

3）工伤认定程序和劳动能力鉴定申请的规定。

①职工发生事故伤害或者经鉴定患有职业病以后，所在单位应在30日内向当地劳动保障行政部门提出工伤认定申请。用人单位不按规定报告的，工伤职工或者其亲属、工会组织可直接报告。

②职工发生工伤，经治疗伤情相对稳定后存在残疾、影响劳动能力和生活自理能力的，应当向当地劳动能力鉴定委员会申请进行劳动能力鉴定。劳动功能障碍分为10个伤残等级，最重的为一级，最轻的为十级。生活自理障碍分为3个等级：生活完全不能自

理、生活大部分不能自理和生活部分不能自理。

③职工一旦负伤或死亡，符合享受工伤保险待遇条件的，经劳动保障行政部门认定，可享受工伤医疗待遇、工伤伤残待遇或因工死亡待遇。

（6）有关规程和标准。我国还制定了大量有关冶金安全生产的规程、规范、标准，作为对安全生产法律规范的补充和完善，如《炼铁安全规程》、《炼钢安全规程》、《轧钢安全规程》、《氧气及相关气体安全技术规程》等。

2 安全生产管理制度

安全生产关系人民群众生命和财产安全，关系改革、发展和稳定大局，安全生产责任重于泰山。搞好安全生产管理，是全面落实科学发展观的必然要求，是建设和谐社会的迫切需要，是各级政府和生产经营单位做好安全生产工作的基础。

安全生产管理是管理的重要组成部分，是安全科学的一个分支。所谓安全生产管理，就是针对人们在生产过程中的安全问题，运用有效的资源，发挥人们的智慧，通过不懈的努力，进行决策、计划、组织和控制等活动，实现生产过程中人与机器设备、物料、环境的和谐，达到安全生产的目标。

安全生产管理制度是指为贯彻落实《安全生产法》及其他安全生产法律、法规、标准，有效地保障职工在生产过程中的安全健康，保障企业财产不受损失而制定的安全管理规章制度。

2.1 安全生产责任制

2.1.1 安全生产责任制的概念

安全生产责任制是按照安全生产方针和“管生产必须管安全”的原则，明确规定生产经营单位的各级负责人、各职能部门及其工作人员和岗位生产人员在安全生产方面的职责范围，明确上下左右之间权限，协调安全生产管理工作的制度。

安全生产责任制是生产经营单位岗位责任制和经济责任制的重要组成部分，是最基本的安全管理制度，是各项安全生产管理制度的核心。

建立安全生产责任制是落实我国安全生产方针、政策和有关安全生产法律法规的具体要求。《安全生产法》第四条明确规定：“生产经营单位必须……建立、健全安全生产责任制……”生产经营单位是安全生产的责任主体，它必须建立安全生产责任制，把“安全生产，人人有责”从制度上固定下来，把安全生产责任落实到每个环节、每个岗位、每个人，形成完整的安全生产管理体系，使安全管理工作既做到责任明确，又相互协调配合，共同把安全生产工作落到实处。安全生产责任制规定了生产经营单位各级负责人、各部门及其工作人员和岗位生产人员的职责，可以增强各级各类人员的安全责任感，调动各级人员和各部门在安全生产方面的积极性和主观能动性。建立健全安全生产责任制是建立安全生产长效机制的基础，是实现企业可持续发展的重要保障。

2.1.2 建立与落实安全生产责任制的要求

安全生产责任制应由单位的主要负责人组织建立。建立与落实安全生产责任制应遵循下列要求：

（1）符合国家安全生产方针、政策和法律法规的要求。

（2）本单位安全生产责任体系的建立，必须与企业的组织结构和管理体制协调一致。

（3）体系要清楚，要贯彻“纵向到底、横向到边”、“层层有专责，人人管安全”的原则，要覆盖所有的生产单位、部门和岗位；落实“管生产必须管安全”的原则，各单位、各部门负责人对本单位和部门的安全生产全面负责。

（4）职责要明确。落实“安全生产，人人有责”的原则，岗位人员对本岗位的安全生产负责。要根据本单位、部门、班组、岗位的实际情况确定每个人、每个单位的安全生产职责，要求职责明确具体，具有可操作性，能考核。

（5）要贯穿“计划、布置、检查、总结、评比”等安全管理过程的始终和安全生产的各个方面。

（6）要有专门的机构与人员来制定和落实安全生产责任制，并适时修订。

（7）要定期对责任人的责任制落实情况进行考核。

2.1.3 安全生产责任制的主要内容

安全生产责任制包括岗位责任制和部门责任制。

岗位责任制是指纵向的各级、各类人员的安全生产职责。在建立岗位责任制时，可首先将本单位从主要负责人一直到岗位工人分成相应的层级，结合本单位的实际，赋予其相应的职责。

部门责任制是指横向的各职能部门（包括党、政、工、团）的安全生产职责。在建立部门责任制时，可按照本单位职能部门的设置，分别对其安全生产职责作出规定。

生产经营单位的安全生产责任制，在纵向上至少应包括下列几类人员。

（1）生产经营单位主要负责人。生产经营单位的主要负责人是本单位安全生产的第一责任人，对本单位的安全生产工作全面负责。《安全生产法》第十七条规定了主要负责人的安全生产职责：

1）建立、健全本单位安全生产责任制。

2）组织制定本单位安全生产规章制度和操作规程。

3）保证本单位安全生产投入的有效实施。

4）督促、检查本单位的安全生产工作，及时消除生产安全事故隐患。

5）组织制定并实施本单位的生产安全事故应急救援预案。

6）及时、如实报告生产安全事故。

各单位可根据上述6个方面，并结合本单位的实际情况对主要负责人的安全生产职责作出规定。

（2）生产经营单位其他负责人。生产经营单位其他负责人的职责是协助主要负责人搞好安全生产工作，根据其职责分工，具体负责分管事项的相关安全工作。

（3）各级负责人。各级负责人负责组织本单位的安全生产工作，并对本单位的安全生产工作全面负责。

（4）各职能部门负责人及其工作人员。各职能部门都负有相应的安全生产职责。职能部门负责人的职责是按照本部门的安全生产职责，组织有关人员落实本部门的安全生产责任制，并对本部门职责范围内的安全生产工作负责。各职能部门的工作人员对职责范围内的安全生产工作负责。

(5) 班组长。班组是搞好安全生产的关键。班组长全面负责本班组的安全生产工作，其职责是贯彻执行本单位的安全规定，督促本班组的工人遵守有关安全生产规章制度和操作规程，切实做到不违章指挥，不违章作业，遵守劳动纪律。

(6) 岗位工人。岗位工人对本岗位的安全生产负直接责任，其主要职责是接受安全生产教育培训，遵守有关安全生产规章制度和安全操作规程，遵守劳动纪律，不违章作业。

2.2 安全教育培训制度

通过安全教育培训活动，可以提高员工安全意识和安全素质，防止产生不安全行为，减少人为失误，预防伤亡事故，实现安全生产和文明生产。安全教育培训工作是贯彻“安全第一，预防为主，综合治理”的重要措施，是一项重要的安全生产管理活动。安全教育首先应进行安全理念和安全生产法律法规的教育，端正安全态度，强化安全意识，提高生产经营单位管理者及员工的安全生产责任感和自觉性；其次要进行安全知识教育，提高员工的安全素质；第三要进行安全技能教育，规范安全生产行为，形成正确的操作习惯。

《安全生产法》及有关安全教育培训的规章、培训大纲和考核标准，对各类人员的安全培训的内容、培训时间、考核以及安全培训机构的资质管理等作了规定。《冶金企业安全生产监督管理规定》第九条对冶金企业主要负责人、安全生产管理人员、特种作业人员、从业人员以及煤气作业人员的教育培训作了明确规定。

2.2.1 安全教育培训的对象和内容

2.2.1.1 对生产经营单位主要负责人的教育培训

生产经营单位的主要负责人是指对本单位的生产经营负全面责任，有生产经营决策权的人员，具体是指公司的董事长、总经理，其他生产经营单位的厂长、经理、矿长（含实际控制人）等。

A 基本要求

(1) 生产经营单位的主要负责人必须具备与本单位所从事的生产经营活动相应的安全生产知识和管理能力。

(2) 危险物品的生产、经营、储存单位以及矿山、烟花爆竹、建筑施工单位的主要负责人必须接受安全资格培训，经安全生产监督管理部门或法律法规规定的有关主管部门考核合格并取得安全资格证书后方可任职。

(3) 其他单位主要负责人必须按照国家有关规定接受安全生产培训，经培训单位考核合格并取得安全培训合格证后方可任职。

(4) 所有单位的主要负责人每年应进行安全生产再培训。

B 培训内容

(1) 国家安全生产方针、政策和有关安全生产法律、法规、标准、规范。

(2) 安全生产管理基本知识、安全生产技术和安全生产专业知识。

(3) 重大危险源管理、重大事故防范、应急管理以及事故调查处理的有关规定。

(4) 职业危害及预防措施。

(5) 国内外先进的安全生产管理经验。

（6）典型事故和应急救援案例分析。

（7）其他需要培训的内容。

C 再培训内容

（1）有关安全生产的新的法律、法规、规章、规程和标准。

（2）安全生产的新技术、新设备、新材料。

（3）安全生产管理先进经验。

（4）典型事故案例。

D 培训时间

危险物品的生产、经营、储存单位以及矿山、烟花爆竹、建筑施工单位的主要负责人安全资格培训的时间不得少于 48 学时，每年再培训时间不得少于 16 学时。

其他单位的主要负责人安全资格培训的时间不得少于 32 学时，每年再培训时间不得少于 12 学时。

2.2.1.2 对安全生产管理人员的教育培训

安全生产管理人员是指在生产经营单位从事安全生产管理工作的人员，具体是指生产经营单位分管安全生产的负责人、安全生产管理机构的负责人及其工作人员，以及未设安全生产管理机构的专兼职安全生产管理人员。

A 基本要求

（1）生产经营单位的安全生产管理人员必须具备与本单位所从事的生产经营活动相应的安全生产知识和管理能力。

（2）危险物品的生产、经营、储存单位以及矿山、烟花爆竹、建筑施工单位的安全生产管理人员必须接受安全资格培训，经安全生产监督管理部门或法律法规规定的有关主管部门考核合格并取得安全资格证书后方可任职。

（3）其他单位安全生产管理人员必须按照国家有关规定接受安全生产培训，经培训单位考核合格并取得安全培训合格证后方可任职。

（4）所有单位的安全生产管理人员每年应进行安全生产再培训。

B 培训内容

（1）国家安全生产方针、政策和有关安全生产法律、法规、标准、规范。

（2）安全生产管理、安全生产技术和职业卫生等知识。

（3）伤亡事故统计、报告及职业危害的调查处理方法。

（4）应急管理、应急预案编制以及应急处置的内容和要求。

（5）国内外先进的安全生产管理经验。

（6）典型事故和应急救援案例分析。

（7）其他需要培训的内容。

C 再培训内容

（1）有关安全生产的新的法律、法规、规章、规程和标准。

（2）安全生产的新技术、新设备、新材料。

（3）安全生产管理先进经验。

（4）典型事故案例。

D　培训时间

危险物品的生产、经营、储存单位以及矿山、烟花爆竹、建筑施工单位的安全生产管理人员安全资格培训的时间不得少于 48 学时，每年再培训时间不得少于 16 学时。

其他单位的安全生产管理人员安全资格培训的时间不得少于 32 学时，每年再培训时间不得少于 12 学时。

2.2.1.3　对特种作业人员的教育培训

特种作业是指容易发生事故，对操作者本人、他人的安全健康及设备、设施的安全可能造成重大危害的作业。直接从事特种作业的人员称为特种作业人员。

A　特种作业的范围

特种作业的范围包括电工作业、焊接与热切割作业、高处作业、制冷与空调作业、煤矿安全作业、金属和非金属矿山安全作业、石油天然气安全作业、冶金（有色）生产安全作业、危险化学品安全作业、烟花爆竹安全作业以及国家有关部门认定的其他作业。

B　特种作业人员管理要求

（1）特种作业人员必须经过专门的安全技术和操作技能的培训，并经考核合格，取得特种作业人员操作证后方可上岗。

（2）特种作业人员的培训实行全国统一培训大纲、统一考核标准、统一证件。特种作业人员操作证由国家统一印制，地市级以上行政主管部门签发，全国通用。

（3）特种作业操作资格考试包括安全技术理论考试和实际操作考试两部分。

（4）对取得特种作业人员操作证的人员，每 3 年复审 1 次。特种作业人员在特种作业操作证有效期内，连续从事本工种 10 年以上，严格遵守有关安全生产法律法规的，经原考核发证机关或者从业所在地考核发证机关同意，特种作业操作证的复审时间可延长至每 6 年 1 次。未按期复审或复审不合格者，其操作证自行失效。

2.2.1.4　对其他从业人员的教育培训

生产经营单位的其他从业人员是指除主要负责人、安全生产管理人员和特种作业人员以外，在该单位从事生产经营活动的所有人员，包括其他负责人、其他管理人员、技术人员和各岗位的工人以及临时聘用人员。

A　基本要求

（1）冶金企业应当定期对从业人员进行安全生产教育和培训，保证从业人员具备必要的安全生产知识，了解有关的安全生产法律法规，熟悉规章制度和安全技术操作规程，掌握本岗位的安全操作技能。未经安全生产教育和培训合格的从业人员，不得上岗作业。

（2）危险物品的生产、经营、储存单位以及矿山、烟花爆竹、建筑施工单位的其他从业人员每年接受再教育的时间不得少于 20 学时。

（3）外来务工人员也应定期接受安全教育培训。

B　新工人的安全教育培训

新工人上岗之前要接受厂、车间、班组三级安全教育，经考核合格后由熟练工人带领工作，直到熟悉本工种操作技术并经考核合格后，方可独立上岗工作。新工人入厂安全教育时间不得少于 24 学时。危险物品的生产、经营、储存单位以及矿山、烟花爆竹、建筑施工单位的其他从业人员每年接受再教育的时间不得少于 72 学时。

新工人三级安全教育的内容如下。

（1）厂级安全教育的内容：本单位安全生产情况及安全生产基本知识；本单位安全生产规章制度和劳动纪律；从业人员的安全生产权利和义务；应急救援知识；有关事故案例；等等。

（2）车间安全教育的内容：本车间安全生产状况和规章制度；工作环境及危险因素；所从事工种可能遭受的职业危害和伤亡事故；所从事工种的安全职责、操作规程及强制性标准；自救、互救、急救方法，疏散和现场紧急情况的处理；安全设备设施、个人防护用品的使用和维护；预防事故和职业危害的措施及应注意的安全事项；事故案例；等等。

（3）班组安全教育的内容：班组安全生产状况和规章制度；岗位安全操作规程；岗位之间工作衔接配合的安全与职业卫生事项；事故案例；等等。

C　煤气作业人员的教育培训

冶金行业煤气来源较多（包括焦炉煤气、高炉煤气、转炉煤气等），应用广泛，煤气作业场所多。由于煤气具有毒性和可燃性，能致人中毒死亡，易发生火灾爆炸，因此冶金企业煤气作业危险性较大，煤气事故发生率较高，死亡人数较多，特别是较大以上事故占比较大。为了防治煤气事故，《冶金企业安全生产监督管理规定》规定，冶金企业应当按照有关规定对从事煤气生产、储存、输送、使用、维护检修的人员进行专门的煤气安全基本知识、煤气安全技术、煤气监测方法、煤气中毒紧急救护技术等内容的培训，并经考核合格后，方可安排其上岗作业。

2.2.1.5　其他教育培训

（1）企业采用新工艺、新技术、新设备、新材料时，应对操作人员进行有针对性的安全技术培训，并经考核合格后方可上岗。

（2）调换工种和脱岗 3 个月以上重新上岗的人员，应事先进行岗位安全培训，经考核合格方可上岗。

（3）外来参观或学习的人员应接受必要的安全教育，并由专人带领。

（4）节假日后以及停产复工前，应组织对全体职工进行复工、复产安全教育。

（5）对“双违”人员应及时开展安全理念、操作规程、事故案例教育。

（6）发生事故后，应组织全体职工进行事故分析活动。

2.2.2　安全教育培训的形式、方法与要点

安全教育培训的形式和方法多种多样，各有特点，在实际应用中要根据培训对象和内容灵活选择。

安全教育培训的形式主要有安全培训、每天的班前班后会、安全活动日、安全生产会议、事故现场分析会、危险预知活动、张贴安全生产招贴画、宣传标语、安全知识竞赛等。

安全教育培训的主要方法有课堂讲授法、实操演练法、案例研讨法、读书指导法、个

别指导法、宣传娱乐法。

安全教育培训的要点如下：

（1）安全教育培训是抓好安全工作的起点，因此，首次安全教育培训的效果非常重要，其内容应以安全理念教育为主，使新工人在一开始就能对安全工作产生一个新的认识，形成正确的安全意识，并改变错误的安全态度。

（2）安全教育培训作为安全管理的重要一环，应教学认真、组织严密、考核严格，这样才能保证培训效果。

（3）培训内容应丰富多彩，要根据管理、工艺等方面的变化，及时变更培训内容。

（4）培训内容既要有较强的针对性和实用性，又要有一定的高度，并适当扩大知识面。

（5）安全教育培训方式应多样化，尤其要积极开展互动式教学、参与式学习，充分调动学员学习的积极性和主动性，最大限度地提高学员的安全生产技能和管理能力。

（6）在进行安全操作技能培训时，一开始就要形成正确的操作习惯，防止形成习惯性违章。

2.3　安全检查及隐患整改制度

安全检查是指通过对生产现场及管理进行检查，及时发现物的不安全状态、人的不安全行为和管理上的缺陷，及时采取措施消除隐患，防止事故发生。

2.3.1　安全检查的类型

安全检查可按不同的方式分类。

（1）按检查的时间周期划分。根据检查的时间周期不同，安全检查分为以下几种类型。

1）日常检查：即经常性的、每天进行的安全检查，如安全生产管理人员每天进行的例行检查、专业人员的巡回检查、岗位生产人员进行的班前班后检查等。

2）定期检查：是根据安全生产的需要，每隔一定的期限进行的综合性或专业检查。例如，公司至少每半年进行一次综合大检查；厂至少每季进行一次检查；车间、科室至少每月检查一次；班组每天要检查一次；特种设备要定期进行检测检验。

3）季节性检查：是根据季节的特点进行的安全检查，如夏天进行防洪检查、冬天进行防火检查等。

4）节假日前后的检查：包括节假日前进行的安全检查，节假日期间的安全管理及联络、值班等事项，节假日后进行的复工检查等。

5）不定期检查：包括在新、改、扩建工程试生产前，在装置、机器设备开、停工前，恢复生产前进行的安全检查。

（2）按检查的内容划分。根据检查的内容不同，安全检查可分为专业（项）安全检查和综合性安全检查两类。

1）专业（项）安全检查：是由职能部门组织有关专业人员和其他人员进行的某个专业或专项安全检查，如防火防爆安全检查、电气安全检查、机械设备安全检查等。这类检查专业性强，较深入，较能发现问题。

2）综合性安全检查：一般是上级对下级或主管部门对企业进行的全面性的、综合性的检查。

2.3.2　安全检查的内容

安全检查的内容包括：

（1）查安全生产方针、政策、法律法规的落实情况，以及各级领导人对安全生产的思想认识。

（2）查制度与管理。即检查各项安全生产管理制度是否健全，以及其贯彻落实情况，检查安全投入是否足够，检查车间、班组日常安全管理工作。

（3）查人员。包括检查主要负责人、安全生产管理人员、从业人员接受安全教育培训的情况，检查特种作业人员是否取得操作资格证，检查矿山、危险品和建筑施工企业的主要负责人和安全生产管理人员是否取得安全资格证，检查作业人员是否有违章行为等。

（4）查隐患与整改。检查生产现场、工作场所、设备设施、防护装置以及作业环境是否符合有关规定要求，检查重大危险源监控管理和隐患整改落实情况。

（5）查事故处理。检查企业是否按照“四不放过”的要求对事故进行处理。

2.3.3　安全检查的方法和程序

2.3.3.1　检查方法

（1）常规检查。常规检查是最常用的一种检查方法，是检查人员通过感官或辅助一些简单的工具、仪表等对作业现场及人员、管理等进行的检查。其检查结果受检查人员经验和能力的影响。

（2）安全检查表法。为了实现安全检查的规范化、标准化，减少个人主观因素的影响，常采用安全检查表进行安全检查。事先对检查对象加以分析，列出不安全因素，确定检查项目及标准，并编制成表格，这种表就称为安全检查表（SCL）。编制安全检查表的依据主要包括：有关安全生产法规、标准、规程、规范及规定；危险辨识与风险评价的结果；有关事故案例及安全生产管理方面的经验。

（3）仪器检查法。仪器能准确地检测到机器、设备内部的缺陷，精确地测量生产环境的微量危险有害因素及机器设备的变化，因此，必要时需要实施仪器检查。例如，特种设备的检测检验和有毒有害气体的监测都需要采用仪器进行检查。

2.3.3.2　安全检查的程序

（1）前期准备。

1）根据有关规定、文件明确检查目的，确定检查范围、对象、任务和重点。

2）查阅、掌握有关法规、标准、规程的要求。

3）了解检查对象的工艺流程、生产情况、主要危险和有害因素、重大危险源等情况。

4）制订检查计划、步骤，确定检查内容和方法。

5）编制安全检查表或检查提纲。

6）准备必要的检测工具、仪器、书写表格或记录本等。

7）挑选和训练检查人员，并进行必要的分工。

（2）实施检查。通过访谈、查阅文件和记录、现场观察、仪器测量等方式获取检查信息，并做好记录。检查完毕，应与被检查单位交换检查意见。

（3）分析与总结。检查人员将现场检查记录进行整理，对存在的问题进行分析、统计，并提出处理意见，分析管理上存在的不足，并提出完善措施。

（4）检查结果通报。对于综合性大检查，应将检查情况撰写成报告，并向公司领导或上级部门汇报，向各被检查单位通报。

2.3.3.3　安全检查的要求

（1）不同类型、不同层次的安全检查，其内容和方式也应不同。上级对下级进行的安全大检查以检查法律法规的贯彻落实情况、查制度与管理、查重大危险源的管理等为主，可采取的方法较多。而例行检查和班组安全检查则以检查生产现场的安全隐患及人员违章情况为主，主要采用现场查看的方式。因此，各单位应根据检查的目的、类型、级别，有针对性地确定安全检查的内容。

（2）安全检查的目的要明确，要求要具体，既要严格要求，又要防止一刀切，要从实际出发，分清主次，力求实效。

（3）应健全完善安全检查网络和信息反馈渠道。上一级检查下一级的安全管理工作，做到覆盖全面，层次分明。安全检查信息要及时上传下达。

（4）检查方法要科学，采用安全检查表，实现安全检查的规范化和标准化。

（5）准备工作要充分，包括思想动员、专业配备、法规政策和物资准备等。

（6）要深入基层、紧密依靠职工，坚持领导与群众相结合的原则。

（7）自查与互查相结合。基层以自查为主，企业内各单位与部门之间要互相检查，取长补短，互相学习，相互监督。

（8）坚持查改相结合。检查不是目的，整改才是目的；一时难以整改的，要采取有效防范措施。

（9）建立检查档案。应将有关检查记录、表格，收集的基本数据等整理归档，建立安全检查档案。

2.3.4　隐患整改

事故隐患是指生产经营单位违反安全生产法律法规、规章、标准、规程和有关安全生产管理制度的规定，或者因其他因素在生产经营活动中存在可能导致事故发生的物的危险状态、人的不安全行为和管理上的缺陷。事故隐患整改应建立隐患排查、登记、整改、销案制度，凡属已经检查发现的隐患，均须逐项登记，并按照职责范围，实行班组、车间、厂和公司分级负责整改的制度。事故隐患整改的要求：

（1）要坚持职业安全卫生“三同时”原则，从源头上减少事故隐患。

（2）加强教育培训，强化全员隐患意识，提高对隐患危害性的认识，发动群众排查身边隐患。

（3）认真开展各项安全检查，发现涉及安全生产的隐患、缺陷和问题，均应逐项登记，并按照职责范围，实行班组、车间、厂、公司分级负责整治的制度。

(4) 明确安全责任，理顺隐患整改治理机制，按照“四定三不推”的原则对隐患实行分级管理。所谓“四定三不推”，即定项目、定负责人、定措施（包括经费来源）、定完成期限；凡班组、工段能解决的不推给车间，车间能解决的不推给厂，厂能解决的不推给公司，做到及时整改，按期销案。

(5) 坚持标准，提高隐患整改的科学管理水平。

(6) 广开渠道，保障隐患整改资金的投入到位。

(7) 落实措施，充分发挥工会和职工的群众监督作用，共同搞好隐患管理。

(8) 加强隐患整改的信息反馈调节和督办检查，推动隐患整改按期销案。

(9) 对一时不能消除的重大、特大事故隐患，要采取临时性的安全防护措施，加强监控、动态跟踪，确保安全。

(10) 事故隐患消除后，隐患整改单位应向原登记立案单位予以销案。

(11) 检查发现的隐患及整改情况应认真做好记录。

2.4 危险源分级管理制度

2.4.1 危险源的概念

从安全生产的角度来说，危险源是指可能造成人员伤害、财产损失、环境破坏或者其他损失的根源或状态。因此，重大危险源就是可能导致重大事故的危险源。《安全生产法》和国家标准《危险化学品重大危险源辨识》（GB 18218—2009）都对重大危险源做出了明确的规定。《安全生产法》第九十六条的解释为：长期地或者临时地生产、搬运、使用或者储存危险物品，且危险物品的数量等于或者超过临界量的单元（包括场所和设施）。《危险化学品重大危险源辨识》的解释与之类似。这两个解释主要针对危险化学物品的重大危险源，不包括冶金行业的高温高压设施、液态金属等重大危险源。

因此，对一般工业生产而言，重大危险源是指含有大量的危险物质或能量，可能造成重大人员伤亡、重大经济损失及环境破坏或者其他破坏的设备、设施及场所。加强重大危险源管理，对预防重大工业事故、降低事故损失意义重大。

2.4.2 危险源的分级

冶金企业应根据本单位安全生产的特点，对液态金属的生产、运输、吊装设备，煤气和氧气的生产、输送和储存设备，高温炉窑，高压容器，重型起重机，煤粉喷吹设备等进行仔细的分析论证，确定本单位的重大危险源，并根据其危害严重程度，对危险源进行分级。一般根据事故的后果，危险源可分为四级，见表 2－1。

表 2－1 危险源分级

级 别	后 果
一级	可能造成多人伤亡或引起火灾、爆炸、设备及厂房设施毁灭性破坏
二级	可能造成死亡，或永久性丧失全部劳动能力，或可能造成生产中断
三级	可能造成人员永久性丧失局部劳动能力，或危及生产暂时性中断
四级	可能造成人员轻伤或伤愈后能恢复原岗位工作的一般性重伤，并不致造成生产中断

2.4.3 危险源的管理

（1）危险源应实行分级管理，明确每一个危险源的层级、各层级的责任部门和责任人管理措施和检查要求，如图 2－1 所示。

（2）对重大危险源进行定期检查、检测、检验。应根据本单位危险源分级管理的要求，定期对危险源进行安全检查，对设备设施的性能进行检验。特种设备还要按照特种设备安全管理的要求，定期进行检测检验。发现隐患应及时进行整改。

（3）对重大危险源进行适当监控。应积极采用先进技术，对重大危险源进行监控，提高重大危险源的安全管理水平。

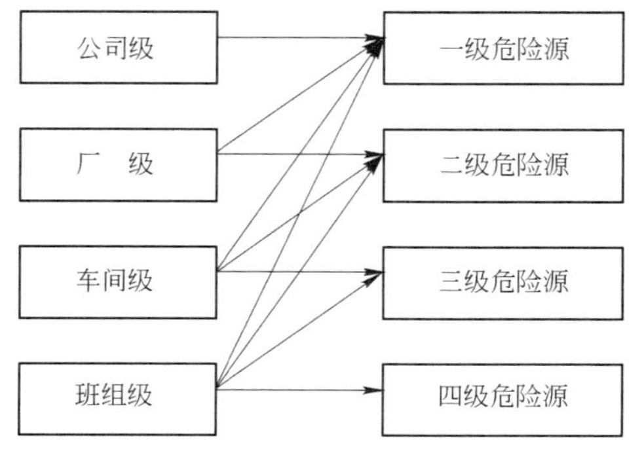

图 2－1　危险源分级管理

（4）制订重大危险源应急预案。应根据国家及本单位应急管理的要求，制订本单位每一个重大危险源的现场事故应急预案，明确处置突发事件的技术措施和组织措施。

（5）建立重大危险源管理档案。所有重大危险源应登记建档，内容包括重大危险源的名称、地点、性质、管理责任人、可能造成的危害、管理措施、应急预案、日常检查与管理情况等。

2.5 安全技术措施计划制度

安全技术措施计划是企业安全生产管理的一个重要组成部分，是企业通过有计划地安排资金定期进行安全技术改造，从而消除事故隐患、改善安全生产条件、防止伤亡事故和职业病的一项重要措施。安全技术措施计划的实施，可以把改善劳动条件纳入企业的生产建设计划中，有效地利用资金来加强职工安全教育培训和劳动保护，解决生产中存在的一些重大事故隐患，使企业安全生产条件的改善走向法制化、制度化。

2.5.1 安全技术措施计划的主要内容和范围

2.5.1.1 安全技术措施计划编制的主要内容

安全技术措施计划编制的主要内容包括：

（1）单位或工作场所；

（2）措施名称；

（3）措施内容和目的；

（4）经费预算及其来源；

（5）负责设计、施工的单位或负责人；

（6）开工日期及竣工日期；

（7）措施执行情况及其效果。

2.5.1.2　安全技术措施计划的范围

安全技术措施计划的范围包括改善劳动条件、防止伤亡事故、预防职业病和职业中毒等内容，具体有以下几种：

（1）安全技术措施，即预防职工在生产过程中发生工伤事故的各项措施，其中包括防护装置、保险装置、信号装置、防爆炸设施等措施。

（2）职业卫生措施，即预防职业病和改善职业卫生环境的必要措施，其中包括防尘、防毒、防噪声、通风、照明、取暖、降温等措施。

（3）房屋设计等辅助性措施，即为保障安全技术、职业卫生环境所必需的房屋设施等措施，其中包括更衣室、沐浴室、消毒室、妇女卫生室、厕所等。

（4）安全宣传教育措施，即为宣传普及安全卫生法律、法规、基本知识所需要的措施，其主要内容包括安全卫生教材、图书、资料、安全卫生展览和训练班等。

2.5.2　安全技术措施计划编制的依据和方法

编制职业安全技术措施计划主要依据以下几方面：

（1）国家发布的有关职业安全卫生政策、法规和标准。

（2）在安全卫生检查中发现而尚未解决的问题。

（3）造成伤亡事故和职业病的主要原因和所应采取的措施。

（4）生产发展需要所应采取的安全技术和工业卫生技术措施。

（5）安全卫生技术革新项目和职工提出的合理化建议。

编制计划时，企业领导应根据本企业的情况，分别向车间提出具体要求，进行布置。车间主任要会同有关单位和人员制订出本车间的具体措施计划，经群众讨论，送安技科审查汇总，技术科编制，计划科综合后，由企业领导召开有关科室、车间等负责人参加的会议，确定措施项目、施工负责人，规定完成日期，经企业领导批准后，报请上级部门核定。根据上级核定的结果，与生产计划同时下达各车间贯彻执行。

2.6　生产安全事故管理制度

生产安全事故的报告和调查处理，是安全生产工作的重要环节。新中国成立以来，我国政府高度重视生产安全事故的报告和调查处理工作，制定了一系列有关生产安全事故报告和调查处理的法规和标准。在总结以往有关事故报告和调查处理的法规的基础上，国务院 2007 年 4 月 9 日颁发的《生产安全事故报告和调查处理条例》对生产安全事故的报告和调查处理做出了全面、明确的规定，是各相关单位和部门做好事故报告和调查处理的主要依据。

2.6.1　事故的概念和分类

企业职工伤亡事故是指职工在生产劳动过程中发生的人身伤害、急性中毒事故，即职工在本岗位劳动，或虽不在本岗位劳动，但由于企业的设备和设施不安全、劳动条件和作业环境不良、管理不善以及企业领导指派到企业以外从事本企业活动，所发生的人身伤害和急性中毒事故。生产安全事故是指发生在企业生产劳动过程中的人身伤亡事故及经济损失事故。

（1）按照事故严重程度分级。根据生产安全事故造成人员伤亡或者直接经济损失的严重程度，《生产安全事故报告和调查处理条例》将事故划分为四个等级：

1）特别重大事故，是指一次造成30人以上（含30人）死亡，或者100人以上（含100人）重伤（包括急性工业中毒），或者造成1亿元以上（含1亿元）直接经济损失的事故。

2）重大事故，是指一次造成10～29人死亡，或者50～99人重伤（包括急性工业中毒），或者造成5000万～1亿元直接经济损失的事故。

3）较大事故，是指一次造成3～9人死亡，或者10～49人重伤（包括急性工业中毒），或者造成1000万～5000万元直接经济损失的事故。

4）一般事故，是指一次造成1～2人死亡，或者1～9人重伤（包括急性工业中毒），或者造成1000万元以下直接经济损失的事故。

（2）按照事故类别分类。《企业职工伤亡事故分类》（GB 6441—1986）将事故类别划分为20类，即物体打击、车辆伤害、机械伤害、起重伤害、触电、淹溺、灼烫、火灾、高处坠落、坍塌、冒顶片帮、透水、爆破、瓦斯爆炸、火药爆炸、锅炉爆炸、容器爆炸、其他爆炸、中毒和窒息、其他伤害。

（3）按照造成事故的责任分类。按照造成事故的责任分类，事故可分为责任事故和非责任事故两类。责任事故是指由于人们违背自然或客观规律，违反法律、法规、规章和标准等行为造成的事故。非责任事故是指遭遇不可抗拒的自然因素或者目前科学无法预测的原因造成的事故。

2.6.2　生产安全事故的报告和现场处置

（1）事故发生以后，事故现场有关人员应当立即向本单位负责人报告；情况紧急时，事故现场有关人员可以直接向事故发生地县级以上人民政府安全生产监督管理部门和负有安全生产监督管理职责的有关部门报告。

（2）单位负责人在接到事故报告以后，应当于1h以内向事故发生地县级以上人民政府安全生产监督管理部门和负有安全生产监督管理职责的有关部门报告。事故报告的内容应当包括事故发生单位概况，事故发生的时间、地点、简要经过和事故现场情况，事故已经造成或者可能造成的人员伤亡和初步估计的直接经济损失以及已经采取的措施等。事故报告后出现新情况的，还应及时补报。

（3）事故发生后，事故单位负责人应当立即组织抢救伤员，根据事故情况立即启动事故应急预案，防止事故扩大，减少人员伤亡和经济损失。

（4）事故发生后，有关单位和人员应当妥善保护事故现场以及相关证据，任何单位和个人不得破坏事故现场、毁灭相关证据。因抢救伤员、防止事故扩大以及疏通交通等原因，需要移动事故现场物件的，应当作出标志，绘制现场简图并作出书面记录，妥善保存现场重要痕迹、物证。

（5）事故发生后，有关人员涉嫌犯罪的，当地公安机关可依法立案侦查，采取强制措施和侦查措施。犯罪嫌疑人逃匿的，公安机关应当迅速追捕归案。

2.6.3 事故调查与处理

事故发生以后，根据事故的大小，由对应级别的人民政府或者其授权的部门成立事故调查组，按照实事求是、尊重科学的原则，对事故进行调查，查明事故发生的经过、原因、人员伤亡情况、事故的直接经济损失、事故的性质和事故责任，对事故责任者提出处理意见，总结事故教训，提出事故防范措施和整改意见，最后向负责事故调查的人民政府提交事故调查报告。原则上，事故调查组应当自事故发生之日起60日内提交事故调查报告；特殊情况下，提交事故调查报告的期限可适当延长，但延长期限最长不得超过60日。

事故处理对于事故责任追究以及防范和整改措施的落实非常重要，也是落实“四不放过”的核心环节。事故处理的要求如下：

（1）有关机关应当按照负责事故调查的人民政府对事故调查报告的批复，对事故发生单位和有关人员进行行政处罚；事故发生单位应当按照人民政府的批复，对本单位负有事故责任的人员进行处理；负有事故责任的人员涉嫌犯罪的，依法追究刑事责任。

（2）事故发生单位应当认真吸取事故教训，落实防范和整改措施，防止事故再次发生。

2.6.4 事故统计与报表制度

生产安全事故统计工作是安全生产工作的重要组成部分，是科学决策和正确指导安全生产工作的基础。为了进一步搞好生产安全事故统计工作，国家安全生产监督管理总局对原有《伤亡事故统计报表制度》进行了补充与完善，制定了新的《生产安全事故统计报表制度》（安监总计［2006］26号）。各生产经营单位应当按照《生产安全事故统计报表制度》的规定，及时将本单位的生产安全事故上报当地安全生产监督管理部门，由当地安全生产监督管理部门统计汇总后逐级上报至国家安全生产监督管理总局。

（1）统计范围：包括中华人民共和国领域内从事生产经营活动的单位。其中火灾、道路交通、水上交通、铁路交通、民航飞行、农业机械、渔业船舶等事故由其行政主管部门统计，每月报送同级安全生产监督管理部门。

（2）统计内容：生产安全事故统计主要包括事故发生单位的基本情况、事故发生的起数、伤亡人数、伤亡程度、事故类别、事故原因、直接经济损失等。

（3）统计原则：生产安全事故统计实行以块为主、条块结合、属地化统计的原则。各省、市、县安监部门（局）负责对本区域内所属生产经营单位的生产安全事故（包括死亡事故、重伤事故）统计，建立统计报告制度，督促、指导生产经营单位做好统计工作。

各地安全生产监督管理局、生产经营单位及其上级主管部门都要遵守《统计法》，按规定填报生产安全事故统计报表，对于不报、漏报、迟报和伪造、篡改数字的，将依法追究其责任。

（4）填报单位及报表种类：发生伤亡事故的生产经营单位应当填写伤亡事故情况表和伤亡事故伤亡人员情况表。

（5）报表的报送程序：生产安全事故统计实行以地区考核为主的制度。各单位、各级安全生产监督管理部门和煤矿安全监察机构以及有关部门要按规定逐级报送。

（6）报送时间：各企业报送统计报表种类及报送时间由省级机构规定。省级安全生产监督管理部门，在每月10日前报送上月的事故统计报表。

3 基本安全知识

3.1 冶金企业常见的危险有害因素分析

冶金企业具有装备庞大、涉及工艺多、工序连续性强、生产作业条件复杂等特点，是一个从原料、烧结、焦化、炼铁、炼钢到轧材以及包括运输、机械制造、建筑安装在内的复杂的生产系统。其由于生产工艺的特殊性，存在着高温高压、有毒有害、易燃易爆等分属于机械、起重、交通运输、传输系统等方面的危险有害因素。在人、机、物、环境、能量的相互作用下，如果危险有害因素得不到有效控制，极易导致事故的发生。一旦发生事故，不仅造成人员伤害和财产损失，还会对整个系统产生严重的影响。因此，识别、控制生产过程中的潜在危险有害因素，作业前做好安全确认工作，这对于有效预防生产安全事故十分必要。

（1）火灾、爆炸。

1）各生产作业区域变电所、电气室、变压器室、电缆隧道、液压站、润滑油库及氧气站等易发生火灾。

2）焦化生产过程中使用的煤及产品焦炭等物质是固体燃料，洗油、焦油等是易燃液体，易引起火灾。

3）煤气是易燃气体；苯类产品为易燃液体，并且易挥发产生蒸气或薄雾。

4）粉尘、焦尘等是爆炸性粉尘。高炉出铁出渣时铁、渣遇水，高炉煤粉喷吹系统，高炉炉顶压力控制不当，炉体冷却壁破裂以及高炉煤气回收系统等都可能在异常情况下发生爆炸。

5）转炉煤气回收系统、煤气加压站、煤气柜以及钢水和钢渣遇水可能发生爆炸。

6）轧钢加热炉使用混合煤气操作不当可能发生爆炸。

7）氧气站空分设备吸入碳氢化合物超标可能引起爆炸。

8）高炉、转炉、精炼炉、连铸、轧钢加热炉等设备冷却水中断供给可能造成设备损坏，并可能引起火灾、爆炸。

（2）机械伤害及人体坠落事故。

1）长距离输送设备和生产车间内的传动设备，如果运转设备的机械运转部分裸露在外或防护设施未设置或存在缺陷，有可能将人体的某一部位带入运转设备，造成人员伤害。

2）各生产作业区域，在生产作业过程中设备操作不当或设备发生故障时，可能造成机械伤害。

3）起重机检修及平台、走台、走梯、过桥、屋面等高空作业区以及地面坑、沟、井、洞等容易造成人体坠落事故。

（3）粉尘、有害气体。原料场、焦化、烧结、高炉、转炉、精炼、连铸、石灰煅烧、轧钢等生产过程中产生的烟（粉）尘及有害气体可能对操作人员造成伤害。例如，转炉脱磷生产时产生的烟粉尘，翻罐、脱硫、扒渣、混铁炉产生的烟尘，铁合金上料及加料系统、真空室修砌等产生的粉尘，精轧机轧制产生的烟尘，RH装置产生的高温含尘烟气，煤气泄漏及转炉生产产生的一氧化碳等有害气体均可能对操作人员造成伤害。

(4) 弧光和高温辐射。

1) 焦化、烧结、高炉、转炉、精炼、连铸、石灰煅烧、轧钢及各种加热炉产生的强烈刺眼弧光及热辐射对人体产生影响。

2) 高温作业区域热辐射对人体可能产生影响。

(5) 噪声影响。各种冶炼炉、机械设备、风机、压缩机、水泵和气体放散等设备运行时产生的噪声对人体的危害。

(6) 电气设备的触电伤害。

1) 电气设备的非带电金属外壳，由于漏电、静电感应等原因，操作人员在操作过程中，有可能发生触电伤害事故。

2) 新建变电所，其变、配电的电压较高，如保护设施失效或不严格遵守安全操作规程，存在着触电的危险。

(7) 雷击伤害。高架建（构）筑物，如厂房、变电所、烟囱或排气筒等，在夏季的雷雨季节，有可能遭受雷击，从而产生火灾、爆炸，造成设备损失、人员伤亡事故。

(8) 交通伤害。运输车辆频繁进出厂区，给工厂的安全生产和厂内的交通安全带来隐患。铁路道口信号灯损坏或指挥人员误指挥，有可能造成铁路道口交通事故。

(9) 起重伤害。大件设备吊装时如措施不当或操作不慎，易发生起重伤害事故。

3.2　安全色与安全标志

3.2.1　安全色

安全色用以表示禁止、警告、指令、指示等。其作用在于使人们能够迅速发现或分辨安全标志，提醒人们注意，以防发生事故。但它不包括灯光、荧光颜色和航空、航海、内河航运以及为其他目的所使用的颜色。

安全色规定为红、蓝、黄、绿4种颜色。其用途和含义见表3－1。

表3－1　安全色的用途和含义

颜　色	含　义	用途举例
红色	禁止 停止	禁止标志 停止信号，如机器、车辆上的紧急停止手柄或按钮，以及禁止人们触动的部位 红色也表示防火
蓝色	指令 必须遵守的规定	指令标志，如必须佩戴个人防护用具 道路指引车辆和行人行驶方向的指令
黄色	警告 注意	警告标志 警戒标志，如危险作业场所和坑、沟周边的警戒线 行车道中线 机械上齿轮箱的内部 安全帽

续表 3－1

颜　色	含　义	用途举例
绿色	提示 安全状态 通行	提示标志 车间内的安全通道 行人和车辆通行标志 消防设备和其他安全防护装置的位置

注：1. 蓝色只有与几何图形同时使用时，才表示指令。
2. 为了不与道路两旁绿色树木相混淆，道路上的提示标志用蓝色。

对比色是使安全色更加醒目的反衬色。对比色规定为黑、白两种颜色，如安全色需要使用对比色，应符合表 3－2 的规定。

表 3－2　安全色与对比色的共同应用

安全色	对比色	安全色	对比色
红色	白色	黄色	黑色
蓝色	白色	绿色	白色

在运用对比色时，黑色用于安全标志的文字、图形符号和警告标志的几何图形。白色既可以用做红、蓝、绿色的背景色，也可以用做安全标志的文字和图形符号。

另外，红色和白色、黄色和黑色的间隔条纹是两种较醒目的标志，其用途见表 3－3。

表 3－3　间隔条纹表示的含义和用途

颜　色	含　义	用途举例
红白相间	禁止超过	道路上用的防护栏杆
黄黑相间	警告危险	工矿企业内部的防护栏杆 吊车吊钩的滑轮架 铁路和道路的交叉道口上的防护栏杆

3.2.2　安全标志

3.2.2.1　安全标志的定义和作用

安全标志由安全色、几何图形和图形符号所构成，用以表达特定的安全信息。补充标志是安全标志的文字说明，必须与安全标志同时使用。

安全标志的作用，主要在于引起人们对不安全因素的注意，预防发生事故。它不能代替安全操作规程和防护措施。

3.2.2.2　安全标志的类别

安全标志分为禁止标志、警告标志、指令标志和提示标志 4 类。

（1）禁止标志。禁止标志的含义是不准或制止人们的某种行动。其图形和含义如图 3－1所示，图中，图形为黑色，禁止符号与文字底色为红色。

（2）警告标志。警告标志的含义是使人们注意可能发生的危险。

图3－1　禁止标志

（3）指令标志。指令标志的含义是告诉人们必须遵守的意思。

（4）提示标志。提示标志的含义是向人们提示目标的方向。

3.2.2.3　其他与安全有关的色标

除了上述规定的安全色和安全标志外，在工厂里还有一些与安全有关的色标。常见的色标有气瓶、气体管道和电器供电汇流条等方面的漆色。这些漆色代表一定的含义，一见到它们，人们就能迅速加以判别。这对预防事故、保证安全是有好处的。

（1）气瓶的色标。为了能迅速地识别气瓶内盛装的介质，原国家劳动总局颁发的《气瓶安全监察规程》对气瓶外表面的颜色和气瓶上字样的颜色作出了规定，见表3－4。

表3－4　气瓶漆色表

气瓶名称	外表面颜色	字样	字样颜色
氢	深绿	氢	红
氧	天蓝	氧	黑
氨	黄	液氨	黑
氯	草绿	液氯	白
压缩空气	黑	空气	白
氮	黑	氮	黄
二氧化碳	铝白	液化二氧化碳	黑
氩	灰	氩	绿
乙炔	白	液解乙炔	红
石油气	铝白	液化石油	红

（2）管道的色标。目前还没有统一的标准，但习惯上的用法主要是：蒸汽管道（指水蒸气）为红色，压缩空气管道为黄色，氧气管道为天蓝色，乙炔管道为白色，自来水管道为黑色。

（3）供电汇流条的色标。在工厂内，变电所的母线汇流条以及车间的配电箱的汇流条等都漆有色标。一般，A 相母线为黄色，B 相母线为绿色，C 相母线为红色，地线为黑色。

3.3 防火安全

火灾发生条件是：有可燃物质，如煤气等；有助燃物质，如空气中的氧等；有点火源，如明火、静电、电火花、冲击摩擦热、雷电、化学反应热、高温物体及热辐射等。

由于冶金行业易燃、易爆物品较多，发生火灾后影响范围较大，后果严重，主要可能造成人员灼烫伤害、中毒窒息、设备损坏、环境污染等事故。

预防火灾事故时，应注意以下几点。

（1）应加强防火的场所：油库、木模间、油漆间、变压器间、拌发热机房、电磁房、化验室、材料库房。

（2）消防制度：三级动火管理制度，内容包括一级动火范围、二级动火范围、三级动火范围、动火批准权、动火申请手续、动火责任制、动火安全措施7个方面。

（3）常用灭火方法：

1）发现火势较大，不能自行补救时，要立即报告消防部门。

2）电器灭火方法。断电灭火，这是常用的方法。在切断电源以后，可用普通的方法灭火。在不能停电的情况下，用“1211”、二氧化碳、化学干粉等灭火剂灭火。

严禁使用水和泡沫灭火器，因为它们都有导电的危险，会造成触电事故。

3）油管、油门阀、地面起火，可用黄沙灭火。

4）乙炔着火，应首先关闭阀门，同时将黄沙或其他阻燃物盖在着火处。如不能扑灭，应使用二氧化碳或干粉灭火器灭火，严禁使用“1211”灭火器。

5）因氧气助燃引起着火，应先关闭氧气阀门，切断气源，然后救火。

3.4 安全用电常识

3.4.1 电气事故分类

随着科学技术的发展，冶金行业的电气化程度不断提高。如果电气设备的结构和装置不完善或者操作不当就会引起电气事故，影响生产，甚至危及人身安全，所以工作人员应该认真学习掌握一定的电气安全技术，确保用电设备使用安全。

根据电能的不同作用形式，电气事故可分为电击、电伤、射频电磁场危害、雷电灾害、电磁场危害、静电伤害和电气系统故障危害事故等，其中最常见的是电击和电伤事故。

（1）电击。电击是指电流通过人体内部，使肌肉产生突然收缩效应，并出现痉挛、血压升高、心律不齐、心室颤动等症状，这不仅使触电者无法摆脱带电体，而且还会造成机械性损伤。电流对人体损伤的程度与电流通过人体时的大小、持续时间、途径和人体电阻及人体状况等因素有关。

（2）电伤。电伤是指电流的热效应、化学效应、机械效应给人体造成伤害，并在肌体表面留下伤痕。电伤包括电烧伤、电烙印、皮肤金属化、机械损伤、电光眼等。

3.4.2 冶金行业触电事故的产生原因

（1）现场环境复杂，潮湿、高温，移动式设备和携带式设备多，现场金属设备多等不利因素。

（2）工人是设备操作的主体，他们直接接触电气设备，部分人缺乏电气安全的知识。

（3）用电条件较差，设备简陋，技术水平低，管理不严，电气安全知识缺乏等。

（4）防止误操作的技术措施和管理措施不完备造成的。

（5）设备不合格，带病运行，触电事故多。

（6）规章制度不严，误操作触电多。

3.4.3 预防触电事故注意事项

（1）冶金车间的电气设备，电压较高，电流较大，如电动机、变压器、配电盘以及裸露的粗电线或涂有红、黄、绿色的扁形金属条，都带有高压电流，绝对不能触摸。例如，某厂电炉工段一名炼钢工人不听旁人劝告，擅自攀登竹梯放瓦斯。但因该梯上面二档损坏，够不到瓦斯阀门，他随即从另一边铁扶梯爬到变压器顶上。由于他不懂得涂有红、黄、绿颜色的扁形金属条（俗称高压铜排）都带有高压电流，当他跨过扁形金属条的瞬间，当即被高压电击倒死亡。

（2）电气设备发生故障和损坏（如刀闸、电灯开关的绝缘或外壳破裂），应立即报告值班室领导，请电工检修，不要擅自摆弄。非电工不准装拆电气设备。

（3）任何电气设备在验明无电以前，应一律认为有电，不要盲目触碰。所有标示牌（如“禁止合闸”、“有人操作”等标牌），非有关人员不得随意移动。

（4）在生产中常会遇到电灯泡坏了，熔丝断了的情况。调换灯泡，应切断电源后再拧动灯泡，装灯泡时，手要握在玻璃部分，不要和金属螺钉部分接触，以免触电。更换熔丝，粗细要适当，不能随意调大或调小，更不能用铁丝或钢丝代替。

（5）车间里的电器开关箱必须保持整洁，内部和周围不要堆放杂物，要随时关闭箱门。上锁的电器开关箱，不要用手从箱底空挡处伸进去拨开关。清洗电器开关箱时，不要用手去冲洗，更不要用碱水去揩拭，以免触电或设备受潮受蚀造成短路事故。

（6）在使用电钻、电焊机等移动电具时，必须经过全面、仔细的检查。这些设备经常移动，容易受外力碰撞、摩擦，同时电线很长，经常缠绕、压碾，绝缘体容易损坏。因此，在操作时要使用绝缘手套等防护用品，以免触电。使用移动电具时，电线不要在地面上拖拉，以免磨损漏电；电线被物体轧住时，不要硬拉，防止将电线拉断。如发现麻手的情况，应马上断电。电焊时绝缘电线不要搭在身上或踏在脚下；电焊设备运行时，不准直接触摸导电部分；更换焊条或推拉电源闸刀时，要戴绝缘手套。

（7）搬动风扇、照明灯时，一定要先切断电源，拔去插头。

（8）使用各种电动工具时，若人离开工作现场或暂时停用，均应拔去插头。

（9）移动照明行灯的电压不可超过36V，在特别危险的地方，如潮湿的地方作业，行灯电压不可超过12V。行灯应有绝缘手柄和金属护罩，灯泡不准外露。

（10）在雨、雾及恶劣的气候条件下，一般应停止检修架空线和室外带电作业。

（11）电气作业应加强电气安全组织管理工作，严格执行工作票制度、监护制度和恢复送电制度。

3.5 压力容器安全知识

压力容器就是内部有压力的密闭容器，冶金行业中常用的压力容器有氧气瓶（外表为天蓝色）、二氧化碳气瓶（外表为铝白色）、乙炔瓶（外表为白色）。

如果使用压力容器的方法不当可能发生爆炸、火灾、中毒窒息等事故，可能造成人员伤亡和财产损失。

使用压力容器时，预防事故发生应注意以下几点：

（1）使用压力不能超过设计压力，否则，会使容器发生破裂。

（2）压力容器必须定期检查内外焊缝有无裂纹，如存在裂纹，需及时处理。

（3）安全阀、压力表、防爆泄压片等安全装置要加强保养，保持灵敏、可靠。没有安全装置的压力容器不得使用。发现安全装置失灵，要及时修理或更换。压力容器的表面要经常保持清洁。

（4）容器变形，有严重缺陷时（不太严重的局部凹陷除外），不宜继续使用。

（5）气瓶禁止猛烈敲击、碰撞，以免引起应力集中，发生爆炸事故。

（6）禁止把气瓶放在烈日下暴晒，或靠近火炉及其他高温热源。钢瓶内的气体受热后膨胀，钢瓶内的压力增大，有爆炸的危险。例如，某厂一名冷冻机修理工被派去参加一项检修工程，因施工时需要用氟利昂，一时又联系不到运输车辆，他便将氟利昂钢瓶扛在肩上送往施工地。时逢酷暑，烈日当空，沿途约1km路均没有蔽日之物，当他走到施工地时，氟利昂钢瓶突然爆炸，人当场被炸死。

（7）瓶内气体不能用空，须留0.1～0.15MPa压力余气，不能充装其他气体。

（8）开阀时，先慢慢开启，放掉水汽，吹净灰尘，再关闭阀门待用。手上或工具上沾有油脂时，不能操作氧气瓶。

（9）各种气瓶要有专用的减压器。氧气和可燃气体的减压器不能互换。

（10）乙炔气瓶使用时严禁横放。瓶体温度不能超过40℃。遇瓶冻结时，严禁用火烤，可用40℃以下的温水解冻。

3.6 防暑降温与劳动防护用品

3.6.1 防暑降温

3.6.1.1 中暑的症状

高温车间，不注意防暑降温就会发生中暑，尤其是在夏天。中暑初期征兆，首先是感觉头晕、眼花、耳鸣、心慌、乏力，严重的体温会急速上升，出现突然晕倒或肌肉痉挛等现象。

3.6.1.2 预防措施

防止中暑的措施有：

（1）加强车间通风；建立冷气休息室，使职工能在工作间休息好，体力及时得到恢复。

（2）供应含盐的清凉饮料。

（3）设立一定床位的高温临时宿舍，供路远或家庭环境差的高温工人临时住宿，保证充分睡眠。

（4）组织医疗人员现场巡回医疗，发给防暑备用药等。入暑前进行体检，患有心血管系统器质性疾病、持久性高血压、溃疡病、活动性肺结核、肺气肿、肝肾疾病、明显的内分泌疾病、中枢神经系统器质性疾病、明显的贫血、急性传染病、重病症状患者及体弱者，不能从事高温作业。

以上这些都是在高温季节里预防工人中暑行之有效的办法。但要使这些措施起到更大作用，还要有工人同志紧密配合。注意做好以下几件事：

（1）要正确合理地使用个人劳动防护用品。这是因为防护用品能遮挡或反射侵袭体表的热辐射，使衣服与体表之间空气层的温度低于外界温度，有利于体温的扩散。有人感觉穿工作服太热，就解开衣扣，甚至脱掉衣服，这样会使裸露的部位直接受到热辐射，使体温突然增高而中暑，或被浇注的钢锭、铸件溅出的火花烧伤皮肤。所以，为了自身安全健康，要养成穿好工作服的习惯。

（2）要及时补充盐分和水分。高温下作业的工人大量出汗后，体内排出很多盐和水，因此，每人每班喝含盐饮料不要少于4～5L。有的人片面追求口味，不喝含盐的饮料，宁愿猛喝不含盐的凉水，结果水喝多，出汗多了，盐分损失也多了，这是有损健康的。同时注意，不要暴饮，以免冲淡胃液，影响健康，要做到每次饮量少一些，次数多一些。

（3）大量出汗后，不要站在大风量风扇前久吹或马上用冷水冲洗，以防寒气从扩张的皮肤毛孔进入体内，引起感冒等病。

（4）在密闭设备或狭小仓库内作业时，需有专人监护。同志之间要相互关心，发现中暑先兆，立即将中暑的同志移到阴凉通风场所，解开衣扣腰带，平卧休息，并口服人丹、十滴水、解暑片、藿香正气片等类解暑药品。经上述处理后仍未恢复时，应送医院治疗。

（5）夏天出汗多，容易疲劳，食欲较差，睡眠不足，易引起中暑。因此，要注意个人营养，吃好睡足，增强对高温的抵抗力。

3.6.2 劳动防护用品

劳动防护用品是保护劳动者在劳动过程中的安全和健康所必需的一种预防性装备，是免遭或减轻事故伤害和职业危害的个人随身穿（佩）戴的用品，一般是指个人防护用品，亦称个体防护用品。

劳动防护用品的种类很多，根据《劳动防护用品分类与代码》（LD/T 75—1995）的规定，我国实行以人体保护部位划分的分类标准，可分为头部防护用品、呼吸器官防护用品、眼面部防护用品、听觉器官防护用品、手部防护用品、足部防护用品、躯干防护用品、防坠落用品、护肤用品9大类。

（1）头部防护用品。头部防护用品是为防御头部不受外来物体打击和其他因素危害而配备的个人防护装备。根据防护功能要求，目前头部防护用品主要有一般防护帽、防尘帽、防水帽、防寒帽、安全帽、防静电帽、防高温帽、防电磁辐射帽、防昆虫帽9类产品。

（2）呼吸器官防护用品。呼吸器官防护用品是为防御有害气体、蒸气、粉尘、烟、雾从呼吸道吸入，直接向使用者供氧或清洁空气，保证在尘、毒污染或缺氧环境中作业人员正常呼吸的防护用品。呼吸器官防护用品主要有防尘口罩和防毒口罩（面罩）。

1）防毒口罩、面罩的使用。防毒口罩、面罩可分为过滤式和隔离式两类。过滤式防毒用具是通过滤毒罐、盒内的滤毒药剂滤除空气中的有毒气体再供人呼吸。劳动环境中的空气含氧量低于19.5%时不能使用。通常滤毒药剂只能在确定了毒物种类、浓度、气温的条件下在一定的作业时间内起防护作用，因此，过滤式防毒口罩、面具不能用于险情重大、现场条件复杂多变和有两种以上毒物的作业。隔离式防毒用具是依靠输气导管将无污染环境中的空气送入密闭防毒面具内供作业人员呼吸，它适用于缺氧、毒气成分不明或浓度很高的污染环境。

2）空气呼吸器的使用。

①使用前检查。

打开气瓶阀，检查各连接部位是否漏气，检查气瓶压力应为25～30MPa。如气瓶未装满，使用时间会缩短。当气瓶压力在10MPa以下时不得使用呼吸器，应更换气瓶。

关闭气瓶阀门，并观察压力表，1min内的压降不得高于2MPa。

按下需求阀的按钮，使管路中的空气慢慢释放，并观察压力表。在压力低于（5±0.5）MPa的时候报警哨必须响起。如果报警哨不发声或压力不在规定范围内，呼吸器必须维修后才能使用。

②操作方法。

提起呼吸器，使其垂直，气瓶阀朝下。将肩带尽可能松开，先将左肩穿过有压力表的肩带，然后背上呼吸器。调整肩带，扣紧腰带。

松开面罩后的松紧头带，先将下颌收进面罩，由下向上戴入。拉紧耳朵上方的两条头带，拉紧下边的两条头带。如有必要，调整好头顶的头带。

用手捂住需求阀接口，呼吸，检查面罩是否密闭，面罩应紧贴面部。

将气瓶阀全开，再回一圈，观察压力表，检查充气压力。再次确认面罩是否密闭。如有漏气，调整面罩头带。如果仍然漏气，必须检查呼吸器。

在最接近必须使用呼吸器的地方，将需求阀插入面罩卡口，待呼吸正常后即呼吸均匀、毫不费力，方可进入污染区域工作。

使用中应经常观察压力表，当气瓶压力低于5MPa或报警哨开始报警时，应立即撤离危险区域。

使用中应随时注意中、高压软管不被挤压。

使用结束后，同时按压需求阀上的两个按钮，卸下需求阀，此时自动中断供气。卸下面罩，关闭气瓶。按下“by－pass”按钮，排空整个系统。松开腰带和肩带，把呼吸器卸下。

③维护和保管。呼吸器应摆放在固定位置，保证完好。要保持清洁干净，避免油类物品。压力低于15MPa时，要及时更换气瓶，气瓶使用或搬运时严禁碰撞。面罩可以用中性清洁剂清洗，晾干。避免强光或太阳光的直接照射，并远离热源。气瓶每5年进行一次定期检定。

（3）眼面部防护用品。预防烟雾、尘粒、金属火花和飞屑、热、电磁辐射、激光、化学飞溅等伤害眼睛或面部的个人防护用品称为眼面部防护用品。眼面部防护用品的种类很多，根据防护功能，大致可分为防尘、防水、防冲击、防高温、防电磁辐射、防射线、防化学飞溅、防风沙、防强光9类。

（4）听觉器官防护用品。能够防止过量的声能侵入外耳道，使人耳避免噪声的过度刺激，减小听力损失，预防由噪声对人身引起不良影响的个人防护用品，称为听觉器官防护用品。听觉器官防护用品主要有耳塞、耳罩和防噪声头盔三大类。

（5）手部防护用品。具有保护手和手臂的功能，供作业者劳动时戴用的手套称为手部防护用品，通常人们称为劳动防护手套。手部防护用品按照防护功能分为12类，即一般防护手套、防水手套、防寒手套、防毒手套、防静电手套、防高温手套、防X射线手套、防酸碱手套、防油手套、防振手套、防切割手套、绝缘手套。每类手套按照材料又能分为许多种。

（6）足部防护用品。足部防护用品是防止生产过程中有害物质和能量损伤劳动者足部的护具，通常人们称为劳动防护鞋。足部防护用品按照防护功能分为防尘鞋、防水鞋、防寒鞋、防冲击鞋、防静电鞋、防高温鞋、防酸碱鞋、防油鞋、防烫脚鞋、防滑鞋、防穿刺鞋、电绝缘鞋、防振鞋13类。

（7）躯干防护用品。躯干防护用品就是我们通常讲的防护服。根据防护功能，防护服分为一般防护服、防水服、防寒服、防砸背心、防毒服、阻燃服、防静电服、防高温服、防电磁辐射服、耐酸碱服、防油服、水上救生衣、防昆虫服、防风沙服14类产品。每一类产品又可根据具体防护要求或材料不同分为不同品种。

（8）防坠落用品。防坠落用品是防止人体从高处坠落，通过绳带，将高处作业者的身体系接于固定物体上，或在作业场所的边沿下放张网，以防不慎坠落。这类用品主要有安全网和安全带。

安全带是高处作业工人预防坠落伤亡的用具，由带子、绳子和金属配件组成。日本和我国都发生过因安全绳被尖物磨断或失效造成的人身伤亡事故。为了避免事故的发生，在使用安全带时，应注意以下几点：

1）应当使用经检验合格的安全带。

2）每次使用安全带时，必须做一次外观检查，在使用过程中，还应注意查看。在半年至一年内要试验一次，以主部件不损坏为要求。如发现有破损变质情况，应及时反映并停止使用，以确保操作安全。

3）高处作业人员必须扎好安全带方可工作。

4）安全带应高挂低用，注意防止摆动碰撞，使用3m以上的长绳应加缓冲器。缓冲器、速差式装置和自锁钩可串联使用。

5）不准将绳打结使用，也不准将钩直接挂在安全绳上使用，应挂在连接环上使用。

6）安全带上各种部件不得任意拆掉，使用前应仔细检查各部分构件无破损时才能佩系。更换新绳时要注意加绳套。

7）使用过程中，应防止摆动、碰撞，避开尖刺和不接触明火。

8）作业时应将安全带的钩、环牢挂在母线上，各卡子要扣紧，以防脱落。

9）使用后应将安全带、安全绳卷成盘放在无化学试剂、阳光、酸碱及化学溶剂的场所中，切不可折叠，在金属配件上可涂些机油，以防生锈。

10）安全带的使用期限一般为3～5年，在此期间安全绳磨损时应及时更换，如果带子破裂应提前报废。

（9）护肤用品。护肤用品用于防止皮肤受化学、物理等因素的危害。按照防护功能，护肤用品分为防毒、防腐、防射线、防油漆及其他类。

3.7　伤害急救常识

在生产过程中，可能会发生各种工伤事故。为了及时正确地做好事故现场急救工作，每个工作岗位都应制订一些最常用的急救办法。

冶金行业常见伤害的类型有碰伤、骨折、碎屑入眼、灼烫伤、煤气中毒、触电、中暑等。急救原则是：先救命，后救伤。急救步骤为：止血→包扎→固定→救运。

急救使用的绷带必须清洁，以免伤口感染。轻伤伤口要立即包扎，伤口不要用水冲洗。如伤口大量出血，要用折叠多层的绷带盖住，并用手帕或毛巾（必要时可撕下衣服）扎紧，直到流血减少为止。冶金行业常见伤害的急救方法如下：

（1）碰伤。轻微的碰伤，可将冷湿布敷在伤处。较重的碰伤，应小心地把伤者安置在担架上，在医生到来或送医院之前，要解开衣服，用冷湿布敷在伤处。

（2）骨折。手骨或腿骨折断，应将伤者安放在担架上或地上，用两块长度超过上下两个关节、宽度不小于10cm的木板或竹片绑在肢体外侧，夹在骨折处，并扎紧。这样，可使折骨末梢不再移动，也就减轻了伤者的痛苦和伤势。

（3）碎屑入眼。当眼睛被碎屑所伤，要立即去医院治疗，不要用手、手帕、毛巾、火柴及别的东西揩擦眼睛。

（4）灼烫伤。伤员身上燃着的衣服一时难以脱下时，可让伤员在地上打滚，或用水喷洒，或用棉被、毯子、大衣等包裹，以扑灭火焰。不要奔跑、大声叫喊和用手拍打，以免助长火势，加剧伤害程度。灼伤时，要用清洁布覆盖伤面后包扎，不要弄破水泡，以免创面感染。伤员口渴时，可适量饮水或含盐饮料。经现场处理后伤员要迅速送医院治疗。

（5）煤气中毒。煤气中毒是由于连续吸入有毒气体所致。发现中毒者，要立刻将其移到空气新鲜的地方，让其仰卧并解开衣服，勿使其受冷或做无益的移动。如呼吸停止，要进行人工呼吸。

（6）触电。有人触电时，应立即关闭电门或用干木材等绝缘物把电线从触电者身上拨开。进行抢救时，千万勿使自己的身体与电源接触。如触电者已失去知觉，应将其仰卧地上，解开衣服，使其呼吸不受阻碍，在医生未到达之前，先进行人工呼吸。

（7）中暑急救。将病人搬到阴凉通风的地方仰卧，解开衣领，同时用浸湿的冷毛巾敷在头部，并快速扇风。有条件的可用酒精擦身以加快散热。轻者一般经过上述处理会逐渐好转，之后再服一些人丹或十滴水即可。重者除上述降温方法外，还可用冰块或冰棒敷其头部、腋下和大腿腹股沟处，同时用井水或凉水反复擦身、扇风进行降温。上述降温处理时间不宜过长，只要病人体温下降并清醒过来即可。在积极进行上述处理的同时，应将其尽快送往医院抢救。

烧结球团安全生产

4.1 烧结球团生产基本工艺及安全生产特点

4.1.1 烧结球团生产基本工艺

天然富矿开采和处理过程中产生的富矿粉以及贫矿富选后得到的精矿粉，都不能直接入炉，为了满足冶炼要求，必须将其制成具有一定粒度的块矿。另外，冶金工业生产中产生大量的粉尘和烟尘，为保护环境和回收利用这些含铁粉料，也需进行造块处理。钢铁工业的发展，促进了矿粉发展，并使之成为世界主要产钢国家的炼铁主要原料。

粉矿造块方法很多，应用最广泛的是烧结法和球团法。粉矿经造块后获得的烧结矿和球团矿统称为人造富矿或熟料，具有优于天然富矿的冶金性能，入炉还原性好，有合适的强度和较高的软熔温度。造块生产中配加一定量的熔剂，可制成具有一定碱度的人造富矿。高炉冶炼过程可不加或少加熔剂，避免了因熔剂分解吸热而消耗焦炭。造块过程还可去除矿石中某些有害杂质，如硫、砷、锌、钾、钠等，减少对高炉的危害。高炉生产实践证明，使用质量良好的人造富矿，可使高炉冶炼各项技术经济指标得到大幅提高，因而粉矿造块已成为钢铁冶金工业中不可或缺的重要生产工序。

4.1.1.1 烧结生产工艺

烧结工艺是利用烧结机将配比好的冶炼精矿粉、燃料（焦粉、煤粉）、熔剂（生石灰、白云石、蛇纹石等）通过抽风烧结成烧结矿，为炼铁高炉提供冶炼的原料。现代烧结生产的特点是连续作业，它大体上可分为原料准备和烧结两个部分。抽风带式烧结机工艺流程如图 4－1 所示。

原料准备包括含铁料准备、熔剂破碎和燃料粉碎。含铁原料（混匀矿等）、石灰石、蛇纹石、硅砂和焦粉等原料从矿石堆场、副原料堆场、杂料堆场和焦炭破碎设备等处，用带式输送机运送到储矿槽中储存。生石灰由专用的密封槽车运入厂内，经压缩空气压送到专用的生石灰槽中待用。

烧结主作业线是从配料开始，包括配料、混料、烧结、冷却及成品烧结矿整粒四个主要环节，作业线长达数百米。在烧结机上进行的烧结过程持续时间不长，在 20～40min 内可完成点火、燃料燃烧、传热和各种液相生成及冷却和再结晶过程。在烧结机上对烧结料层内进行的各种反应没有直接进行干预的手段，因此，原料准备、配料和混料过程具有特别重要的意义。

配料矿槽所储存的粉矿、熔剂、焦粉和返矿等烧结原料按一定比例，由定量给料机定量排出，汇集到配料输送带上，送一次混合机加水充分混匀，然后送二次混合机加雾状水进行制粒造球。混合好的烧结生料由带式输送机送混合料槽，经槽下圆辊给料机（布料

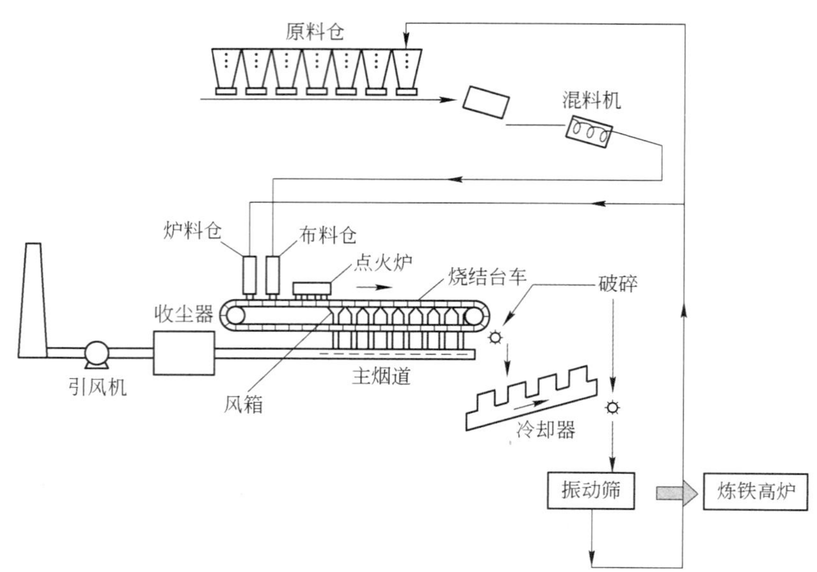

图4－1　烧结工艺流程

器）铺到烧结机台车上。

烧结机由宽1～5m、深度为300～700mm、底部为金属箅条排列的无端链台车构成，经轨道上两端的星轮驱动运行。为了防止箅条间隙漏料和保护箅条不被烧结矿黏结，延长箅条使用寿命，在箅条上面铺一层厚30～50mm成品烧结矿作为铺底料，然后再由圆辊给料机将混合料均匀地布在台车上，并设有整厚板用以刮平料面。

布好混合料的台车在轨道上移动，从机头开始铺底料和布料，经过点火炉使料层表层燃料点燃，同时台车下部风箱强制抽风，使烧结过程继续向下进行。点火炉使用煤气或重油烧嘴燃烧。台车到达机尾时，燃烧层达到料层底部，混合料变成烧结饼，并因台车在机尾处倾翻而被卸落。烧结饼经机尾单辊破碎机（一次热破）破碎后，用固定筛或热振筛筛分，筛上物送冷却机冷却，筛下物作返矿送往原料槽。20世纪70年代后期投产的烧结机也有不设置热振筛或热矿固定筛的，经热破机破碎的烧结饼直接进入冷却机。烧结矿需冷却到不烧损下道工序输送带的温度，即低于150℃。冷却方法有水冷和风冷。前者由于使烧结矿急冷而造成龟裂，使强度降低，所以目前很少使用。目前多采用风冷方法。为了综合利用余热，可将冷却机排出的废气余热加以回收，用作点火炉煤气燃烧的助燃空气。

冷却后的烧结矿经二次破碎机破碎和数次筛分后，按粒度分成成品矿、铺底料和返矿。成品矿送往高炉，铺底料送铺底料槽，返矿则送返矿槽参加配料，再度在上述系统中循环。同时，烧结过程中产生的废气由主抽风机通过下部风箱吸往主排气管，废气经除尘后从烟囱排出。烧结废气中含粉尘0.2～0.7g/m^3，从环境保护和防止抽风机叶片磨损角度考虑，设置了除尘器除尘。过去一般采用旋风除尘器，因其除尘效率较低和为使从烟囱排出的废气粉尘浓度达到标准要求，最近多采用电除尘器。此外，还要设置脱硫设施。

烧结厂计测装置有定量给料装置（配料）、风箱压力计、废气温度计、煤气流量计和主排风机风量计、负压计和温度计、混合料中子水分计、矿槽料位计等。这些计量和检测装置及仪表的使用有助于实现烧结生产过程的自动化。

4.1.1.2 球团生产工艺

球团生产是细磨铁精矿或其他含铁粉料造块的又一方法。它是将精矿粉、熔剂（有时还有黏结剂和燃料）的混合物，在造球机中滚成直径为 8～15mm（用于炼钢则要大些）的生球，然后经干燥、焙烧、固结成型，成为具有良好冶金性质的优良含铁原料，满足钢铁冶炼需要。球团生产的主要工序包括原料准备、配料、混合、造球、干燥和焙烧、冷却、成品和返矿处理等工序，如图 4－2 所示。球团焙烧有三种基本工艺：竖炉、带式焙烧机和链箅机－回转窑。

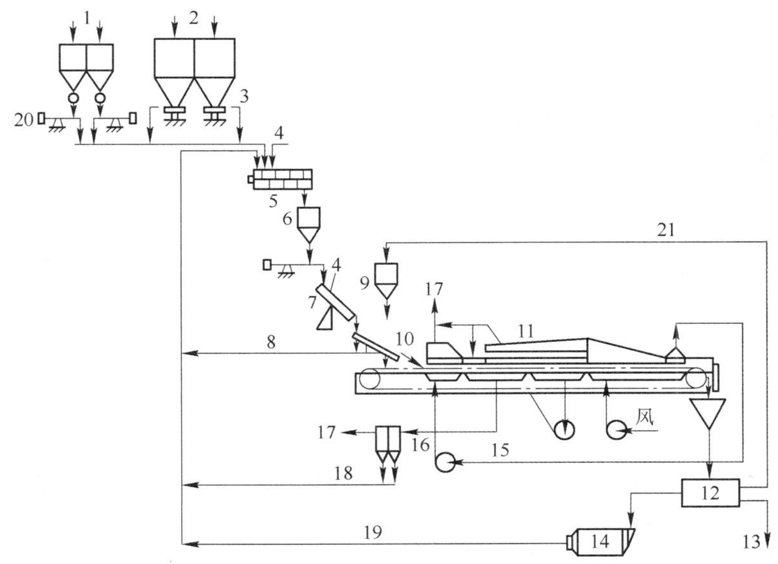

图 4－2 球团生产工艺流程

1—添加剂；2—粉矿和精矿；3—圆盘给料机；4—加水；5—混合调湿机；6—混合料槽；7—圆盘造球机；8—筛下返料；9—料槽；10—辊式布料器；11—带式焙烧机；12—筛分站；13—成品球团；14—磨机；15—风机与气流控制；16—多管除尘；17—废气；18—粉尘；19—返矿；20—配料皮带秤；21—铺底、铺边料

球团生产的原料主要是精矿粉和若干添加剂，如果用固体燃料焙烧则还有煤粉或焦粉。各种铁矿粉从内料场由抓斗按一定配比中和后送入储矿槽，通过槽下的定量给料装置排出，送圆筒烘干机进行混匀和脱水。烘干料经过缓冲仓后进入圆盘造球机，添加雾状水和滴状水后进行造球，形成生球。生球经过泥辊筛筛分，筛上的生球送入竖炉，筛下的粉末返回烘干机前的配料皮带上再进入烘干机。

生球经布料小车均匀分布在竖炉本体上部的炉箅条（干燥床）上进行干燥和预热，预热好的生球随炉下排料而滑入炉内，经过火道口被点火后开始在炉内焙烧，焙烧完后经过齿辊咬碎黏结团（葡萄球）后经振动给料机排出竖炉进入链箅机。点火是使用高压煤气在燃烧室燃烧后经火道口喷入炉内。炉内焙烧时需要的大量空气，由主风机以鼓风方式送入竖炉中下部，气流经导风墙导流而往上走，到达炉顶已成高温热气，从而可将热量带到炉箅条上干燥和预热生球。

炉内排出的热球通常大部分是火红色，温度很高，需冷却到不烧损下道工序输送带的温度，即低于150℃。按冷却介质的不同，冷却方法有水冷和风冷。前者由于使球团矿急冷而造成龟裂，使强度降低，所以目前很少使用。目前多采用风冷方法。风冷法按进风方式可分为抽风式和鼓风式两种，按设备结构形式还可分为环冷、带冷和格式冷却三种。实际运转的形式主要有抽风环冷式、鼓风环冷式、抽风带冷式和鼓风格式冷却四种。为了综合利用余热，可将冷却机排出的废气余热加以回收。冷却后的球团矿一般不需要筛分处理就可进入成品仓，随时送往高炉。

竖炉焙烧工艺是世界上最早采用的球团焙烧方法。其生球的干燥、预热、焙烧、冷却都在一个矩形竖炉内来完成。这种方法工艺简单、结构紧凑、投资便宜，但也存在一定问题（产品质量差，单炉规模很难大型化，对原料的适应性差），而且只能使用气体燃料，冷却和除尘问题需进一步解决。目前竖炉多用于焙烧磁铁矿生球、焙烧赤铁矿和褐铁矿生球尚有困难。

带式焙烧工艺是受带式烧结机的启示而发展起来的。从外形上看，带式焙烧机和带式烧结机十分相似，但在设备结构上却存在很大的区别，如台车的结构和支架的承受力、风箱的分布和密封的要求、上部炉罩的设置和密封、风流的走向（不像烧结机那样是单一的抽风，而是既有抽风又有鼓风）、布料方式、成品的排出和台车运行速度等都不相同，特别是本体的材质更是完全不同。为了能长期安全地承受最高焙烧气体的温度（≥1300℃），带式焙烧机采用耐高温性能极好的特殊合金钢。

链箅机－回转窑法出现较晚，但由于它具有一系列的优点，所以发展较快，今后很可能成为主要的球团矿焙烧法。链箅机－回转窑在链箅机上实现生球的干燥和预热，在回转窑中进行高温焙烧，在冷却机中进行冷却。其优点如下：按照不同的温度要求，使设备比较容易实现既定的热工制度并得到保证；对原料的适应性更强；燃料不但可用煤气和重油，而且可以100%地使用煤粉，也可混合使用两种燃料；产品的质量高且更为均匀；实现了球团生产的大型化。其缺点是基建费用高，在窑内滚动摩擦、落下等会产生粉末，操作不当还会产生结圈而影响正常生产。根据我国的具体情况，一般原料来源的稳定性较差，而且燃气和油的来源有限，需要直接用煤作燃料，在设备质量、材质难以保证的情况下，近几年来采用链箅机－回转窑工艺较多。

4.1.2 烧结球团安全生产的特点

烧结生产是把含铁废弃物与铁精矿粉烧结成块（团）成为炼铁原料的过程。其工艺过程是按炼铁的要求，将细粒含铁原料与熔剂和燃料进行配比，经混合、点火、燃烧，所得成品再进行破碎、筛分、冷却、整粒后送往高炉炼铁。球团生产是把铁精矿粉造成“铁丸子”作为炼铁原料的过程。

现代烧结球团安全生产具有以下特点：

（1）连续性作业。从原料准备到烧结球团（原料准备包括含铁料准备、熔剂破碎和燃料粉碎）是一条作业线。烧结主作业线是从配料开始，包括配料、混料、烧结、冷却及成品烧结矿整粒四个主要环节，球团从配料、烘干、造球、焙烧、冷却及成品入仓，基本都是一条龙的连续作业，作业线长达数百米。原料系统及烧结球团系统的设备均为连锁操作，任意一个环节的故障都将造成整个生产系统的中断。

（2）集中控制程度高。原料系统、烧结球团系统实行集中控制是当代烧结球团生产的一个重要特点。集中控制大大降低了人力资源与成本，提高了劳动生产率，但由于现场的监控区域范围太大，受场所及设施、气候、粉尘、蒸汽、监控角度等影响，监控仍存在盲区，集中控制操作台的人员一旦注意力不集中或出现误操作就会造成事故，甚至引起事故扩大。

（3）员工操作、点检、维护作业环境差。一方面存在许多露天作业，露天及通廊内的生产，受天气气候影响大：雨天、冰雪天行走困难，设备运行易打滑、垮料；冰冻时设备结冰影响运行，天冷影响员工的安全操作；夏天高温，堆取料机等操作室受太阳照射的影响，温度高，员工易中暑，同样影响员工的安全操作。另一方面，作业现场的扬尘大（特别是露天料场、破碎、筛分、石灰粉的输送、膨润土的输送等系统），烧结系统噪声大，存在高温设备与物质，经常有输送的物料洒落在宽度有限的通道内，这也是作业环境差的一个重要原因。

（4）运转设备多，作业线长，危害因素多。如烧结、球团厂大量使用带式输送机，有的带式输送机长达上千米，其运转的头轮、尾轮、换向轮、增面轮等，均存在咬入口，若员工不慎触及，就可能造成伤害。由烧结厂的伤亡事故统计数据可以发现，带式输送机致人伤残、死亡所占的比例很大。堆取料机、布料机、烧结机、带冷机、环冷机的运行可能造成挤压伤害；高速运行的电机联轴器或热力偶、风机叶轮等可能造成机械伤害；堆取料机上存在高空坠落危害；起重设备使用存在起重伤害；车辆倒运原料、矿石等存在车辆伤害等。

4.2 烧结球团生产的危险有害因素分析

4.2.1 烧结球团生产安全事故统计分析

烧结球团生产系统中，由于操作人员在带式输送机运行和矿槽、料仓故障处理过程中违章操作造成的伤亡事故率占比较大。据统计，因带式输送机引起的机械伤害事故约占40%；因矿槽、料仓故障处理（如处理漏斗堵料、炉内结瘤等）过程中塌料引起的烫伤、掩埋窒息、炉壁黏结物不定时脱落砸伤等约占40%；其他约占20%。按作业过程统计，生产操作中（含作业时清扫维修）发生事故约占60%，检修时发生事故约占40%，主要在更换上下托辊、带式输送机运行中清扫维修（如清理积料、输送带跑偏调整等）时发生。其原因主要是操作人员在带式输送机运转的情况下处理故障。很多单位的烧结生产工艺和设备因投产早，工艺落后，设备本质安全化水平低，故障率高，安全技术防护装置不够，如带式输送机危险部位暴露在外，输送带跑偏、打滑，划输送带，压料，堵漏斗，掉托辊等问题比较突出，从而使带式输送机运行过程中伤害事故较多。目前，钢铁企业由带式输送机承担厂内大部分烧结球团料运输量，因此，提高其自动化和本质安全化程度对安全工作十分重要。

【案例4－1】2005年4月14日18时左右，某钢铁公司烧结厂供料车间破碎工段转18－1输送带跑偏。当班班长胡某与该岗工人何某及四辊岗位工人刘某3人配合调整输送带跑偏。18时25分左右，输送带调整好后，班长胡某安排岗位工人何某先去吃饭，刘某去四辊岗位操作，自己一人留岗观察。18时45分左右，输送带再次跑偏。胡某在没有停机的情况下，对输送带尾部小车（重锤式小车）进行调整，并采用扳手当撬棍使用。由于用力过猛，扳手打滑，胡某右手手套被输送带尾轮绞住，因右手未能及时抽出手套，一并被带入尾轮，造成右手肱骨、桡骨断裂的伤害事故。

事故原因：胡某违规作业，使用扳手当撬棍，在没有停机也没有监护人的情况下，处理输送带跑偏故障。

【案例 4-2】 2006 年 8 月 3 日 4 时，某钢铁公司烧结厂三烧车间丁班主控室操作工尹某打电话给当班工人周某要启运管状带式输送机。周某接到电话指令后，来到管状带式输送机尾部确认后，于 4 时 10 分打电话给主控室尹某，告知已到带式输送机尾部，可以启动带式输送机。尹某接到确认电话后，启动管状带式输送机运行。当带式输送机启动运行后，周某从带式输送机尾部上输送带通廊巡视管状带式输送机运行情况。行至距带式输送机头部 45m 处时，其左手触接在运行管状带式输送机上，被运行管状带式输送机带过托辊架，脖子被运行的输送带与托辊挤拉断。

事故原因：管状带式输送机安全防护不全，事故段没有安装安全拉绳开关。

【案例 4-3】 2002 年 6 月 25 日 7 时 45 分左右，某钢铁公司烧结厂供料车间检修更换预配料 5 号料仓圆盘衬板。班长蒋某与李某用大铁锤击打圆筒料仓后，接着黄某点燃气焊从出料口爬入仓内用气焊将旧衬板拆除，并配合安装新衬板，当配合安装第四块新衬板时，粘在仓壁上的悬料突然脱落（2～3t 矿料），将黄某埋住。由于事故现场条件限制，致使抢救工作进展困难，经过约 30min 的气焊开孔救人紧急措施，黄某从仓内被救出，但因其胸部挤压伤势严重，经全力抢救无效于 6 月 25 日 11 时死亡。

事故原因：黄某在没有确认仓内壁上悬料是否干净、未辨识悬料脱落危险的情况下，进入仓内作业，因粘在仓壁上的悬料突然脱落埋住导致死亡。

【案例 4-4】 2004 年 4 月 27 日上午 9 时 12 分，某钢铁公司球团厂生产主管吴某蹬上竖炉人孔处的平台时，竖炉内壁上附着的残渣掉下，砸在一根一端在炉内、一端在炉外的铁钎上，铁钎弹起打中吴某的颈部，吴某当即昏迷倒地，随即被送往医院抢救，因伤势过重，抢救无效于当日上午 11 时死亡。

事故原因：（1）高硫矿粉在竖炉中焙烧时易结瘤，待竖炉凉炉后由于热胀冷缩容易自动脱落掉下。（2）本工段职工在人孔处将铁钎一端伸入炉内准备敲碎结瘤大块用，实际又未用，致使瘤块掉下砸在铁钎上，铁钎弹起伤人。（3）吴某本人未能意识到瘤块掉落并打击铁钎弹起伤人的危险性，到人孔口处察看时未拿开放在孔口的铁钎。（4）临时进行检修作业未及时制定相应安全措施，未进行作业前安全交底。

【案例 4-5】 2001 年 8 月 28 日 23 时 55 分，某钢铁公司球团厂职工陈某清扫 8 号梭式布料小车卫生时，由于地面上撒有熟球，加之照明不足，行走时踩到熟球，熟球滚动造成身体失去平衡而摔倒，右手不由自主撑在小车铁轨上，致使右手无名指和小指被小车压伤，虽当即抽出但已造成无名指第三关节骨头完全断开，无名指和小指肌肉皮肤受伤严重。

事故原因：工作场地照明存在不足，作业时看不清楚。地面有熟球未及时清扫。

4.2.2 主要危险有害因素分析

4.2.2.1 主要原、燃料中存在的危险有害因素分析

烧结球团生产过程中使用的原料主要为铁矿粉，辅助原料有蛇纹石、白云石、石灰

石、膨润土等，它们含有氧化钙、二氧化硅等有害成分；燃料主要为焦粉、煤、煤气，其中煤气是易燃、高毒气体，煤中含有硫，燃烧时产生有毒的二氧化硫气体。

（1）煤气。烧结过程中使用的燃料通常为煤气，一般使用高炉煤气和焦炉煤气的混合煤气。煤气是易燃的高毒气体（主要是 CO），具有爆炸性（爆炸极限为 10.6% ~41.6%）。

煤气的输送及使用过程中存在一氧化碳泄漏的可能。

烧结机点火时以及煤气泄漏时，如果煤气与空气混合浓度处于其爆炸极限则可能发生爆炸，造成人员伤害、设备损坏。

一氧化碳侵入人体的途径为吸入，它在血液中与血红蛋白结合能力远比氧的结合能力强，从而造成人体组织缺氧、窒息。急性煤气中毒如不能迅速脱离煤气环境，患者极易中毒致死；重度中毒患者苏醒后可能出现迟发性脑病，造成意识、精神障碍。

（2）二氧化硅和煤、焦粉。二氧化硅对人的危害主要表现为其呼吸性的粉尘使肺泡纤维化病变。进入人体肺部的粉尘通常在 10μm 以下，而滞留在肺泡中的粉尘 95% 以上粒径在 5μm 以下；粉尘粒径越小、破碎生成的粉尘越新、表面活性越大，导致肺组织纤维化的作用越强。蛇纹石、白云石、石灰石在生产过程中产生的游离二氧化硅粉尘含量较高，而煤、焦粉相对少一些。

长期吸入大量游离二氧化硅粉尘（矽尘）会引起硅肺病。硅肺病是我国常见职业病之一。早期由于吸入矽尘可出现刺激性咳嗽，并发感染或吸烟者可有咳痰；少数患者有血痰。硅肺病常并发慢性支气管炎、肺气肿和肺心病。硅肺病治疗较困难，目前尚无能使其完全逆转的药物。

（3）氧化钙。氧化钙是碱性腐蚀品，属于强碱，对人体有刺激、腐蚀作用，特别是对呼吸道具有强烈刺激性。吸入其粉尘可导致化学性肺炎；可对皮肤、眼灼伤，长期接触可导致手掌皮肤角化、皲裂、指甲变形。生石灰遇水发生化学反应，并放出大量热。

另外，原、燃料中还含有硫，氧化会产生二氧化硫。二氧化硫有毒、具刺激性（对呼吸道作用更明显）。煤气中含有的甲烷，属于易燃易爆物质。煤在空气中长时间存放容易氧化产生自燃。

4.2.2.2 生产过程中的主要危险有害因素

（1）机械设备伤害。烧结球团生产中使用的机械设备主要有带式输送机、料场堆取料机、圆盘给料机、带式给料机、圆筒混合机、圆筒烘干机、梭式布料机、九辊布料装置、齿辊、烧结台车、引风机、除尘器、刮板输送机、斗式提升机、单辊破碎机、环（带）冷机、振动筛、泥辊筛及振动给料机等。

机械设备的运动，具有很大的运动惯性，人体不慎接触运动设备的危险部位，就可能造成设备对人体夹击、碰撞、剪切、卷入、绞入、碾压等多种伤害。机械对人的伤害是直接的，也是很危险的。由于烧结生产设备多，范围大（如有的带式输送机有 800 多米长），生产连续作业，因此机械伤害是烧结生产过程中主要的危害因素之一。

（2）电气伤害。通常，电力是烧结球团设备运行的主要动力，也是现场照明的主要能源。电力的输送环节中可能发生电气短路、漏电，容易引起接触人员的触电伤害、火灾或爆炸，造成设备财产损失事故。

人体的触电伤害有电击、电伤两种。电击的主要原因是设备异常带电，即电气系统中原本不带电的部分因电路故障而异常带电。人体接触带电设备，电流通过人体（特别是通过心脏）将刺激人体组织，发生肌肉痉挛、心室颤动等，如不能迅速脱离带电体，就可能危及生命安全。电伤是电流的热效应、化学效应、机械效应等对人体所造成的伤害。其伤害多见于机体的外部，往往在机体表面留下伤痕，通常包括电烧伤、电烙伤、皮肤金属化、电光眼等多种伤害。造成电伤的主要因素有电线短路、带电分合闸等形成强烈的电弧，高温的电弧光对人体造成伤害。

雷击也会造成建筑、设备和人体的伤害，强大的雷击电流往往造成设备、设施的巨大损坏，而人被雷击几乎无生还可能。

烧结球团露天作业多，各种电气设施因日晒雨淋，容易造成绝缘损坏漏电及电气室中短路放炮，加上雷雨天的雷击伤害，因此电气伤害也是烧结厂的主要危害因素之一。

（3）起重设备伤害。烧结球团生产、检修、维护中常使用起重设备辅助作业，如电动葫芦、单梁起重机等，存在着起重设备伤害。起重设备伤害主要有重物坠落伤害、挤压伤害、触电伤害、高处坠落伤害。起重设备伤害的危险性较大，往往造成人体伤残甚至死亡。

（4）坍塌伤害。处理料仓、矿槽或在原料场料堆下方作业，都有可能因为原料突然坍塌而造成人员伤害，甚至被埋人员由于未被及时救出而缺氧窒息死亡。

（5）厂内机动车辆伤害。厂内机动车辆伤害主要表现在车辆在行驶中引起的人体坠落和物体倒塌、飞落、挤压以及车辆的碰撞、碾压等造成的伤害事故。每个厂都有车辆的物料运输，有的甚至以车辆运输为主。厂区道路通常都不很宽敞，且弯道多，高处架设的设施也多，加上照明、车况不好及司机个人素质等原因，车辆造成的事故也多。由于车辆（特别是重车）的惯性大，一旦发生事故，造成的损失都较大，人员受到车辆伤害往往致残甚至死亡。

（6）粉尘、高温、噪声危害。粉尘危害是烧结球团厂最主要的有害因素之一。这主要是由于烧结球团生产的原料及辅助原料多是粉末状，且多由敞开的设备输送，加之生产过程中的振动、筛分、混匀、给（卸）料等，都容易产生扬尘。细颗粒的粉尘，特别是 $10\mu m$ 以下的粉尘可进入人体呼吸系统，而 $2\mu m$ 的粉尘可进入肺泡，可以阻塞肺泡，引起细胞纤维化。人体接触粉尘的时间越长，危害也越大，具体的危害前面已经简要介绍，这里不再重复。

高温危害是烧结球团厂的有害因素之一。烧结球团的生产过程中存在高温物体，如烧结过程中的烧结料、台车、现场的蒸汽管道设施、球团燃烧室、烘干床、链箅机、带冷机等。员工在该环境下工作以及在露天的高温天气下作业均存在着高温中暑的危险，以及接触高温物质、设备造成灼烫的危害。

现场各种设备的振动、噪声，可对人体产生危害，干扰人的正常生活和工作，影响人的健康，同时还使人们感到烦躁，注意力不集中，身体灵敏性和协调性下降，反应迟钝。同时因噪声掩盖了异常信号或声音，容易发生各种工伤事故。因此噪声也是烧结厂的一个重要有害因素，要引起重视。

烧结厂基本危险有害因素见表 4－1。

表4－1　烧结球团厂基本危险有害因素

场所与部位	基本危险有害因素
配料、造球	机械伤害、电气伤害、高处坠落、火灾、坍塌、灼烫、噪声、粉尘、高温
混合	机械伤害、电气伤害、火灾、坍塌、灼烫、噪声、粉尘
烘干	机械伤害、电气伤害、火灾、坍塌、灼烫、噪声、粉尘、高温
烧结	机械伤害、电气伤害、高处坠落、火灾爆炸、灼烫、噪声、粉尘、毒物伤害、起重伤害、高温、物体打击
竖炉	机械伤害、电气伤害、高处坠落、火灾爆炸、灼烫、噪声、粉尘、毒物伤害、起重伤害、高温、物体打击
破碎及冷却	机械伤害、电气伤害、高处坠落、火灾、高温、灼烫、粉尘
整粒	机械伤害，电气伤害、火灾、灼烫，噪声、粉尘、起重伤害、高温、高处坠落
空气压缩及输送	火灾、物理性爆炸、噪声、触电危害
变配电	电气伤害、火灾
循环水冷却	机械伤害、电气伤害、火灾、噪声
除尘	机械伤害、电气伤害、火灾、灼烫、噪声、粉尘
脱硫	机械伤害、电气伤害、灼烫、噪声、粉尘
厂区	车辆伤害、噪声与振动危害、粉尘

4.3　烧结球团安全生产技术

选择、采用满足国家或行业安全标准和规范的，技术上先进、合理的生产工艺，是烧结球团安全生产的前提条件和重要措施。一方面，在设计时应充分考虑安全需求并予以保证；另一方面，在生产过程中应根据安全生产的发展，对原有的生产工艺及设施予以完善与改进，充分采用先进的安全生产工艺技术，从而确保烧结球团安全生产的需要。

（1）带式烧结机原理。带式烧结机（见图4－3）抽风烧结的工作过程如下：当空台车运行到烧结机头部的布料机下面时，铺底料和烧结混合料依次装在台车上，经过点火器时混合料中的固体燃料被点燃。与此同时，台车下部的真空室开始抽风，使烧结过程自上而下的进行。控制台车速度，保证台车到达机尾时，全部料都已烧结完毕，粉状物料变成块状的烧结矿。当台车从机尾进入弯道时，烧结矿被卸下来。空台车靠自重或尾部星轮驱

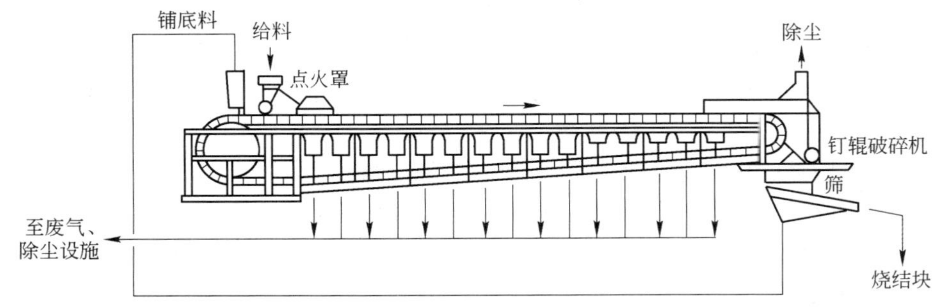

图4－3　带式烧结机结构

动，沿下轨道回到烧结机头部，在头部星轮的作用下，空台车被提升到上部轨道，又重新布料、点火、烧结、卸矿等工艺环节。

（2）竖炉原理。球团竖炉属于逆流热交换设备。炉料自上而下，气流自下而上运动。竖炉两侧设有燃烧室，燃烧室废气流通过喷火口喷入炉内，并向下运动与下降的球团进行热交换加热球团，使生球得到干燥、预热、焙烧。竖炉下部设有冷却风进风口，冷却风在炉内自下而上运动，将焙烧好的球团矿冷却。与此同时，冷却风被加热，通过导风墙上升到干燥床，并穿透干燥床将生球干燥。因此，球团在炉内下降过程中完成生球的干燥、预热、焙烧、均热及冷却全过程，冷却后的球团矿由竖炉下部排出炉外。竖炉工作原理如图4－4所示。

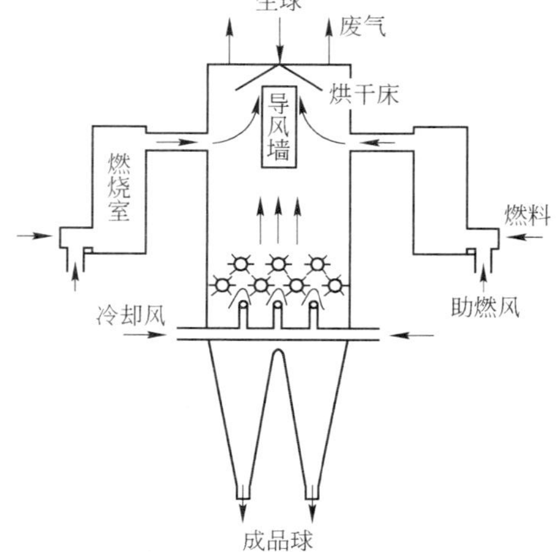

图4－4　竖炉工作原理

（3）厂区选址、布置。厂区建设前应进行合理的选址、厂房布置，以确保其符合国家及行业规定的安全作业环境的要求。

1）选址应考虑当地的气象地质条件，避免洪水、海潮、飓风、地震等危害，避开断层、流沙层、淤泥层、滑坡层、天然溶洞等不良地质地段，特别是主要厂房及烟囱等高、大建筑，应有良好的工程地质条件。

2）厂房应位于附近居民区及工业场区常年最小频率风向的上风侧，厂区边缘与居民区应保持安全距离。

3）烧结室和球团焙烧室的主厂房，应建于空气流通处，并与常年季风向垂直。厂区办公、生活设施应设在烧结机或球团焙烧机（窑）常年季风向上风侧。

（4）厂房建筑、安全设施。厂房建筑是企业生产设施的载体，确保其满足安全生产的标准是企业安全生产的基础和基本要求。

1）建筑物的结构强度应满足设备振动、温度、生产及检修载荷的要求，具备抵御当地最高地震强度的能力。

2）厂房建筑的高度与宽度应满足设备运行、人员通行的基本要求。严禁其他物件占用安全通道。安全通道应及时清扫，防止员工踩到撒落的物料而摔倒。

3）带式输送机通廊净空高度一般不应小于2.2m，热返矿通廊净空高度一般不应小于2.6m。通廊倾斜度为8°～12°时，检修道及人行道均应设防滑条；超过12°时，应设踏步。

4）厂房内、转运站、带式输送机通廊，均应设有洒水清扫或冲洗地坪和污水处理等设施。

5）采用热振筛的机尾返矿站和环冷机、带冷机的尾部均应设在±0.0平面以上。

6）所有作业场所均应设置符合国家安全规范的人行通道、检修运输通道。

7）厂区道路尽可能为环形，主厂房、员工休息室、会议室等应有两个出入口，以满足消防安全的要求。

8）通道、楼梯的出入口应设于交通安全位置，不得位于吊车运行频繁的地段或靠近铁道；否则，应设置安全防护装置。

9）直梯、斜梯、防护栏杆和平台，应分别符合《固定式钢梯及平台安全要求　第1部分：钢直梯》（GB 4053.1—2009）、《固定式钢梯及平台安全要求　第2部分：钢斜梯》（GB 4053.2—2009）、《固定式钢梯及平台安全要求　第3部分：工业防护栏杆及钢平台》（GB 4053.3—2009）的有关规定。

10）吊装孔必须设置防护盖板或栏杆，并应设警告标志。所有沟、井、池上应设安全箅条、盖板或四周设置安全栏杆。

11）带式输送机、链板机需要跨越的部位应设置过桥，烧结面积在$50m^2$以上的烧结机应设置中间过桥。

12）厂房内物品的摆设应按“6S”的要求，划分功能区，实行定置管理，确保安全通道畅通无阻。现场临时检修或占用场地作业应设置警戒带、警示标志并尽可能封闭。

13）现场主要危险源或危险场所，应设有“禁止接近”、“禁止通行”或其他安全标志。安全色和安全标志应分别符合《安全色》（GB 2893—2008）和《安全标志及其使用导则》（GB 2894—2008）的规定。

14）主抽风机室应设有监测烟气泄漏、一氧化碳等有害气体及其浓度的信号报警装置；煤气加压站和煤气区域等存在高毒物品的岗位，应设置监测煤气泄漏显示和报警装置、职业危害告知牌。

15）在有粉尘、潮湿或有腐蚀性气体的环境下工作的仪表，应选用密闭式或防护型的，并安装在仪表柜（箱）内。

16）厂区道路（特别是交叉路口、弯道、窄道、出入口）应设置相应的安全警示标志和提示性标识；必要时，应设置反光镜、路面阻车器。

17）铁路道口应设置明显的标志和声光信号，有关道岔应锁闭并设置路挡。特别是翻车机作业区域与溜车线，不仅要设置明显的标志和声光信号，还应尽可能封闭。

18）油品、可燃物品、危险化学品的存放必须有专门的库房，配备必要的消防、通风、防盗设施；化学性质相抵触的物品不得混储混运。

（5）自动化集中控制。尽可能地采用自动化集中控制生产工艺，尽量减少作业人员暴露在危险场所（环境）中的频率，是实现烧结球团安全生产的重要手段。

1）各生产岗位尽可能采用红外线自动扫描、电视摄像以及温度、振动、液位、料位、有毒气体浓度检测的感应仪表等，设置原料主控室、烧结主控室，应用工业电视集中监控。

2）应用先进的计算机控制系统与先进的控制软件，在主控室建立各作业环节的全过程自动化生产控制系统。

3）控制软件和控制系统应有相应的安全报警子系统，设置合理报警阈值，并确保在事故紧急情况下能自动调控流量、运行速度，能快速切断，以控制事态的发展，防止事故扩大。

4）主控室的计算机控制系统与各生产设备要连锁，实行顺序启动、上行设备与下行设备的操作连锁；现场岗位设置事故应急开关。

5）岗位之间及与控制室应设置无线通信系统，确保信息的及时沟通。

6）设备的启动，应设置预告和启动信号（声、光）。

7）主控室的计算机控制系统设置双网路独立供电电源。

8）建立操作牌和检修牌制度，停送电工作票制度，凭牌作业。检修时，必须与上下岗位联系好，停电并挂上“有人作业、禁止启动”的标志牌，设专人监护。

（6）能源介质。

1）厂内各种气体管道应架空敷设。易挥发介质的管道及绝缘电缆，不得架设在热力管道之上。

2）各燃气管道在厂入口处，应设总管切断阀；燃气管道不得与电缆同沟敷设，并应进行强度试验及气密性试验。

3）应有蒸汽或氮气吹扫燃气的设施，各吹扫管道上必须设置逆止阀，防止窜气。

4）厂内使用表压超过 10^5Pa 的油、水、煤气、蒸汽、空气和其他气体的设备和管道系统，应安装压力表、安全阀等安全装置，并应采用不同颜色的标志，以区别各种阀门处于开或闭的状态。

5）管道的涂色，应符合《工业管道的基本识别色、识别符号和安全标识》（GB 7231—2003）的规定。

6）使用煤气，应根据生产工艺和安全要求，制定高、低压煤气报警限量标准。

7）煤气管道应设有大于煤气最大压力的水封和闸阀；蒸汽、氮气闸阀前应设放散阀，防止煤气反窜。

8）煤气设备的检修和动火、煤气点火和停火、煤气事故处理和新工程投产验收，必须执行《工业企业煤气安全规程》（GB 6222—2005）。

9）厂内供水应有事故供水设施。

10）水冷系统应按规定要求试压合格，方可使用。水冷系统应设流量和水压临控装置，使用水压不得低于 10^5Pa，出口水温应低于 50℃。

11）最低气温在 0℃以下的场所，对间断供水的部件必须采取保温措施。

（7）照明与采光。

1）厂房自然采光和照明，应能确保作业人员工作和行走的安全需要；消防通道、员工应急通道应设置应急照明。

2）厂区道路的照明应能满足员工通行及车辆通行的需要。

3）设置一般事故照明的工作场所，应符合表 4－2 的规定。

表 4－2　设置一般事故照明的工作场所

车间（工序）	设置一般事故照明的工作场所
原料	原料仓库、堆取料机、龙门吊车、卸车机
配料	混合配料室、配料矿槽、混合料矿槽
烧结	烧结机平台、主抽风机室
造球	造球机平台、烘干机平台
球团	油库、煤粉室、重油罐区、煤粉罐区、造球机室、竖炉仪表室、回转窑、焙烧机平台
其他	主要通道及主要出入口、主控室、操作室、高压配电室、低压电磁站、液压泵房、煤气加压站、调度室

4）车间工作场所照明器的选用，应遵守下列规定：在有腐蚀性气体、蒸汽或特别潮湿的场所，露天照明应采用封闭式灯具或防水灯具；在易受机械损伤和振动较大的场所，

灯具应加保护网和采取防振措施。

5）需要使用行灯照明的场所，行灯电压一般不得超过36V，在潮湿地点和金属容器内，不得超过12V。

6）现场应设置相应的检修电源箱和安全电压供电电源，以满足检修安全供电的需要。

（8）防火、防爆。

1）厂区内应设有完整的消防水管路系统，确保消防供水。

2）主要的火灾危险场所，应设有与消防站直通的报警信号或电话。

3）厂房建筑的防火要求，必须符合《建筑设计防火规范》（GB 50016—2006）的有关规定，生产的火灾危险性分类应符合表4－3的规定。

表4－3 生产的火灾危险性分类

类别	原料与仓库	烧结球团	动力设施
甲	乙炔瓶库	煤粉车间	
乙	氧气瓶库	主控室，变电所，变压器室，电缆沟，电磁站，煤、焦炭筛分，转运，配电室（每台装油量大于60kg的设备）	煤气加压站，煤气、氧气、氨气及管道设施
丙	重油罐区、煤粉罐区		油库、液压泵房、润滑站、液压站、空压机房
丁		球磨机、棒磨机、混合机回转窑高压油箱，热作业区操作室，热返矿皮带通廊，成品皮带操作室，配电室（每台装油量小于60kg的设备）	
戊	煤场	胶带库	

4）各类建（构）筑物所配置小型灭火装置的数量应符合表4－4的规定。

表4－4 各类建（构）筑物配置小型灭火装置的数量

类 别	配置数量	类 别	配置数量
甲、乙类建（构）筑物	1/50	甲、乙类仓库	1/80
丙类建（构）筑物	1/80	丙类仓库	1/100
丁、戊类建（构）筑物	1/100～1/50	丁、戊类仓库	1/150

注：建筑物的面积，乘以表中的系数，结果如为小数，则四舍五入取整数。

5）配电室、电缆室（电缆垂直通道）、地下电缆室、油库和磨煤室，应设有烟雾火灾自动报警器、监视装置及灭火装置，火灾报警系统宜与强制通风系统连锁；应采取防火墙、防火门间隔和遇火能自动封闭的电缆穿线孔等建筑措施。新建、改扩建的大型烧结球团的主控室，应设有集中监视和显示火警信号的装置。

6）在有爆炸危险的场所，必须选用防爆或隔离火花的保安型仪表。

7）有爆炸危险的气体或粉尘的工作场所，应采用防爆型电气设备、设施。

8）机头电除尘器应设有防火防爆装置。

9）煤气加压站、液压泵室、油罐区、磨煤室及煤粉罐区周围10m以内，严禁明火；在上述地点动火，必须征得主管部门批准、同意，并采取有效的防护措施。

10）双烟道烟囱底部应设隔墙，防止窜烟。

4.4　烧结球团主要设备安全技术

生产设备既是生产的工具，也是能量的载体。如果生产设备出现故障，将会出现异常的能量释放，甚至会造成重大人身与设备事故，尤其是现代高速运转的设备，一旦失控，后果不堪设想。因此，提高设备的本质安全化程度，有效地防止设备能量的异常释放，是确保安全生产的基本途径。

烧结生产的设备通常有原料堆、取料机、一次混合机、二次混合机、除尘器、主抽风机、点火炉、烧结机、一次破碎机、热筛、冷却机、冷却风机、一次筛、二次破碎机、二次筛、三次筛、四次筛、成品环保除尘器、粗焦筛、循环水泵、三次混合机、带式输送机、天车、烘干机、圆盘造球机、竖炉、齿辊、振动给料机、链码机、带（环）冷机等。其主体设备为原料堆、取料机、混匀机、烧结机、冷却机、振动筛、带式输送机、烘干机、主风机、链箅机等。

（1）一般要求。

1）设备裸露的运转部分，应设有防护罩、防护栏杆或防护挡板；活动式防护设施应有连锁；机械设备的防护装置，应满足《机械安全　防护装置　固定式和活动式防护装置设计与制造一般要求》（GB/T 8196—2003）的要求。

2）烧结机、圆辊给料机、反射板和带式输送机，均应设有机械清理（清扫）装置。

3）行车及布料小车等在轨道上行走的设备，两端应设有缓冲器和清轨器，轨道两端应设置电气限位器和机械安全挡。

4）载人电梯不得作为起重工具。

5）运转中的破碎、筛分设备，禁止打开检查门和孔；检查和处理故障，必须停机并切断电源和事故开关。

6）设备启动前确认设备各部位（特别是安全防护装置和操作按钮）正常，确认设备运转部位无人和无杂物，运转设备的危险区域如正前方无人；必要时应在现场没专人监护；启动前应给信号。

7）设备跳闸原因未查清、故障未消除前不得再次启动。

8）卫生清扫、设备点检、润滑维护时严禁靠近、接触（进入）运转部位，防止机械伤害。

9）登高检查时，手要扶好扶手，脚要踏稳，防止高处坠落；2m 以上高空系好安全带。

（2）电气安全要求。

1）供电线路、变配电室的设置、电气设备的选用与设置等，应严格执行国家、行业有关电气安全的规定。

2）产生大量蒸汽、腐蚀性气体、粉尘等的场所，应采用封闭式电气设备。

3）电气设备（特别是手持式电动工具）的金属外壳和电线的金属保护管，应有良好的保护接零（或接地）装置；仪表系统的接地（包括保护接地、工作接地、屏蔽接地以及保安仪表接地等）应符合国家有关规定。

4）行走机械的主电源，采用电缆供电时应设电缆卷筒，采用滑线供电时应设接地良好的裸线防护网，并悬挂明显的警告牌或信号灯；容易触及的移动式卸料漏矿车的裸露电源线或滑线，应设防护网。

5）烧结机厂房、烟囱、竖炉等高大建筑和露天场所，应设有避雷装置。

6）重油、煤粉等的金属罐区，应采取防静电措施。

7）禁止带电作业；特殊情况下不能停电作业时，应按有关带电作业的安全规定执行。

（3）烧结机作业安全控制措施。烧结机是烧结厂的主体设备，按烧结方式的不同，可分为间隙式和连续式两大类。现代广泛应用连续式烧结机。它有驱动装置、台车、台车运行轨道、装料装置、点火装置等，配套的设备、设施有抽风罩与烟道、单辊、混合料仓等。

烧结机的主要不安全因素有煤气泄漏造成员工中毒、煤气爆炸的伤害、台车运行时车轮的碾压伤害、台车撞击伤害、高温物体的烫伤，以及点检、检修作业中的机械伤害、坠落伤害、物体打击等。

烧结机及相关作业的安全措施主要有：

1）点火器与点火作业。

①应设置备用的冷却水源。

②应设置空气、煤气比例调节装置和煤气低压自动切断装置。

③烧嘴的空气支管应有防爆措施。

④点火器检修应先切断煤气，打开放散阀，用蒸汽或氮气吹扫残余煤气。

⑤烧结机点火之前，应进行煤气引爆试验；点火器点火时，附近禁止明火和吸烟；在烧结机燃烧器的烧嘴前面，应安装煤气紧急事故切断阀。

⑥清理火嘴时必须两人以上，站在火嘴上风口方向，以防煤气中毒。

⑦检查维护点火器必须两人以上配合操作，佩戴好煤气监测仪，确认煤气阀门已关闭，炉内温度降至60℃以下时方能进入炉膛。

⑧关火、点火、检修等煤气作业严格遵守《工业企业煤气安全规程》（GB 6222—2005）。

2）补、换炉条作业时必须停机处理，戴好手套，防止高温烫伤；脚不能踩在台车轮子或轨道上。

3）清理机尾散料漏斗，要侧向站位，防止红矿烫伤；使用捅料棍时，应用力适当，防止绞入尾轮。

4）清理小格大块必须停机，禁止在黏矿下处理小格大块；严禁搬动小格，防止滑落摔伤。

5）清挖混合料仓。

①使用高压水冲时，要站在安全位置；使用风管吹扫时，应戴好护目镜；同时，应有防止摔入料仓的防护措施。

②关好蒸汽阀、煤气阀，通风降温，保持空气流通。

③制定专门措施，设专人监护与确认；严禁身体状况不佳人员入内。

④下料仓挖料系好安全带，从上向下作业，严禁挖“神仙土”。

⑤泥辊必须由专人负责开、停，清料时严禁转泥辊，放料时人员必须撤离。

6）清理检查大烟道。

①停机后采取隔离和通风等措施并落实，至少两人以上同时进入作业，入口处必须设专人监护。

②使用安全电源的手提灯具，检查时要注意走道、格栅是否牢固。

7）清理单辊。

①站位合理，防止被红矿烫伤。

②使用水枪清理时，人要站离红矿区，防止被蒸汽灼伤。

（4）球团作业安全控制措施。竖炉是球团厂的主体设备，它有小车（梭式布料器）、齿辊、振动给料机、点火装置等，配套的设备、设施有抽风罩与烘干床等。

其主要不安全因素有煤气泄漏造成员工中毒、煤气爆炸的伤害、小车运行时车轮的碾压伤害、高温物体的烫伤，以及点检、检修作业中的机械伤害、坠落伤害、物体打击等。

竖炉及相关作业的安全措施主要有：

1）点火器与点火作业。

①应设置备用的冷却水源。

②应设置空气、煤气比例调节装置和煤气低压自动切断装置。

③烧嘴的空气支管应有防爆措施。

④点火器检修应先切断煤气，打开放散阀，用蒸汽或氮气吹扫残余煤气。

⑤燃烧室点火之前，应进行煤气引爆试验；点火器点火时，附近禁止明火和吸烟；在烧嘴前面，应安装煤气紧急事故切断阀。

⑥更换、清理火嘴时必须两人以上，站在火嘴上风口方向，携带煤气报警仪确认无煤气，以防煤气中毒。

⑦检查维护点火器必须两人以上配合操作，佩戴好煤气监测仪，确认煤气阀门已关闭，燃烧温度降至60℃以下时方能进入炉膛。

⑧关火、点火、检修等煤气作业严格遵守《工业企业煤气安全规程》（GB 6222—2005）。

2）补、换炉条作业时必须停小车处理，戴好手套，防止高温烫伤。

3）清理小车下面漏料时必须停车处理。

4）处理齿辊漏灰、跑风时必须停下齿辊。

链箅机－回转窑也是球团生产中应用较为普遍的一种方法，易发生的工艺事故主要有回转窑内结圈。回转窑一旦出现裂缝、红窑，应立即停火。在回转窑全部冷却之前，应继续保持慢转，停炉时，应将结圈和窑皮烧掉。拆除回转窑内的耐火砖和清除窑皮时，应采取防窑倒转的安全措施，并设专人监护。

（5）主风机作业安全控制措施。主风机系高速运行设备，运动惯性大，一旦失控，如叶轮飞出、触及叶轮及电动机联轴器或轴承，将造成人员、设备的重大损害；主风机在运行中产生的噪声大，对人体健康危害大。

主风机作业的安全措施主要有：

1）设备停机、启动。

①启动前应确保大烟道内无人，所有检修人孔、点检门均已关闭，风机风门关闭，转子处于静止状态；接到开风门指令后，确认风门连杆处无人；叶轮径向方向严禁站人。

②停机后如要检修，应打开风门。

③突然停电后，手动开、关风门必须两人配合进行，一人操作，一人监护。

2）风机运转时，如风机出现振动，应关小风门，减轻风机负荷。

3）点检设备时，叶轮径向方向严禁逗留。

4）手动关风门时，人要站在风门连杆另一侧，要检查风门连杆是否牢固，防止连杆脱落打伤人；注意力要集中，脚要站稳。

5）设备运转时，进入机房应佩戴耳塞；严禁在机房吸烟。

6）设备运转时，严密监视各监控系统反馈的信息，发现振动值、电流、温度、声响等异常时，应及时停车处理。

（6）环（带）冷机作业安全控制措施。烧结出来的高温烧结矿以及竖炉出来的高温球团矿要经过适当冷却降温，才能由带式输送系统送入炼铁冶炼，冷却设备为环（带）冷机。现代主要使用环冷机冷却，它有驱动装置、台车、台车运行轨道、装料装置等，配套的设备、设施有抽风罩与烟道、单辊、料仓等。其主要不安全因素是员工不慎触及设备的运行部位或轨道可能造成机械伤害，以及点检、操作作业中踩到撒落的烧结料可能摔倒，接触高温物料及设备可能烫伤等。

环（带）冷机及相关作业的安全措施主要有：

1）巡视、点检时，人体不得伸入台车运行轨道上，严禁翻越摩擦轮；戴好护目镜，防止散料飞溅伤眼。

2）观察机内料层要避开热矿区，戴好护目镜，不准站在摩擦板上。

3）处理下料斗堵料要停机挂牌，系安全带，防止坠落；注意防止大块崩出，防止砸伤、烫伤；加强通风，轮换作业，避免高温中暑。

4）处理卸灰阀堵料要将保险插销插好、卡稳，手不能伸入阀门内，谨防摇臂压手。

5）清理台车栏板卫生，要戴护目镜、防尘帽、口罩，防止热矿粒喷出烫伤。

6）进入环冷机风道检查，采取措施防止台车箅板漏大块；使用安全电压照明；及时清理地面散料，防止摔滑；轮换作业，避免中暑。

7）更换紧固板式给矿机链板插销、螺栓时，必须停机、挂检修牌；脚要踩牢踏实。

（7）混合机、烘干机作业安全控制措施。混合机是将各种原料进行混合的设备，作业过程中可能产生机械伤害、高温蒸汽（水汽）烫伤，进入筒体内作业还存在坍塌伤害。

混合机、烘干机及相关作业的安全措施主要有：

1）检查煤气系统时，应配备煤气检测仪。

2）设备运转时严禁进入机壳内点检或加油。

3）清挖圆筒混合机、烘干机。

①要停机挂牌，切断事故开关。

②停前后输送带，防止绞住伤害处理人员衣服；严禁在停转输送带上休息或行走，严禁跨越输送带。

③混合机清料前，要关闭蒸汽阀门，并采取机械通风降温措施；进入筒体清料，防止高温烫伤。烘干机清料前，要关闭煤气阀门，携带煤气报警仪确认无煤气，并采取机械通风降温措施；进入筒体清料，防止高温烫伤。

④检查结块的松紧状况，先挖松料，后挖紧料，其作业点不能高于头部，严禁挖“神仙土”，防止崩料伤人。

⑤两人以上共同进行，使用低压照明灯，设专人联络和监护。

⑥清挖烟囱积料时，系好安全带，防止积料坠落伤人。

4）检测混合料水分时，要使用专用工具，严禁用手直接在输送带上取料，防止高温烫伤及机械伤害。

5）进行蒸汽排水时，站位得当，戴好手套，防止蒸汽管道阀门漏气，蒸汽水喷溅、灼伤人。

（8）带式输送机作业安全控制措施。带式输送机是烧结原料及烧结矿的主要输送设备，机头、机尾、换向轮、配重拉紧轮等均存在咬人的危险，电动机的联轴器、运转的输送带、滚筒存在机械伤害的危险，皮带通廊上撒落的物料可能造成人员滑倒。

带式输送机及相关作业的安全措施应满足《带式输送机安全规范》（GB 14784—1993），并做到：

1）应有防打滑、防跑偏和防纵向撕裂的设施以及随时停车的事故开关和事故警铃，机头应有遇物料堵塞时能自动停车的装置，斜皮带应有防打滑倒转的逆止装置；所有咬入口均应有防护装置。

2）设备运转时，不准接触转动部位，严禁清理转动部位。

3）皮带倒转时，严禁用棍棒、杂物等堵塞皮带轮。

4）处理皮带打滑时，严禁用扫把、破布、皮带蜡等填塞传动轮，严禁脚蹬皮带反面，应及时停料或停机处理。

5）处理皮带压料、堵料，处理下料斗堵料时，要停机挂检修牌，将操作箱上的安全插头拔掉，有专人监护；严禁站在皮带上卸料；处理下料斗堵料应注意防止砸伤、烫伤、中暑。

6）处理皮带跑偏调整尾轮时，必须有两人以上配合，有专人监护，严禁进入重锤小车内作业。

7）更换挡皮、托辊、清扫器时，应停机。

8）点检小车运行情况时，严禁脚踏在小车轨道上，严禁进入安全护栏内进行检查，避免受到撞击挤压。

9）发现皮带上有红矿时及时与主控室联系并通知相关岗位，视情况对皮带进行降温处理，严禁正面打水或拉扯事故开关。

（9）筛分机作业安全控制措施。筛分机的振动速度快，且振动器惯性大，人体不慎触及或操作不慎有可能造成机械伤害；通道上撒落的物料可能造成人员滑倒；设备噪声大，对员工的健康有影响。

筛分机及相关作业的安全措施主要有：

1）设备运转中用测温枪给振子测温时，严禁站在传动轴下及筛顶，严禁徒手测温。

2）设备运转时，严禁在筛顶作业，严禁在振子、联轴器周围逗留。

3）注意检查筛体筛板无裂纹，各部分铆钉齐全、无松动，激振器、轴承箱体与筛板固定无移位，螺栓无松动；筛子进出口漏斗无堵料，筛体布料均匀、无偏析。

4）清理筛孔、清除机腔内杂物要停机进行；筛体内空间狭小，光线较暗，作业前要接好安全照明灯；打开防尘碟阀，让筛体内温度下降后，才能进入清理。

（10）堆取料机作业安全控制措施。堆取料机是烧结原料场的主要设备，带式输送机机头、机尾、换向轮等均存在咬入的危险，电动机的联轴器、运转的皮带、滚筒存在机械伤害的危险，堆取料机行走时存在被轨道轮压伤和机架碰撞伤害的危险；堆取料机的点检、维护、检修存在高处坠落的危险。

堆取料机及相关作业的安全措施应满足《臂式斗轮堆料机　技术条件》（JB/T 4149—2010），并达到以下要求：

1）应具有并保证以下安全保护装置有效。

①斗轮取料机构的机械式安全保护装置；回转机构的安全联轴器。

②在平台和通道上，凡能触及的旋转和移动件设置的防护栅或防护罩。

③俯仰机构的防止悬臂超速下降的保护措施以及过载保护装置。

④电缆卷筒的过张力保护装置。

⑤在堆取料机输送线路“逆物流”前方设置的物流量过载保护装置。

⑥转载料斗的堵塞报警装置。

⑦堆取料机的防臂架与料堆相碰撞的装置。

⑧升降、回转、行走的限位装置和清轨器。

⑨停机或遇大风紧急情况时使用的夹轨装置。

⑩行走时的声光报警。

2）堆取料机和抓斗吊车的走行轨道，两端必须设有极限开关和安全装置，两车在同一轨道、同一方向运行时，相距不应小于5m。

3）对于因露天而影响使用性能的机电器件应设防雨罩，必要时还应设有检视孔。

4）在回转机构、俯仰机构及行走机构运行的极限位置均应设两极终端限位开关。

5）除专门设置的通路以外，严格禁止跨越或从堆取料机下通过。

6）开车前，首先松开夹轨器，然后鸣铃以示开车警告，当确认机上及周围没有不安全因素存在时，才可闭合主电源，依次开动堆取料机各部分。

7）下班停机或长期离开堆取料机时，应切断机上总电源开关，并夹紧夹轨器。

8）当风速大于20.7m/s时，应停止工作将堆取料机锚定住；当设备检修或较长时间不用时，亦应将堆取料机锚定住。

（11）起重运输作业安全控制措施。

1）起重机械的使用、维修和管理，应遵守《起重机械安全规程　第一部分：总则》（GB 6067.1—2010）和《起重吊运指挥信号》（GB 5082—1985）的规定。

2）起重机械应标明起重吨位，必须装设卷扬限制器与行程限制器和启动、事故、超载的信号装置。

3）严禁吊物从人员或重要设备上空通过，运行中的吊物距障碍物应在0.5m以上。

4）起重用钢丝绳的安全系数，应符合表4－5的规定。

表4－5　起重用钢丝绳的安全系数

钢丝绳的用途	安全系数	钢丝绳的用途	安全系数
用于一般机动起重机	5.5	带有小钩、小环供吊挂用	6.0
用于手动起重机	4.5	用于捆绑重物	11.0

5）拆装吊运备件时，严禁在屋面开洞或利用桁架、横梁悬挂起重设施。严禁用煤气、蒸汽、水等管道作起重设备的支架。

6）厂内运输应遵守《工业企业厂内铁路、道路运输安全规程》（GB 4387—2008）。

7）铁道运输车辆进入卸料作业区域和厂房时，应有灯光信号及警告标志，车速不得超过 5km/h。

（12）泥辊筛分作业安全控制措施。泥辊筛由多组齿轮传动，人不慎触及或操作不慎有可能造成机械伤害；通道上撒落的物料可能造成人员滑倒。设备运转中严禁徒手测温，严禁在筛上直接用手捡大块或杂物；清理筛孔、清除杂物要停机进行。

（13）清挖混合料仓安全控制措施。

1）使用高压水冲扫时，要站在安全位置；使用风管吹扫时，应戴好护目镜；同时，要设有防止摔入料仓的防护措施。

2）通风降温，保持空气流通。

3）制定专门措施，设专人监护与确认；严禁身体状况不佳人员入内。

4）下料仓挖料系好安全带，从上向下作业，严禁挖“神仙土”。

5）仓下拖料带式输送机或圆盘必须由专人负责开、停，清料时严禁转（启）动，放料时人员必须撤离仓内。

5 焦化安全生产

5.1 焦化生产基本工艺和安全生产特点

5.1.1 焦化生产基本工艺

根据不同需求，把不同性质的煤混合在一起，在隔绝空气的条件下进行加热，经过干燥、热解、熔融、黏结、固化、收缩等过程最终制得焦炭，这一过程称为高温炼焦。由高温炼焦得到的焦炭可作为燃料或原料供高炉冶炼、铸造等。炼焦过程中生成的焦炉煤气和煤焦油经过净化、回收精制可得到各种芳香烃和杂环化合物，供合成纤维、染料、医药、涂料和国防等工业做原料。经净化后的焦炉煤气既是高热值燃料，也是合成氨、合成燃料和一系列有机合成工业的原料。高温炼焦既是煤综合利用的重要方法之一，也是冶金工业的重要组成部分。

钢铁联合企业中焦化生产一般由备煤、炼焦、筛焦、煤气净化回收和公辅设施等组成，生产基本工艺流程如图5－1所示。

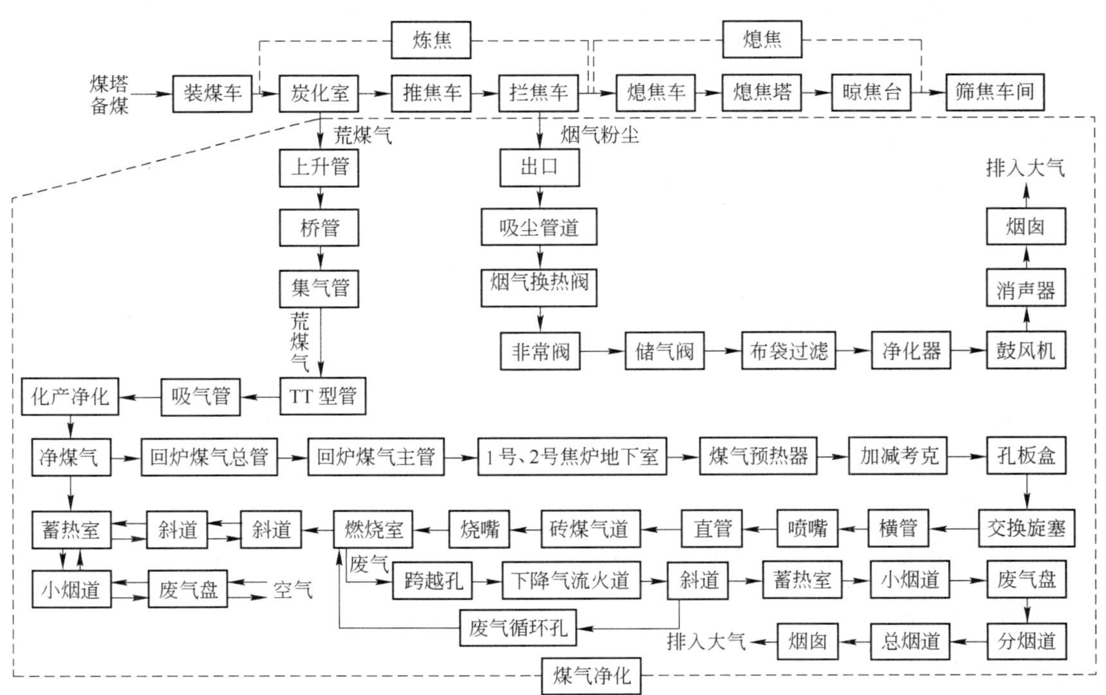

图5－1　焦化生产的工艺流程

备煤车间的任务是为炼焦车间及时供应合乎质量要求的配合煤。

炼焦车间是焦化厂的主体车间。炼焦车间的生产流程是：装煤车从贮煤塔取煤后，运送到已推空的炭化室上部将煤装入炭化室，煤经高温干馏变成焦炭，并放出荒煤气由管道输往回收车间；用推焦机将焦炭从炭化室推出，经过拦焦车后落入熄焦车内送往熄焦塔熄焦；之后，从熄焦车卸入晾焦台，蒸发掉多余的水分并进一步降温，再经输送带送往筛焦炉分成各级焦炭。

回收车间负责抽吸、冷却煤气及回收荒煤气中的各种初级产品。

5.1.2　焦化安全生产的特点

焦化是钢铁联合企业的一个重要组成部分，焦化生产既具备冶金企业生产的特点，又具备化工生产的特性。生产过程接触的焦炉煤气与高炉煤气属易燃、易爆、有毒气体；煤气净化回收过程产生硫化氢、氨水及氨气、粗苯等易燃、有毒气体或液体；作业场所存在着火灾、爆炸、中毒窒息、机械伤害、物体打击、高处坠落、灼烫、触电、起重伤害、车辆伤害、高温、粉尘、噪声及辐射等危险有害因素。

5.2　主要危险有害因素及事故类别和原因

（1）火灾与爆炸。

1）煤塔储煤时间过长，煤长期集聚于某一部位，造成煤自燃发生火灾，若处理不当，也可能发生爆炸。

2）装煤、出焦除尘过程中，由于除尘风机能力不足或风机转速突然下降等原因，导致大量荒煤气集聚或煤粉燃烧，达到爆炸极限，发生火灾、爆炸。

3）焦炉地下室发生煤气泄漏时，由于通风不良，煤气与空气形成爆炸性混合气体，当遇激发能源时可能发生火灾爆炸。

4）鼓风机前负压系统氧含量超限可能产生爆炸；鼓风机检修后置换不彻底，启动时发生爆炸；风机检修时，没有采取有效隔离，造成煤气泄漏，动火发生爆炸；由于停电、风机停车等原因，造成炉顶着火烧坏炉顶设备。

5）电捕焦油器氧含量超标，发生火灾、爆炸事故。

6）生产过程中，温度、压力控制不当，导致塔、釜、罐、密闭容器等内的物料失控发生火灾或爆炸。

7）设备或管道、阀门更换、检修时，没有有效隔离物料气体来源或排净残渣，并未进行检测，物料气体发生倒流或窜漏，遇激发能源，造成火灾、爆炸。

8）法兰、阀门、管道等因检修安装质量等问题或设备老化腐蚀、水封失效等原因，造成物料气体泄漏，遇激发能源，造成火灾、爆炸。

9）物料在管道内流动速度过快与管壁发生摩擦，而且运输、装卸过程中都会产生静电，如果不采取措施，就有可能发生火灾、爆炸。

10）槽、塔、釜、罐等内的物料中含有硫化物可腐蚀内壁，形成硫化亚铁。硫化亚铁在常温下容易自燃，而容器内有挥发性物质，可能发生爆炸。

11）锅炉、压力容器因超压、超温、缺水，安全阀、压力表失效或超期使用等原因发生爆炸。

（2）中毒。

1）苯类、酚类、氨水、初馏分、吡啶等有毒液体因操作喷溅或跑、冒、滴、漏可能引起中毒。

2）作业及检修时，未进行有效防护或有毒气体报警器失灵，煤气（尤其是高炉煤气）、硫化氢、氰化氢等有害气体在设备密封不良或因设备管道阀门腐蚀、设备检修、操作失误等情况下发生泄漏，可能造成中毒。

3）进入槽、罐、塔、釜等检修、检查未进行置换，又未采取有效的防护措施，造成中毒。

4）因生产场所通风不良，危险物质在高温、高压等情况下失控，也会造成中毒。

5）在焦化生产中，会有少量的硫化氢和氰化氢等有毒气体，可能造成中毒。

（3）机械伤害。

1）焦炉四大机车（装煤车、推焦机、拦焦机、熄焦车）运行过程中，职工站位不当、精神不集中、躲避不及时易发生挤伤、撞伤或死亡事故。

2）推焦机、拦焦机、熄焦车连锁控制不当或操作失误，会造成红炭落地、车毁人亡的事故。

3）对各种正在运动的设备进行加油清扫或检修，会造成伤害事故。

4）在检修设备时，未进行拉闸断电挂牌，由于操作人员误操作，导致设备运转，可能造成机械伤害。

（4）灼烫与酸、碱灼伤。

1）焦炉炉顶、焦炉机侧和焦侧、焦炉地下室等属高温作业区，容易发生烫伤事故。

2）焦油、蒸汽系统管道法兰泄漏，易造成烫伤事故。

3）塔、管道、泵体等检修前未进行泄压或残渣未排净，或未有效隔离工艺介质，造成液料喷溅伤人事故。

4）生产过程中使用的酸、碱与人体表面接触导致灼伤。

5）塔、容器内产品不纯，有较多水分，受到热量作用可能会发生沸腾，甚至突溢，造成附近人员烫伤。

（5）车辆伤害。

1）厂内各类运输车辆本身缺陷，如制动、音响、灯光失效，道路状况不符合规定，或者司机误操作，可能引发车辆伤害。

2）厂区的车辆未按照规定行驶，槽车进行粗苯、焦油装车或原料卸车时，联系确认不好或制动失灵，造成伤害。

3）通过无人看管的火车道口，未按照“一站二看三通过”规定，造成伤害。

（6）触电。

1）焦炉四大机车的动力滑线均为裸露滑线，在操作检修过程中，易发生触电事故。

2）检修电器设备时，带电作业或确认联系不准，造成触电事故。

3）电器设备装置外壳破损或接地不良，或漏电保护器失灵，发生触电事故。

（7）高处坠落。在高处作业时，由于栏杆、平台、梯子等腐蚀或缺陷，而操作人员未进行有效防护，造成高处坠落事故。

（8）物体打击。操作或检修过程中，由于交叉、立体作业较多，易发生物体坠落打击到作业人员，造成伤害。

（9）起重伤害。因起重吊具、防护装置、钢丝绳等故障或操作、指挥不当造成起重伤害。

（10）坍塌。在处理煤塔料仓、焦仓等堵料时，由于措施不力或违章蛮干，造成物料坍塌，发生人员伤亡事故。

（11）噪声。电机、风机、泵等设备会产生噪声危害。噪声对人体的作用分为特异性作用和非特异性作用两种。特异性作用是指对听觉系统的损坏，长期接触强噪声会使听觉系统受损，形成噪声性耳聋。非特异性作用是指对其他系统的影响，如造成中枢神经系统平衡失调和消化系统的紊乱等。

（12）高温。高温作业人员受环境热负荷的影响，作业能力随温度的升高而明显下降。高温环境会引起中暑（热辐射病、日射病、热痉挛、热衰竭）。长期高温作业（数年）可出现高血压、心肌受损和消化功能障碍病症。高温危害程度与气温、气湿、气流、热辐射和个体热耐受性有关。

（13）粉尘。在生产过程中形成的、能较长时间飘浮在作业场所的固体粉尘，对作业人员的健康存在非常大的危害。

5.3　备煤、炼焦及煤气净化安全技术

5.3.1　备煤安全技术

5.3.1.1　备煤生产的安全特性及常见事故

备煤包括原料煤的装卸、贮存、输送、配煤、粉碎等工序。备煤车间运煤车辆多，装卸设备多，运输皮带多，事故多为机械伤害事故。机械伤害主要包括以下几个方面。

（1）碰撞伤害：机械零部件迅速运动使在运动途中的人受到伤害。

（2）夹挤伤害：机械零部件的运动可以形成夹挤点或缝，如手臂被两辊之间的辊隙夹挤等。

（3）接触伤害：机械零部件由于其锋利、有腐蚀性、热、冷、带电等，而使与其接触的人受到伤害。这可以是运动的也可以是静止的机械。

（4）缠结伤害：运动的机械零部件可以卷入头发、环状饰品、手套、衣服等而引起缠结伤害。

（5）抛射伤害：机械零部件或物料被运转的机械抛射出而造成伤害。

机械设备的安全运转首先应基于机械本身的安全设计，对于可以预见的危险和可能的伤害，应该有适当的安全防护措施。高质量机械防护罩的应用，并附以定期检查和维护、管理控制，如安全培训制度的建立是预防机械危险的有效方法。

另外，煤是可燃性固体燃料，易发生自燃，且在处理中易于产生煤尘，煤尘在一定条件下还能爆炸。贮煤槽和煤塔又深又陡，清扫时容易发生事故。

5.3.1.2　煤的贮存安全

煤堆容易自燃，其原因是由于煤堆内部接触空气发生氧化反应。氧化反应产生的热量不能散发出来，因而又加速了煤的氧化。这样使热量逐渐积聚在煤堆里层，促使煤堆内部

温度不断升高，当温度达到煤的燃点时，煤堆就会自行着火。另一种自燃原因就是煤与水蒸气相遇，由于煤本身有一种吸附能力，水蒸气能在它表面凝结变成液体状态，并析出大量的热量，当煤堆温度达到一定的温度后，因氧化作用，温度就会继续升高达到煤的自燃点，发生自行着火。

这两种情况在煤堆的自行着火过程中是相互进行的，因此，在贮存煤时要采取安全措施，不可麻痹大意。

贮存煤的防火要求如下：

（1）煤堆不宜过高过大。

（2）煤堆应层层压实，减少与空气的接触面，减少氧化的可能性，或用多洞的通风孔散发煤堆内部的热量，使煤堆的温度经常保持在较低的状态。

（3）较大的煤仓中，煤块与煤粉应分别堆放。

（4）经常检查煤堆温度，自燃一般发生在离底部1/3堆高处，测量温度时应在此部位进行。如发现煤堆温度超过65℃，应立即进行冷却处理。

（5）室内贮煤最好用非燃烧材料建造的库房，室内通风要良好，煤堆高度离房顶不得小于1.5m。

（6）为使煤堆着火之初能及时扑灭，煤仓应有专用的消防水桶、铁铲、干沙等灭火工具。

（7）如发现煤堆已着火，不能直接往煤堆上浇水进行扑灭，因这样水往往浸透不深，并可产生水蒸气，会加速燃烧。如果有大量的水能将煤淹没，可用水扑救。一般都是将燃烧的煤从煤堆中挖出后，再用水浇灭。此外，还可用泥浆水灌救，泥浆可在煤的表面糊上一层泥土，阻止煤堆继续燃烧。在进行扑灭煤堆火时，应注意防止煤堆塌陷伤人的事故。

5.3.1.3 备煤机械设备安全

A 卸煤及堆取煤机械

焦化厂卸煤一般采用翻车机、螺旋卸煤机或链斗卸煤机等机械，堆取煤采用堆取料机、门式起重抓斗机、桥式起重抓斗机、推土机等。为防止机械伤人等事故的发生，应遵循下列安全规定。

（1）翻车机操作安全。翻车机应设事故开关、自动脱钩装置、翻转角度极限信号和开关以及人工清扫车厢时的断电开关，且应有制动闸。翻车机转到90°时，红色信号灯熄灭前禁止清扫车底。翻车时，其下部和卷扬机两侧禁止有人工作和逗留。

（2）螺旋卸煤机和链斗卸煤机操作安全。严禁在车厢撞挂时上下车，卸煤机械离开车厢之前，禁止扫煤人员进入车厢内工作。螺旋卸煤机和链斗卸煤机应设夹轨器。螺旋卸煤机的螺旋和链斗卸煤机的链斗起落机构，应设提升高度极限开关。在操作链斗卸煤机时，要由机车头或调车卷扬机进行对位作业，必须避免碰撞情况的发生。

（3）堆取料机操作安全。堆取料机应设风速计、防碰撞装置、运输胶带联锁装置、与煤场调度通话装置、回转机构和变幅机构的限位开关及信号、手动或具有独立电源的电动夹轨钳等安全装置。堆取料机供电地沟，应有保护盖板或保护网，沟内应有排水设施。

（4）门式或桥式起重机操作安全。门式或桥式起重机抓斗具有运行灵活可靠的优点，但操作不当或违章作业也有发生伤害事故的可能。为避免事故，门式或桥式抓斗起重机应设夹轨器和自下而上的扶梯，从司机室能看清作业场所及其周围的情况。门式或桥式抓斗起重机应设卷扬小车作业时大车不能行走的联锁装置、卷扬小车机电室门开自动断电联锁装置或检修断电开关、抓斗上升极限位装置、双车间距限位装置等。大型门式抓斗起重机应设风速计、扭斜极限装置和上下通话装置。抓斗作业时必须与车厢清理残煤作业的人员分开进行，至少保持1.5m的距离。尤其是抓斗故障处理必须在停放指定位置进行，切不可将抓斗停放在漏斗口上处理，以免滑落引起重大伤害事故。应禁止推土机横跨门式起重机轨道。

B　破碎机及粉碎机

破碎机是破碎过程中的关键机械，用于破碎大块的煤料。破碎后的煤料采用粉碎机进行粉碎。焦化厂采用的粉碎机有反击式、锤式和笼型等几种形式。

破（粉）碎机必须符合下列安全条件：加料、出料最好是连续化、自动化，产生的粉尘应尽可能少。对各类破（粉）碎机，必须有紧急制动装置，必要时可迅速停车。运转中的破碎机严禁检查、清理和检修，禁止打开其两端门和小门。破（粉）碎机工作时，不准向破（粉）碎机腔内窥视，不要拨动卡住的物料。如破（粉）碎机加料口与地面一般平或低于地面不到1m均应设安全格子。

为保证安全操作，破（粉）碎装置周围的过道宽度必须大于1m。如破（粉）碎机安装在操作台上，则台与地面之间高度应在1.5～2m。操作台必须坚固，沿台周边应设高1m的安全护栏。

颚式破碎机应装设防护板，以防固体物料飞出伤人。为此，要注意加入破碎机的物料粒度不应大于其破碎性能。当固体物料硬度相当大，且摩擦角（物料块表面与颚式破碎机之间夹角）小于两颚表面夹角之一半时，有可能将未破碎的物料甩出。当非常坚硬的物料落入两颚之间，会导致颚破碎，故应设保险板。在颚破碎之前，保险板先行破裂加以保护。

对于破碎机的某些传动部分，应用安全螺栓连接，在超负荷情况下，弯曲或断掉以保护设备和操作人员。粉碎机前应设电磁分离器，用来吸出煤中的铁器，破（粉）碎机应有电流表、电压表及盘车自动断电的联锁。

【案例5－1】某焦化厂备煤车间工人王某，在破碎机运转中抬胳膊拧破碎机轴头上的油盒，由于破碎机盘车器的防护革检修后没有复原，王某肥大的衣服被旋转的盘车器绞住，王某被绞起来，绞伤胸腹部，造成肺、脾、胃、肾和肋骨多处损伤。

事故的主要原因：在机械设备外露的转动部分加油，没有停车；没有采取可靠的防护措施；没有穿紧口工作服口。

【案例5－2】某研究所王某、李某，用小型对辊式破碎机破碎试验用煤，因煤块较大，下料不畅，二人决定停车清理。王某断电后，李某立即打开上盖，用手拨对辊上的煤块。由于惯性，对辊还没有停下来，李某的手连同手套被卷入辊间，以致李某的中指、无名指被绞断。

事故的主要原因：违章操作，机械设备没有完全停下来，不能进行操作；安全意识淡薄。

C　皮带运输机

皮带运输机是焦化厂备煤和筛焦系统常用的输送设备，它由皮带、托辊、卷筒、传动装置和张紧机组组成。皮带运输机具有结构简单、操作可靠、维修方便等优点。虽然皮带运输机是一种速度不高、安全问题不大的设备，但许多厂矿尤其是备煤工序的实践经验说明，皮带轮和托辊绞碾伤亡是皮带运输机的多发性和常见的事故，必须引起足够重视。

a 皮带输送机的安全要求

从传动机构到墙壁的距离，不应少于1m，以便检查和润滑传动机构时能自由出入。输送机的各个转动和活动部分，务必用安全罩加以防护。传动机构的保护外罩取下后，不准进行工作。输送机的速度过高时，应加栏杆防护。输送机应设有联锁装置，防止事故的发生。皮带机长度超过30m应设人行过桥，超过50m应设中间紧急停机按钮或拉线开关，紧急停机的拉线开关应设在主要人行道一侧。启动装置旁边，应设音响信号，在未发出工作信号之前，运输装置不得启动。运输机的启动装置，应设辅助装置（如锁）。为防止检修时被启动，应在启动装置处悬挂“机器检修，禁止开动”的小牌；倾斜皮带机必须设置止逆、防偏、过载、打滑等保护装置。

b 皮带运输机安全操作规程

皮带运输机操作应执行以下的安全操作规程：

（1）开车前应对皮带机所属部件和油槽进行检查，检查传动部分是否有障碍物，齿轮罩和皮带轮罩等防护装置是否齐全，电器设备接地是否良好。发现问题及时处理。听到开车信号，待上一岗位启动后再启动本岗位。听到停车信号，待皮带上无料时方可停车。捅溜槽、换托辊，必须和上一岗位取得联系，并有专人看护。

（2）开车后，要经常观察轴瓦、减速器运转是否正常，特别要注意皮带跑偏、负载量大小，防止皮带破裂。运行中禁止穿越皮带。

（3）运行中没有特殊情况不允许重负荷停车。

（4）物料挤住皮带机时，必须停止皮带机后方可取出，禁止在运行中取出。

（5）禁止在运行中清理滚筒，皮带两侧不准堆放障碍和易燃物。

（6）运转过程中严禁清理或更换托辊、机头、机尾、滚筒、机架，不允许加油，不准站在机架上铲煤、扫水，机架较高的皮带运输机，必须设有防护遮板方可在下面通过或清扫。

（7）清理托辊、机头、机尾、滚筒时必须办理停电手续，必须切断电源，取下开关保险，锁上开关室。

（8）输送机上严禁站人、乘人或者躺着休息。

【案例5-3】某焦化厂一名操作工在处理皮带输送机跑偏时，违章不停车用扳手撬皮带轮上的异物，由于扳手打滑，手臂被皮带机卷入，颈部受到挤压当场死亡。

事故的主要原因：安全意识差，违反操作规程。

D 配煤槽和煤塔

配煤槽是用来储存配煤所需的各单种煤的容器，其位置一般是设在煤的配合设备之上。为防止坠落事故发生，煤槽上部的人孔应设金属盖板或围栏。为防止大块煤落入煤槽，煤流入口应设箅子，受煤槽的箅格不得大于0.2m×0.3m，翻车机下煤槽箅格不得大于0.4m×0.8m，粉碎机后各煤槽箅缝不得大于0.2m。煤槽的斗嘴应为双曲线形，煤槽应设振煤装置，以加快漏煤。煤槽地下通廊应有防止地下水浸入的设施，其地坪应坡向集水沟，集水沟必须设盖板。煤塔顶层除胶带通廊外，还应另设一个出口。

煤槽、煤塔要定期清扫，当溜槽堵塞、挂煤或改变煤种时也需清扫。由于煤槽、煤塔深度较深，清扫时不仅有坠落陷没的危险，还有可能发生挂煤坍塌被埋窒息死亡事故，所以对清扫煤塔工作安全应十分重视，清扫煤槽、煤塔工作必须有组织、有领导地进行。要履行危险工作申请手续，采取可靠的安全措施，经领导批准，在安全员的监督下进行。在清扫过程中还必须遵守下列安全事项：

(1) 清扫工作应在白天进行，病弱者不准参加作业。

(2) 清扫中的煤塔、煤槽必须停止送煤，并切断电源。

(3) 设专人在塔上下与煤车联系，漏煤的排眼不准清扫，清扫的排眼不准漏煤。

(4) 进入塔槽作业的人员必须穿戴好防护用具。

(5) 进入塔槽者，必须系好安全带，安全带要有专人管理，活动范围不可超过1.5m，以防煤层陷塌时被埋。

(6) 上下煤塔，禁止随手携带工具材料，必须由绳索传递。

(7) 清扫作业，必须从上而下进行，不准由下而上挖捅，以免挂煤坍落埋人。

(8) 清扫所需临时照明，应用12V的安全灯，作业中严禁烟火。

(9) 清扫中应遵守高空作业的有关安全规定。

【案例5-4】 某焦化厂备煤车间检修工石某，对贮煤斗进行设备检修，进入之前没有对内部气体进行分析，也没有对设备内气体进行置换，并且没有采取任何的防护措施，煤斗中的氮气没有排干净，氧气含量不够，致使石某在贮煤斗中窒息死亡。

事故的主要原因：违反操作规程，进入有限空间作业要对内部气体进行置换、气体分析合格之后或者佩戴防护用具才能进入；车间管理人员思想麻痹，安全意识不强，管理混乱。

5.3.2 炼焦安全技术

5.3.2.1 炼焦生产的安全特性及常见事故

焦炉生产工艺、机械设备及生产组织有着区别于其他生产工艺的特性。焦炉本身具有高温、明火、露天、高位、多层交叉、连续作业的特点，还没有多少回转余地，环境条件较差。用于焦炉加热的煤气有易燃、易爆、易中毒的特性。四大车是焦炉生产的重要设备，这些设备既有车辆的特点又不同于车辆，在移动中作业，一机多用，协作性很强，互相制约，稍有配合不当，易出问题。这些特点决定了焦炉作业具有较大的危险性和发生事故的可能性，焦炉常见的事故如下：

(1) 碰撞、挤压事故。炼焦生产过程的完成，主要是通过焦炉机械运行和部分人工操作来实现的。焦炉机械操作的全过程存在以下几个不足：自动化协调程序差，60%的岗位操作靠人工实现，多数程序靠人工指挥；四大车车体笨重，运行频繁且视线不开阔；机械运行与人工活动空间狭窄，极易造成碰、撞、挤、压事故的发生。

(2) 坠落、滑跌事故。焦炉岗位系多层布局，基本上形成地下室、走廊、平台、炉顶、走台五层作业。焦炉四大车车体也是由多层结构组成，故楼梯分布多、高层作业多。每层高度均在3m左右，易导致滑跌、坠落、被下落物件碰砸事故的发生。

(3) 烧伤、烫伤事故。炼焦工艺的主要条件是高温，焦炉内的温度在1000℃以上，而炼焦原料煤及其产生的焦炭、煤气都是燃料，因此其多数岗位及操作人员的作业条件均处在高温、明火的环境中，易导致烧伤、烫伤事故的发生。

（4）煤气爆炸、中毒事故。炼焦过程产生大量煤气，部分经净化后的煤气送回焦炉加热，由于煤气大量集中，加之通风条件不好（地下室），极易导致中毒和爆炸事故的发生。

（5）电击、触电事故。焦炉机械四大车的动力线均系无绝缘层钢轨或钢铝导线，沿焦炉长向分别排布于炉台下部和顶部、炉顶顶部侧面等处，而出焦操作与检修时多有铁制长工具或钢、铁长材料使用，全部设备均系露天作业，遇阴雨天稍不留意极易导致电击、触电事故的发生。

（6）防护品穿戴不齐全。焦炉操作的特殊条件决定了焦炉岗位所配备的各种劳动保护用品，如上岗不能正确使用，也易导致事故的发生。如某焦化厂上升管工陈某在对上升管进行检查时，未将手中的面罩及时戴上就探身对上升管进行观察，由于压力突然波动火焰喷出将面部、头发烧伤。

由以上六个方面不难看出，焦炉安全技术有其特定的内涵和特点，进入车间的人员必须熟悉和掌握这些知识，严格执行车间安全制度，才能保证安全生产。

5.3.2.2 焦炉机械伤害事故及其预防

A 焦炉机械种类

焦炉机械设备主要是四大机车，推焦车除了整机开动，还有推焦、摘炉门、提小炉门和平煤等多种功能；拦焦车则有开启炉门和拦焦等功能。四大车必须在同一炭化室位置上工作，推焦时，拦焦车必须对好导焦槽，熄焦车做好接红焦的准备，装煤车装煤时必须在推焦车和拦焦车都上好炉门以后进行。如果四大车中任何一个环节失控或指挥信号失误，都有可能造成严重的事故。除了四大车，焦炉机械设备还有捣固机、交换机、余煤提升机、熄焦水泵、防暑降温风扇、焦粉抓斗机、皮带机、炉门修理站卷扬机等。

B 焦炉机械伤害事故

焦炉机械伤害事故主要是四大车事故。四大车常见的事故有挤、压、碰、撞和倾覆引起的伤害事故，拦焦车、熄焦车倾覆事故，四大车设备烧坏事故。据不完全统计焦炉四大车事故中拦焦车事故最高，约占1/2以上，其次装煤车事故约占1/5，熄焦车事故占1/10，推焦车事故不到1/10。

【案例5-5】 1989年4月11日，某焦化厂炼焦车间更换4号炉柱，起重工刘某将炉柱绑在1号拦焦车尾部开车西行。经6号炉柱时，刘某在车行进中将头从观察炉号的窗口伸出，观察炉柱是否到位。结果头部被7号炉柱与车帮挤住，经抢救无效死亡。

事故的主要原因：刘某无证驾驶拦焦车，并违章将头伸出窗口是事故的直接原因；拦焦车观察窗口玻璃损坏未及时上防护栏网。

【案例5-6】 某焦化厂工人裴某在清理晾焦台时，未注意熄焦车动向，被熄焦车楼梯将腿部挂伤，休息治疗三个月。

事故的主要原因：思想麻痹，安全意识不强；从事特殊作业安全措施不得力；注意力不集中。

C 机械伤害的原因分析

产生四大车事故的原因是多方面的，既有人为原因，也有管理原因，还有设备缺陷和环境的不良因素。原因虽复杂多样，但主要是违规操作，其次是思想麻痹。这充分说明，要不断地提高全员的安全思想素质。另外，新工人技术不熟和非标准化操作引起的事故也不少，也应值得重视。

D 防范措施

（1）四大车安全措施。

1）推焦车、拦焦车、熄焦车、装煤车开车前必须发出音响信号；行车时严禁上下车；除行走外，各单元宜按程序自动操作。

2）推焦车、拦焦车和熄焦车之间，应有通话、信号联系和联锁。

3）推焦车、装煤车和熄焦车，应设压缩空气压力超限时空压机自动停转的联锁。司机室内，应设风压表及风压极限声、光信号。

4）推焦车推焦、平煤、取门、捣固时，拦焦车取门时以及装煤车落下套筒时，均应设有停车联锁。

5）推焦车和拦焦车宜设机械化清扫炉门、炉框以及清理炉头尾焦的设备。

6）应沿推焦车全长设能盖住与机侧操作台之间间隙的舌板，舌板和操作台之间不得有明显台阶。

7）推焦杆应设行程极限信号、极限开关和尾端活牙或机械挡。带翘尾的推焦杆，其翘尾角度应大于90°，且小于96°。

8）平煤杆和推焦杆应设手动装置，且应有手动时自动断电的联锁。

9）推焦中途因故中断推焦时，熄焦车和拦焦车司机未经推焦组长许可，不得把车开离接焦位置。

10）煤箱活动壁和前门未关好时，禁止捣固机进行捣固。

11）拦焦车和焦炉焦侧炉柱上应分别设安全挡和导轨。

12）熄焦车司机室应设有指示车门关严的信号装置。

13）寒冷地区的熄焦车轨道应有防冻措施。

14）装煤车与炉顶机、焦两侧建筑物的距离，不得小于800mm。

（2）余煤提升机安全措施。

1）单斗余煤提升机应有上升极限位置报警信号、限位开关及切断电源的超限保护装置。

2）单斗余煤提升机下部应设单斗悬吊装置。地坑的门开启时，提升机应自动断电。

3）单斗余煤提升机的单斗停电时，应能自动锁住。

（3）炉门修理站安全措施。

1）炉门修理站旋转架上部应有防止倒伏的锁紧装置或自动插销，下部应有防止自行旋转的销钉。

2）炉门修理站卷扬机上的升、降开关应与旋转架的位置联锁，并能点动控制；架的上升限位开关必须准确可靠。

5.3.2.3 焦炉坠落事故及其预防

A 焦炉作业特点与坠落事故

坠落事故是焦炉五害之一，据不完全统计约占焦炉事故的1/6。这是由焦炉生产作业特点决定的。因为焦炉炉体作业各部位至炉底均有一定高度，炉顶至炉底距离，小焦炉有5～6m，大焦炉近10m，大容积焦炉更高，机、焦两侧平台离地面至少也在2m以上，均符合国家高处作业的规定。由于机侧有推焦车作业，焦侧有拦焦车运行，不可能设防护栏杆，而两侧平台场地狭窄，炉顶、炉台、炉底又是多层交叉作业，加上烟尘蒸汽大，稍不留心就可能引起坠落伤亡事故。从已发生的焦炉坠落事故看，坠落事故有人从高处坠落、煤车从炉顶坠落和物体坠落打击伤害等三种情况。

B 焦炉坠落事故分析

从过去的焦炉坠落事故可以看出，装煤车坠落事故，轻者为轻、重伤，重者可死亡，而且造成设备严重损坏影响生产。人员在装煤车和平台上坠落和落物砸伤、砸死人员之事故也屡见不鲜。造成坠落事故的原因主要是违章，其次是设备、设施有缺陷，还有是安全措施不力或思想麻痹。

【案例 5-7】 某焦化厂煤车司机连某，在煤车从 2 号炉返回煤塔途中，跨坐在车上西南角栏杆拐角处，当车行至煤塔下时被一绑在塔柱上的架杆当胸拦下煤车，坠落在炉顶上，造成头部内伤，住院休息一年多后才痊愈。

事故的主要原因：违反安全规定中不许在栏杆上跨坐条例；安全意识淡薄，精力不集中。

C 防范措施

（1）装煤车坠落的防范措施。

1）在炉端台与炉体的磨电轨道设分断开关隔开。平时炉端台磨电道不送电，煤车行至炉端台，因无电源，而自动停车，从而避免坠落事故，也便于煤车在炉端台停电检修。分断开关送电后，煤车仍可返回炉顶。

2）设置行程限位装置。

3）煤车制动装置要保持有效好使，无制动装置的煤车要调节好走行电动机的电磁抱闸，保证停电后及时停车。

4）安全档一定要牢固可靠。

5）提高煤车司机的素质。必须由经培训合格的司机驾驶。非司机严禁操作，严格执行操作规程，不准超速行驶。司机离开煤车必须切断电源。

（2）防止人物坠落伤害事故的措施。

1）焦炉炉顶表面应平整，纵拉条不得突出表面。

2）设置防护栏。单斗余煤提升机正面（面对单斗）的栏杆，不得低于 1.8m，栅距不得大于 0.2m；粉焦沉淀池周围应设防护栏杆，水沟应有盖板；敞开式的胶带通廊两侧，应设防止焦炭掉下的围挡。

3）凡机焦两侧作业人员必须戴好安全帽，防止落物砸伤。

4）禁止从炉顶、炉台往炉底抛扔东西。如有必要时，炉底应设专人监护，在扔物范围内禁止任何人停留或通行。

5）焦炉机侧、焦侧消烟梯子或平台小车（带栏杆），应有安全钩。

6）在机、焦两侧进行扒焦、修炉等作业时，要采取适当安全措施，预防坠落。如焦炉机侧、焦侧操作平台不得有凹坑或凸台，在不妨碍车辆作业的条件下，机侧操作平台应设一定高度的挡脚板。

7）由于焦炉平台，特别是焦侧平台，距熄焦塔和焦坑较近，特别在冬季熄焦、放焦时，蒸汽弥漫影响视线，给操作和行走带来不便，易于引起坠落，应特别注意防范。

8）为防止炉门坠落，要加强炉门、炉门框焦油石墨的清扫，使炉门横铁下落到位，上好炉门、拧紧横铁螺丝后，必须上好安全插销，以防横铁移位脱钩而引起坠落。

9）上升管、桥管、集气管和吸气管上的清扫孔盖和活动盖板等，均应用小链与其相邻构件固定。

10）清扫上升管、桥管宜机械化，清扫集气管内的焦油渣宜自动化。

5.3.2.4　焦炉烧、烫伤害事故及其预防

A　焦炉作业特点与烧烫事故

赤热的焦炭和燃烧的煤气使整个焦炉生产处于高温中，而且上升管、装煤口在推焦装煤时经常有火焰、火星、明火外喷，燃烧室看火孔以及两侧炉门冒烟、冒火都可能给操作者带来烧伤、烫伤的危险。在20世纪50～60年代，由于经验不足，管理不善，炉顶作业曾多次发生大面积烧伤引起的重伤甚至死亡事故。

【案例5－8】某焦化厂四大车班长韩某在对53号炭化室3号装煤孔盖着火进行处理时，用脚去踩盖斜了的炉盖，结果从盖缝中喷出的火苗将裤子引燃，同时将一起处理故障的漏煤工范某脸部烧伤。

事故的主要原因：未对着火源进行分析，盲目采取措施；上升管堵塞单炉压力提高，处理手段不正确，违反操作规程。

B　烧、烫伤事故分析

烧烫伤害事故大多发生在上升管或装煤口附近。在过去，由于操作人员在操作中穿戴劳动保护品不当或因操作技术不熟练违反操作规程引起的烧烫伤害事故经常发生。现在随着管理的加强、操作技术的提高，此类事故趋向减少。

焦化企业采用高压氨水无烟装煤新工艺，消灭了上升管和装煤口冒烟冒火，从而为杜绝烧烫伤害事故创造了条件。

C　防范措施

（1）不断改进防护用品款式质量，做到上班职工劳动防护用品必须穿戴齐全。

（2）推广高压氨水无烟装煤新工艺，为防止烧烫事故提供工艺技术保证。

（3）焦炉应采用水封式上升管盖、隔热炉盖等措施。

（4）清除装煤孔的石墨时，不得打开机焦两侧的炉门，防止装煤孔冒火引起烧烫伤害。

（5）清扫上升管石墨时，应将压缩空气吹入上升管内压火，防止清扫中被火烧伤。

（6）打开燃烧室测温孔盖时，应侧身、侧脸，防止正压喷火局部烧伤。

（7）所有此类操作都必须站在上风侧进行。

（8）禁止在距打开上升管盖的炭化室5m以内清扫集气管。

5.3.2.5　煤气事故及其预防

A　焦炉生产特点与煤气事故

现代焦炉主要由炭化室、燃烧室、蓄热室、斜道区、炉顶、基础和烟道等组成。炭化室中煤料在隔绝空气条件下，受热干馏放出荒煤气变焦炭。煤气在燃烧室中燃烧提供炼焦所需热量，因此还有焦炉加热煤气设备和荒煤气导出设备，这就是说在焦炉生产过程中既

生产煤气又使用煤气。由于煤气具有易燃、易爆和中毒的性质，这就存在着煤气着火、爆炸和中毒的危险性。尤其是复热式焦炉使用高炉煤气加热，中毒的危险性更大。

【案例5-9】 1981年7月29日某焦化厂炼焦车间1号炉回炉煤气总阀检修，因用于切断煤气的阀门不严，有部分煤气泄漏，当打开检修时，煤气冒出引起着火，烧坏焦炉配电线路，造成停产事故。

事故的主要原因：设备有缺陷；切断煤气措施不力。

B 煤气事故的原因分析

煤气设备缺陷，特别是阀门泄漏是造成煤气着火事故的主要原因。煤气与空气混合达到爆炸极限，又遇火源是造成爆炸事故的根本原因。违章作业或违章指挥是引起煤气中毒事故的重要原因。

C 煤气事故防范措施

(1) 焦炉机侧、焦侧操作平台，应设灭火风管。

(2) 集气管的放散管应高出走台5m以上，开闭应能在集气管走台上进行。

(3) 地下室、烟道走廊、交换机室、预热器室和室内煤气主管周围，严禁吸烟。

(4) 地下室应加强通风，其两端应有安全出口。

(5) 地下室煤气分配管的净空高度不宜小于1.8m。

(6) 地下室煤气管道的冷凝液排放旋塞，不得采用铜质的。

(7) 地下室煤气管道末端应设自动放散装置，放散管的根部设清扫孔。

(8) 地下室焦炉煤气管道末端应设防爆装置。

(9) 烟道走廊和地下室，应设换向前3min和换向过程中的音响报警装置。

(10) 用一氧化碳含量高的煤气加热焦炉时，若需在地下室工作，应定期对煤气浓度进行监测。

(11) 要定期组织煤气设备管道阀门的维修，消除设备缺陷。禁止在烟道走廊和地下室带煤气抽、堵盲板。

(12) 交换机室或仪表室不应设在烟道上。用高炉或发生炉煤气加热的焦炉，交换机室应配备隔离式防毒面具。

(13) 煤气调节蝶阀和烟道调节翻板，应设有防止其完全关死的装置。

(14) 交换开闭器调节翻板应有安全孔，保证蓄热室封墙和交换开闭器内任何一点的吸力均不低于5Pa。

(15) 高炉煤气因低压而停止使用后，在重新使用之前，必须把充压的焦炉煤气全部放散掉。

(16) 出现下列情况之一应停止焦炉加热：煤气主管压力低于500Pa；烟道吸力下降，无法保证蓄热室、交换开闭器等处吸力不小于5Pa；换向设备发生故障或煤气管道损坏，无法保证安全加热。

5.3.2.6 焦炉触电事故及其预防

A 焦炉电气的特点与触电事故

焦炉机械设备都由电动机驱动，加上电气照明，电源线路遍布焦炉上下，特别是四大车必须敷设裸露滑触线，而推焦车和熄焦车的滑触线就在人高度范围之内。虽设有防护网，这些线路仍有一定的危险性。移动设备振动磨损大，加上焦炉高温露天作业，烟尘蒸汽大的条件下，对绝缘影响较大，电气设备和线路易出故障，经常需要维修或突击抢修。焦炉电气的这些特点导致了触电事故的发生。

【案例5-10】1989年6月6日，某焦化厂装煤车司机邵某与另一名职工在炉顶作业，向炭化室内装煤过程中，在煤塔西面中间台上，车内突然断电。邵某即从南门梯子到二层平台上，左手扶装煤斗边缘，右手扶装煤车顶部的滑线槽外的堵板，曲体向上蹬到煤车顶部上，触电死亡。

事故的主要原因：在没切断电源的情况下进入带电危险部位；检查处置不慎触电。

B　焦炉触电事故分析

焦炉触电事故大部分是由于违章而引起的，且其大部分发生在电气检修抢修或检查中。另外，违章指挥和操作人员缺乏电气安全知识也值得重视。

C　焦炉触电事故的防范措施

（1）滑触线高度不宜小于3.5m；低于3.5m的，其下部应设防护网，防护网应良好接地。

（2）烟道走廊外设有电气滑触线时，烟道走廊窗户应用铁丝网防护。

（3）车辆上电磁站的人行道净宽不得小于0.8m。裸露导体布置于人行道上部且离地面高度小于2.2m时，其下部应有隔板，隔板离地应不小于1.9m。

（4）推焦车、拦焦车、熄焦车、装煤车司机室内，应铺设绝缘板。

（5）电气设备（特别是手持电动工具）的外壳和电线的金属护管，应有接零或接地保护以及漏电保护器。

（6）电动车辆的轨道应重复接地，轨道接头应用跨条连接。

（7）抓好焦炉电气设备检修中的安全。不论检修或抢修都必须可靠地切断电源，并挂上“有人作业，禁止合闸”的警告牌。要认真测电确认三相无电，并做临时短路接地后，方可开始作业。带电作业必须采取有效的安全保护措施，电气检修必须由电工担任，禁止司机处理电气故障，并应坚持使用绝缘防护用品和工具。

5.3.2.7　其他安全防护措施

为防止火灾的发生，晾焦台应设水管；运焦胶带应为耐热胶带，皮带上宜设红焦探测器、自动洒水装置及胶带纵裂检测器；严禁向胶带上放红焦。筛焦楼下运焦车辆进出口应设信号灯。禁止使用未经二级（生物）处理的酚水熄焦。

干法熄焦应采取相应的安全防护措施。干熄焦装置必须保证整个系统的严密性，投产前和大修后均应进行系统气密性试验。干熄炉排出装置外应通风良好，运焦胶带通廊宜设置一氧化碳检测报警装置。干熄焦装置最高处，应设风向仪和风速计，风速大于20m/s时，起重机应停止作业。起重机轨道两端应设置固定装置、横移牵引装置、提升机和装人装置，应设限位和位置检出装置。惰性气体循环系统的一次除尘器、锅炉出口和二次除尘器上部应设防爆装置。干熄焦装置应设循环气体成分自动分析仪，对一氧化碳、氢和氧含量进行分析记录。进入干熄炉和循环系统内检查或作业前，应关闭同位素射线源快门。进行系统内气体置换和气体成分检测，一氧化碳浓度在50×10^{-5}以下、含氧量大于19.5%，方可进入，进入时，应携带检测仪器和与外部联络的通信工具。

5.3.3　煤气净化安全技术

5.3.3.1　煤气净化的作用与工艺

煤气净化除净化煤气外，还回收焦油、粗苯、粗酚盐、粗吡啶、硫、硫酸、硫酸铵以及无水氨等，同时进行相应的污水处理。

煤气必须经过净化，因为煤气中除含氢、甲烷、乙烷和乙烯等成分外，其他成分含量虽少，却会产生有害的作用。例如，萘会以固体结晶析出，堵塞设备及煤气管道；氨水会腐蚀设备和管路，生成的铵盐也会引起堵塞；硫化氢及硫化物会腐蚀设备，生成的硫化亚铁会引起堵塞且易自燃引起事故；一氧化氮及过氧化氮能与煤气中的丁二烯、苯乙烯及环戊二烯等聚合成复杂的化合物——煤气胶，不利于煤气的输送和使用；不饱和碳氢化合物在有机硫化物的触媒作用下能聚合生成“液相胶”而引起危害。对上述会产生危害的物质，根据煤气的不同用途而有不同程度的清除要求，因而从煤气中回收化学产品的净化方法和流程也有不同。

在钢铁联合企业中，焦炉煤气只用作本企业冶金燃料时，除回收焦油、氨、苯族烃和硫等外，其余杂质只需要清除到煤气在输送和使用中都不发生困难的程度即可。

5.3.3.2　煤气净化主要装置与设备

煤气净化设备主要由煤气排送装置、煤气脱硫装置、煤气中氨和粗吡啶的回收装置、粗苯回收与制取装置、水道装置以及废水处理装置等组成。煤气排送装置主要设备有煤气鼓风机、焦油氨水分离装置、塔、泵、槽以及煤气冷却装置等。煤气脱硫装置主要设备有吸收塔和再生塔等塔类设备、循环液冷却器和加热器等换热器、硫浆离心机、空压机以及各类泵、槽设备等。煤气中氨和粗轻吡啶的回收装置主要设备有硫氨吡啶装置、无水氨装置、溶剂脱酚装置、氨水蒸馏装置等。粗苯回收与制取装置主要设备有终冷塔、洗苯塔、脱苯塔等塔类设备，管式加热炉、粗苯冷凝冷却塔、终冷水冷却器等换热器以及各类泵、槽设备等。废水处理装置主要设备有预曝、曝气处理设备，脱氰、脱氟、混凝处理设备以及污泥脱水处理设备等。水道装置主要设备有冷却塔轴流风机以及各类泵等。

煤气净化设备中发生着气、液体反应，因此仪表、压力阀等在流量控制、管线、发信装置等场合使用时均应具有耐高温、耐高压、耐腐蚀的性能，如流量计采用电磁式流量计，高压管线的调节阀采用高压角阀，对强腐蚀性管线的压力、压差的检出端采用隔膜式发信器等。

5.3.3.3　煤气净化装置中的危险化学品

煤气净化装置中存在的危险化学品较多，详见表5-1。

表5-1　煤气净化装置中存在的危险化学品

装置名称	危险化学品名称
煤气排送装置	粗苯、氨水、焦炉煤气、焦油、氢氧化钠溶液
煤气脱硫装置	焦炉煤气、硫酸、硝酸、粗吡啶、氨气、粗苯、脱硫液、硫酸铵母液、二氧化硫、苦味酸、硫化氢、硫氨和粗轻吡啶

续表 5 – 1

装置名称	危险化学品名称
无水氨装置	氢氧化钠溶液、焦炉煤气、液体无水氨、磷酸
硫铵吡啶回收装置	焦炉煤气、硫酸、氨气
蒸氨装置	氨水、浓氨水、氢氧化钠溶液
溶剂脱酚装置	氨水、苯、酚、10%氢氧化钠
粗苯回收装置	焦炉煤气、粗苯、洗油、轻油、苯、甲苯、二甲苯
废水处理装置	废氨水

从表中不难看出在煤气净化加工的过程中存在的显著特点是易燃、易爆、有毒、有害。

5.3.3.4　化产回收安全技术

A　鼓风冷凝

鼓风冷凝工段的主要设备有初冷塔、鼓风机、电捕焦油器、氨水槽和焦油槽等。

鼓风冷凝主要是对煤气进行冷却并分离焦油，用鼓风机对煤气加压。为防止煤气火灾爆炸事故的发生，鼓风冷凝应采取以下安全措施：

（1）鼓风冷凝工段应有两路电源和两路水源，采用两台以上蒸汽透平鼓风机时，应采用双母管供汽。

（2）鼓风机的仪表室宜设在主厂房两侧或端部。应设有下列仪表和工具：煤气吸力记录表、压力记录表、含氧表、油箱油位表、油压表、电压表、电流表、转速表、测振仪和听音棒，并宜有集气管压力表、初冷器前后煤气温度表。采用蒸汽透平鼓风机时，还应有蒸汽压力表和温度表。

（3）鼓风机室应设下列联锁和信号：鼓风机与油泵的联锁；鼓风机油压下降、轴瓦温度超限、油冷却器冷却水中断、鼓风机过负荷、两台同时运转的鼓风机故障停车等报警信号；通风机与鼓风机的联锁；通风机停车的报警信号；焦炉集气管煤气压力上、下限报警信号。

（4）通风机供电电源和鼓风机信号控制电源，均应能自动转换。

（5）鼓风机室应有直通室外的走梯，底层出口不得少于两个。

（6）每台鼓风机应在操作室内设单独控制箱，其反馈电线宜设零序保护报警信号。

（7）鼓风机轴瓦的回油管路应设窥镜。

（8）鼓风机煤气吸入口的冷凝液出口与水封满流口中心高度差不应小于2.5m；出口排冷凝液管的水封高度，应超过鼓风机计算压力（以 mmH_2O 柱计）500mm（室外）或1000mm（室内）。初冷器冷凝液出口与水封槽液面高度差不应小于2m。水封压力不得小于鼓风机的最大吸力。

（9）鼓风机冷凝液下排管的扫汽管，应设两道阀门。清扫鼓风机前煤气管道时，同一时间内只准打开一个塞堵。

（10）蒸汽透平鼓风机应有自动危急遮断器。其蒸汽入口应有过滤器，紧靠入口的阀门前应安装蒸汽放散管，并有疏水器和放散阀，蒸汽调节阀应设旁通管。其蒸汽冷凝器出入口的阀门，不应关闭。

B 电捕焦油器

电捕焦油器是捕集焦油雾的装置，其常见的事故多为火灾爆炸事故，因此应采取相应的防火防爆措施。

电捕焦油器应设泄爆阀。电捕焦油器内煤气侧电瓷瓶周围宜用氮气保护，其绝缘箱保温应采用自动控制方式，并设有自动报警装置。温度低于100℃时，发出报警信号；低于90℃时，自动断电。电捕焦油器应设煤气含氧量超过0.8%时发出报警信号及含氧量超过1%时自动断电的联锁；若无自动测氧仪表，应定期测定分析。电捕焦油器的变压器等电气设备应有可靠的屏护。

C 硫铵、粗轻吡啶及黄血盐生产

(1) 硫酸高置槽与泵房之间，应有料位报警信号或设大于进口管管径的满流管。

(2) 硫铵饱和器母液满流槽的液封高度，应大于鼓风机的全压。

(3) 半直接法饱和器生产时，禁止用压缩空气往饱和器内加酸或从饱和器抽取母液。

(4) 从满流槽捞酸焦油时，禁止站在满流槽上。

(5) 进入吡啶设备的管道，应设高度不小于1m的液封装置。

(6) 吡啶的生产、计量及贮存装置应密闭。其放散管应导入鼓风机前的吸气管道，以保证吡啶装置处于负压状态；放散管应设吹扫蒸汽管。

(7) 吡啶装桶处应设有通风装置和围堰，其地面应坡向集水坑。

(8) 吡啶产品的保管、运输和装卸，应防止阳光直射和局部加热，并防止冲击和倾倒。

(9) 黄血盐吸收塔尾气通过冷凝器和气液分离器后，应导入鼓风机前负压管道。

(10) 吸收塔进口管道上应装设防爆膜。

D 粗苯回收

(1) 粗苯贮槽应密封，并装设呼吸阀和阻火器，或采用其他排气控制措施。人孔盖和脚踏孔应有防冲击火花的措施。

(2) 粗苯贮槽放散气体，应有处理措施。

(3) 粗苯贮槽应设在地上，不宜有地坑。

E 脱硫脱氰

(1) 常压氧化铁法脱硫。氧化铁法脱硫为干法脱硫。脱硫箱应设煤气安全泄压装置，且宜采用高架式，装卸脱硫剂应采用机械设备。废脱硫剂应在当天运到安全场所妥善处理。停用的脱硫箱拔去安全防爆塞后，当天不得打开脱硫剂排出孔。未经严格清洗和测定，严禁在脱硫箱内动火。

(2) HPF法。采用该法脱硫应遵守下列安全规定：应设溶液事故槽，且其容积应大于脱硫塔和再生塔的容积之和。脱硫塔、再生塔和溶液槽等设备的内壁，应进行防腐处理。进再生塔的压缩空气管和溶液管，必须高于再生塔液面，且溶液管上应设防虹吸管或采取其他防虹吸措施。再生塔与脱硫塔间的溶液管，必须设U形管，其液面高度应大于煤气计算压力（以 mmH_2O 柱计）500mm。除沫器排水器的冷凝液排管，应采用不锈钢制作，且不宜有焊缝。熔硫釜排放硫膏时，周围严禁明火。

（3）Takahax－Hirohax 法。用该法脱硫脱氰应遵守下列安全规定：进氧化塔的空气管液封应高于氧化塔的液面，防止溶液进入压缩空气机，并设防虹吸管；进吸收塔的溶液管液封高度应大于煤气压力；吸收塔底部必须设有溶液满流管。

5.3.3.5　粗苯加工安全技术

A　精苯生产

（1）精苯生产区域宜设高度不低于 2.2m 的围墙，其出入口不得少于两个，正门应设门岗。禁止穿带钉鞋或携带火种者以及无有效防火措施的机动车辆进入围墙内。

（2）精苯生产区域，不得布置化验室、维修间、办公室和生活室等辅助建筑。

（3）金属平台和设备管道应用螺栓连接。

（4）洗涤泵与其他泵宜分开布置，周围应有围堰。

（5）洗涤操作室宜单独布置，洗涤酸、碱和水的玻璃转子流量计，应布置在洗涤操作室的密闭玻璃窗外。

（6）封闭式厂房内应通风良好，设备和贮槽上的放散管应引出室外，并设阻火器。

（7）苯类贮槽和设备上的放散管应集中设洗涤吸收处理装置、惰性气体封槽装置或其他排气控制设施。

（8）苯类管道宜采用铜质盲板。

（9）禁止同时启动两台泵往一个贮槽内输送苯类液体。

（10）苯类贮槽宜设淋水冷却装置。

（11）各塔空冷器强制通风机的传动皮带，宜采用导电橡胶皮带。

（12）初馏分贮槽应布置在库区的边缘，四周应设防火堤，堤内地面与堤脚应做防水层。

（13）初馏分贮槽上应设加水管，槽内液面上应保持 0.2～0.3m 水层。露天存放时，应有防止日晒措施。

（14）禁止往大气中排放初馏分。

（15）送往管式炉的初馏分管道，应设汽化器和阻火器。

（16）处理苯类的跑冒事故时，必须戴隔离式防毒面具，并应穿防静电鞋或布底鞋，且宜穿防静电服。

B　古马隆生产

（1）古马隆蒸馏釜宜采用蒸汽加热，若采用明火加热，距离精苯厂房和室外设备应不小于 30mm。

（2）用氯化铝聚合重苯的室内，禁止无关人员逗留。

（3）热包装仓库应设机械通风装置，热包装出口处应设局部排风设施。

C　苯加氢

（1）反应器的主要高温法兰，应设蒸汽喷射环。

（2）主要设备及高温高压重要部位，应设固定式可燃性气体检测仪。

（3）莱托尔反应器器壁应涂变色漆，以便发现局部过热。

（4）制氢还原态催化剂，严禁接触空气及氧气，停工时应处于氮封状态。

（5）取样时应装好静电消除器。

（6）加热炉和管式炉烟道废气取样，应用防爆的真空泵。

（7）加热炉操作时，炉膛内应保持负压。

（8）二硫化碳泵与其电气开关的距离，应大于10m。

（9）各系统必须用氮气置换，经氮气保压气密性试验合格，其含氧量小于0.5%，方可开工。

5.3.3.6 焦油加工安全技术

A 焦油蒸馏

（1）蒸馏釜旁的地板和平台，应用耐热材料制作，并应坡向燃烧室对面。

（2）蒸馏釜的排沥青管，应与燃烧室背向布置。

（3）管式炉二段泵出口，应设压力表和压力极限报警信号装置。焦油二段泵出口压力不得超过1.6×10^6Pa。

（4）焦油蒸馏应设事故放空槽，并经常保持空槽状态。

（5）各塔塔压不得超过6×10^4Pa。

（6）洗涤厂房、泵房和冷凝室的地板、墙裙以及蒸馏厂房地板，宜砌瓷砖或采取其他防腐措施。

B 沥青冷却及加工

（1）不得采用直接在大气中冷却液态沥青的工艺。沥青冷却到200℃以下，方可放入水池。

（2）沥青系统的蒸汽管道，应在其进入系统的阀门前设疏水器。

（3）沥青高置槽有水时，禁止放入高温的沥青。

（4）沥青高置槽下应设防止沥青流失的围堰。

（5）凡可能散发沥青烟气的地点，均应设烟气捕集净化装置。净化装置不能正常运行时，应停止沥青生产。

（6）不宜采用人工包装沥青；特殊情况下需要人工包装时，应在夜间进行，并应有防护措施。

C 工业萘、精萘及萘酐生产

（1）萘的结晶及输送宜实现机械化，并加以密封。

（2）开工前，工业萘的初、精馏塔及有关管道，应用蒸汽进行置换，并预热到100℃左右。

（3）萘转鼓结晶机传动系统、螺旋给料器的传动皮带和皮带翻斗提升机，均应采取防静电积累的措施；若系皮带传动，应采用导电橡胶皮带。

（4）萘转鼓结晶机的刮刀，应采用不发生火花的材料制作。

（5）萘蒸馏釜应设液面指示器和安全阀。

（6）禁止使用压缩空气输送萘及吹扫萘管道。

（7）脱酚洗油、轻质洗油蒸馏塔的塔压，应控制在$5\times10^5\sim7\times10^5$Pa之间。

（8）热油泵室地面和墙裙应铺瓷砖，泵四周应砌围堰，堰内经常保持一定的水层。

（9）热风炉和熔盐炉应设有温度计和防爆孔。

（10）输送液体萘的管道，应有蒸汽套或蒸汽伴随管以及吹扫用的蒸汽连接管。

D 粗酚、轻吡啶、重吡啶生产与加工

（1）分解酚盐时，加酸不得过快，若分解器内温度达 90℃，应立即停止加酸。

（2）粗酚、轻吡啶、重吡啶的蒸馏釜，必须设有安全阀、压力表（或真空表）和温度计。

（3）轻吡啶的装釜操作，必须在常温下进行。

（4）吡啶产品装桶的极限装满度，不得大于桶容积的 90%。

（5）酚、吡啶产品装桶处应设抽风装置。

（6）分解器和中和器应设放散管。

（7）酸槽应集中布置。

（8）室外贮槽与主体厂房的净距，应不小于 6m。

（9）接触吡啶产品的设备、管道及隔断阀类配件，应采用耐腐蚀材料制作。

E 粗蒽、精蒽生产

（1）蒽的结晶及输送宜实现机械化，并加以密闭。

（2）粗蒽生产中，严禁敞开溶解釜人孔加热。

（3）二蒽油配渣，必须远离配渣槽进行；水分过大时，严禁配渣。

（4）蒸发器运行时，严禁打开预热人孔盖。

5.3.3.7 机械设备安全

化产回收与精制车间的各类机械主要包括各种泵体、槽体、塔体及一些大型设备的配套电机、鼓风机等。固定的槽体、塔体等机械的安全隐患较小，泵、离心机、鼓风机、电机等运转机械的安全隐患较大，需加以防范。

A 塔器

（1）塔器经试压合格后，才能投产。

（2）蒸馏、精馏塔应设压力表、温度计。塔底液体引出管应设保证塔内汽（气）体不逸出的液封。

（3）窥镜、液面计等玻璃应能耐高温、严密不漏。

（4）以蒸汽为热源的加热器、洗油再生器等压力容器，均应装有压力表和安全阀。

（5）各塔器、容器的对外连接管线，均应设可靠的隔断装置。

（6）建（构）筑物内设备的放散管，应高出其建（构）筑物 2m 以上；室外设备的放散管，应高出本设备 2m 以上，且应高出相邻有人操作的最高设备 2m 以上。

（7）拟放散的气体、蒸汽宜按种类分别集中，并经净化处理后再放散。

（8）甲、乙类生产场所的设备及管线，其保温应采用不燃或难燃保温材料，应防止可燃物渗入绝热层。

B 管式炉

（1）管式炉应布置在散发可燃气体区域的主导风向的上风侧，并位于该车间的边缘。如有困难，应设防火墙。

（2）管式炉应设煤气压力表、煤气低压警报器、煤气流量表、物料压力表、物料流量表和温度表。

(3) 管式炉应设防爆门，防爆门不得面对管线和其他设备。高观察孔处应设梯子和平台。

(4) 炉管回弯头箱应用带有隔热内衬的金属门严密关闭。

(5) 管式炉点火前，必须确保炉内无爆炸性气体。

(6) 管式炉出现下列情况之一，应立即停止煤气供应：煤气主管压力降到500Pa以下，或主管压力波动危及安全加热；炉内火焰突然熄灭；烟筒（道）吸力下降，不能保证安全加热；炉管漏油。

C　泵

泵出口应有压力表，并设有吹扫蒸汽管。输送酸、碱、酚和易燃液体的泵应用机械密封，如用填料盒密封时应加保护罩。酸、碱、酚泵房内部或外部应设洗手盆、冲洗眼睛用的小喷泉和沐浴装置。泵房地坪及墙裙应砌上瓷砖，地坪应有坡向集水坑的坡度，并设冲洗水管。

泵的安全操作有如下规定：

(1) 开泵前，检查泵的进排出阀门的开关情况，泵的冷却和润滑情况，压力表、温度计、流量表等是否灵敏，安全防护装置是否齐全。

(2) 盘车数周，检查是否有异常声响或阻滞现象。

(3) 按要求进行排气和灌注。如果是输送易燃、易爆、易中毒介质的泵，在灌注、排气时，应特别注意勿使介质从排气阀内喷出。如果是易腐蚀介质，勿使介质喷到电机或其他设备上。

(4) 应检查泵及管路的密封情况。

(5) 启动泵后，检查泵的转动方向是否正确。

(6) 停泵时，应先关闭出口阀，使泵进入空转，然后停下原动机，关闭泵入口阀。

(7) 泵运转时，应经常检查泵的压力、流量、电流、温度等情况，应保持良好的润滑和冷却，应经常保持各连接部位、密封部位的密封性。

(8) 如果泵突然发出异声、振动、压力下降、流量减小、电流增大等不正常情况则应停泵检查，找出原因后再重新开泵。

(9) 结构复杂的离心泵必须按制造厂家的要求进行启动、停泵和维护。

5.4　焦化主要安全事故及其预防措施

5.4.1　火灾、爆炸事故及预防、处理措施

5.4.1.1　基本知识

燃烧是可燃物质与氧或氧化剂剧烈化合而放出光和热的物理化学反应。发生燃烧必须同时具备的条件是：有可燃物质，如煤气等；有助燃物质，如空气中的氧等；有点火源，如明火、静电、电火花、冲击摩擦热、雷电、化学反应热、高温物体及热辐射等。

爆炸是系统内一种非常迅速的物理或化学的能量释放过程，系统内物质所含的能量迅速转变为机械能以及热和光的辐射。爆炸具有放热性、瞬时性和产生大量气体三大特征。发生爆炸必须同时具备的条件是：有可燃气体（或蒸汽）、可燃气体与空气混合达到爆炸

极限、有点火源。

可燃气体、可燃液体蒸汽或可燃粉尘与空气混合，能够产生爆炸的浓度范围通常称为爆炸范围或爆炸极限，其最低浓度称为爆炸下限，最高浓度称为爆炸上限。煤气爆炸范围较宽：焦炉煤气爆炸极限为4.5%～35.8%；高炉煤气爆炸极限为30.0%～75.0%；苯爆炸极限为1.2%～8.0%；硫化氢爆炸极限为4.0%～46.0%；氨爆炸极限为15.0%～28.0%。爆炸极限范围越宽、爆炸下限越低，爆炸危险性越大。

5.4.1.2 事故案例分析

（1）电捕焦油器爆炸事故。

【案例5－11】某焦化厂回收车间电捕焦油器在停煤气检修时发生爆炸。检修前煤气进口没堵盲板，当关闭煤气进出口阀门，打开顶部放散管，用蒸汽清扫40h之后，在顶部放散管上两次取样做爆发实验都合格。1h后打开底部人孔盖和顶部4个绝缘箱人孔盖，发现人孔盖内壁仍挂有萘结晶和黄褐色结晶体。在绝缘箱人孔处，沿石棉板密封垫周边有闪闪的火星。立即盖上绝缘箱人孔盖，但未盖严。0.5h后电捕焦油器发生爆炸。

事故原因：由于没有堵盲板，煤气阀门漏气，电捕焦油器内有煤气，底部人孔盖打开后进入空气形成爆炸气体。电捕焦油器内有硫化铁，绝缘箱内的温度达80～85℃，在这一条件下硫化铁遇空气自燃成为火源。火源引燃爆炸气体而爆炸。

（2）硫铵离心机爆炸事故。

【案例5－12】2009年5月27日14时，某焦化厂化产作业区乙班当班操作工发现硫铵工段煤气饱和器下部母液热电偶根部腐蚀严重，发生母液泄漏。维修时需要把饱和器的母液液位降至热电偶下部，才能拆下热电偶。16时丙班接班后将母液液位逐渐下降准备维修。19时15分左右，硫铵工段离心机操作工付某按正常工作程序停机后，刚走进休息室就被爆炸冲击波破坏的门击倒。经现场勘查，爆炸产生于工程未完工的4号离心机和结晶槽，爆炸将厂房窗户震碎，爆炸后起火将部分塑料介质管道烧坏。

事故原因：事故的根本原因是所有离心机电动机都不是增安型电动机，运转中产生火花，引爆混合气体造成爆炸。直接原因是工程未完工，4号离心机和结晶槽连接煤气饱和器的回流管阀门关闭不严，没有按照规程规定堵盲板，造成煤气、氨气混合气体从饱和器反窜回流管扩散至离心机和结晶槽，聚集在离心机和结晶槽内，并逸散至三四楼。间接原因是设计有缺陷，热电偶的位置应该安装在回流管的上方。

（3）违章操作引起的爆炸。

【案例5－13】2010年7月26日上午8时，某焦化厂位于锅炉上方的脱硫反应槽漏水，安排戴某和曾某对设备进行维修。检查发现，部分零件严重腐蚀，必须更换。约9时，在更换零件时工作人员对反应槽进行第二次注水。在水还没注满时，戴某未接到动火的指示就开始动火。安全员毛某正准备制止，反应槽里的氨气突然喷发，反应槽顶盖被炸开，造成2人死亡，1人受伤。

事故原因：事故是一名维修技术工在检修设备时，因违章操作引发反应槽爆炸。这是老师傅自恃经验足，麻痹大意，凭经验行事而造成的悲剧。

5.4.1.3　着火、爆炸事故预防措施

防火、防爆安全防护主要包括以下内容：

（1）通常预防火灾、爆炸的首要措施是严格控制火源，主要有加强明火管理、防止摩擦和撞击、管理电气设备、防止静电放电、采用防爆电气设备等。易燃易爆区域设备需要动火检修时，应尽量移到安全区进行。

（2）检修操作温度等于或高于物料自燃点密闭设备，不能在停止生产后立即打开大盖或人孔盖。打开塔底人孔之前应关闭塔顶油气管和放散管，防止产生自燃。

（3）焦炉地下室禁止带煤气抽、堵盲板。室外带煤气抽、堵盲板作业，须使用不发火星工具，40m 内禁止火源。

（4）煤气各种塔器、设备及管道投运前必须用惰性气体吹扫置换，分析含氧量和一氧化碳量，然后引煤气置换惰性气体，送入煤气前必须经煤气爆发实验合格。吹扫或引气过程中，周围 40m 内禁止火源。煤气设备应保持正压操作，在停止生产而保压又有困难时，必须可靠切断煤气，彻底吹扫置换。

（5）更换加热煤气前应吹扫置换，然后用煤气驱赶惰性气体，经放散后取样，煤气爆发试验合格后才能送入煤气。更换时，煤气主管压力必须达到 4kPa 以上才开始更换。焦炉加热交换过程中注意：交换时须先关煤气；关闭煤气后，间隔 0.8s 再进行空气和废气交换，使残余煤气完全烧尽，避免发生爆炸事故；空气和废气交换完后，也间隔 0.8s 再打开煤气，使燃烧室内有足够的空气，煤气进入后能立即燃烧。

（6）在煤气设备、管道上带压动火时，应保持正压，动火点附近安装 U 形压力表并由专人看管，随时联系。

（7）在停产的煤气设备上动火，需通入蒸汽吹扫，用可燃气体检测仪检测合格，安全分析取样时间不应早于动火前 0.5h，检修动火中断后恢复作业前 0.5h 应重新分析。检修时应对煤气负压管道和设备采取防砸破措施。高处动火应防止火花飞溅，四周易燃物应清理干净。

（8）易燃、易爆气体和甲、乙、丙类液体的设备、管道动火，应先办动火证。动火前，应与其他设备、管道采用盲板可靠隔断，用蒸汽吹扫、置换合格。合格标准（体积百分浓度）：爆炸下限大于 4% 的，含量小于 0.5%；爆炸下限不大于 4% 的，含量小于 0.2%。

5.4.1.4　着火、爆炸事故应急处置

（1）煤气火灾。扑救煤气火灾可用化学干粉、蒸汽等，禁止用水扑救，并要设法密闭和堵塞泄漏处。煤气设施着火时，应逐渐降低煤气压力，通入大量蒸汽或氮气，但设施内煤气压力最低不得小于 100Pa。严禁突然关闭煤气闸阀或水封，以防回火爆炸。直径不大于 100mm 的煤气管道着火，可直接关闭煤气阀门灭火。煤气隔断装置、压力表或蒸汽、氮气接头，应有专人控制操作。

（2）油品火灾。如焦油、粗苯、煤油等物质发生火灾，可用化学干粉、二氧化碳或泡沫灭火剂扑救。

（3）可燃物火灾。如建筑物、纤维、固体燃料等发生火灾，可用大量水灭火。

（4）电气火灾。电气配线、电动机、变压器及电器绝缘材料发生火灾，可用干粉、二氧化碳、四氯化碳等扑救。

不同性质的火灾，扑救方法各不相同，绝不能错用或同时乱用多种方法扑救。

5.4.2 中毒事故及预防、处理措施

5.4.2.1 基本知识

焦炉煤气是无色、有臭味、有毒的易燃易爆气体，其一氧化碳含量达6%；高炉煤气是无色、无味、有毒的易燃易爆气体，其一氧化碳含量达30%。两者比较，高炉煤气的毒性比焦炉煤气的毒性大得多，一旦泄漏极易发生煤气中毒事故。另外，煤气回收净化过程中氨气、硫化氢、苯等一旦泄漏，极易发生中毒事故。

一氧化碳（CO）具有非常强的毒性，当它通过肺泡进入血液后，与血红蛋白结合生成碳氧血红蛋白，阻碍血液输氧，造成人体急性缺氧中毒，严重时可致人死亡。车间空气中，CO短时间接触容许浓度为30mg/m^3。使用高炉煤气加热，其设备及管道等场所应重点防中毒。

氨气（NH_3）是一种有强烈刺激性气味的气体。轻度中毒能引起鼻炎、咽炎、气管炎和支气管炎，患者有咽痛、咳嗽、咳痰或咯血、胸痛等症状；严重中毒时可引起窒息。吸入高浓度NH_3时，还可引起急性化学性水肿，进而使人昏迷而死亡。车间空气中，NH_3短时间接触容许浓度为30mg/m^3，循环氨水槽、循环氨水中间槽、剩余氨水槽、剩余氨水中间槽、机械化氨水澄清槽及蒸铵塔、脱硫塔、再生塔均存在NH_3，应加强保护。

硫化氢（H_2S）是一种可燃、无色、有臭蛋味的有毒气体，对人体神经有强烈刺激作用，同时对眼角膜、呼吸道黏膜有损害，可能出现眼炎、支气管炎和肺炎。吸入高浓度H_2S时可使人昏迷而死亡。车间空气中，H_2S的最高容许浓度为10mg/m^3。脱硫工段的脱硫塔、反应槽、泡沫槽中含有H_2S，应重点防护。

苯对皮肤和黏膜有刺激、致敏作用，可引起白血病。高浓度的苯对中枢神经系统具有麻醉作用进而引起急性中毒，长期接触高浓度苯会对造血系统引起慢性中毒的损害。急性中毒时，轻者有头痛、头晕、轻度兴奋等；重者出现明显头痛、恶心、呕吐、神志模糊、知觉丧失、昏迷、抽搐等，可因呼吸中枢麻痹死亡。慢性中毒时，病人出现神经衰弱综合征，造血系统改变，白细胞、血小板、红细胞减少，重者出现再生障碍性贫血等。车间空气中，苯的短时间接触容许浓度为10mg/m^3，脱苯、蒸馏、粗苯储槽和中间槽等场所重点防护。

【案例5-14】2011年1月6日凌晨4时左右，某焦化化肥项目合成车间中控室工作人员发现脱碳泵房煤气泄漏报警器报警，立即通知巡检人员前去处理。4名巡检人员在现场排查时，出现煤气中毒情形，其中3人死亡，1人受伤。

事故原因：由于事故前期连续出现近20年来极端低温天气，饱和塔与脱碳泵房连接管道出现冰冻。在解冻过程中，阀门失效，出现煤气泄漏。系统报警后，由于排除故障的防范意识不足，导致事故发生。

5.4.2.2 中毒事故预防措施防护

（1）采用贫煤气加热时，地下室应设置防爆通风换气设备。进入操作前先通风换气，

保证操作环境的空气新鲜。贫煤气加热时蓄热室任何部位的吸力必须大于5Pa，防止产生正压使贫煤气泄漏。

（2）经常检查水封、排水器的满流情况，保持足够的水封液面高度。禁止在煤气水封、排水器附近停留、休息、睡觉，以防煤气中毒。

（3）煤气设施停煤气检修时，应首先切断煤气来源并将内部煤气吹净。长期检修或停用的煤气设施，应打开上下人孔、放散管等，保持设施内部自然通风。进入煤气设施内之前，须检测 CO 及 O_2 含量是否合格。允许进入时，应携带 CO 及 O_2 含量检测仪，专人监控。CO 含量不大于 $30mg/m^3$ 时，可较长时间入内连续工作；CO 含量不大于 $50mg/m^3$ 时，入内连续工作时间不超过 1h；CO 含量不大于 $100mg/m^3$ 时，入内连续工作时间不超过 0.5h；CO 含量不大于 $200mg/m^3$ 时，入内连续工作时间不超过 15～20min。工作人员每次入设施内部工作的时间间隔至少在 2h 以上。

（4）带煤气抽堵盲板须由煤气防护站人员佩戴空气呼吸器进行，专人监护，禁止无关人员进入。干熄炉预存室、循环风机等场所注意氮气泄漏，防止窒息。

（5）在有毒物质的设备、管道和容器内作业时，应可靠地切断物料进出口，经惰性气体吹扫置换并分析合格，同时 O_2 含量应在 19.5%。可燃、有毒气体检测仪应定期检验、维护、保养，确保性能可靠。

5.4.2.3 中毒事故应急处置

抢救人员应佩戴空气呼吸器进入事故现场，将中毒者及时救离煤气和其他有毒物质危险区域，抬到空气新鲜的地方，解除一切阻碍呼吸的衣物，并注意保暖。抢救场所应保持安静、通风，并指派专人维持秩序。中毒轻微者，如出现头痛、恶心、呕吐等症状，可直接送往附近医院急救。中毒较重者，如出现失去知觉、口吐白沫等症状，应立即拨打 120 赶到现场急救。

迅速撤离泄漏污染区人员至上风处，设立警戒区域，禁止无关人员进入污染区；抢险人员佩戴空气呼吸器进入事故现场查漏、堵漏，采用防爆风机抽排、强力通风，切断火源。易燃液体泄漏较多，采用不产生火花工具收集，或用活性炭、惰性材料、吸附材料、中和材料等吸收中和，使泄漏物得到安全可靠处置，防止二次事故的发生。

6　炼铁生产

6.1　炼铁生产基本工艺及安全生产特点

6.1.1　炼铁生产基本工艺

炼铁生产在现代钢铁联合企业中占据极为重要的地位。高炉是主要的炼铁设备。其使用的原料有铁矿石（包括烧结矿、球团矿和块矿）、焦炭和少量熔剂（石灰石），产品为铁水、高炉煤气和高炉渣。高炉炼铁时，从炉顶装入铁矿石、焦炭和少量熔剂，从高炉下部的风口鼓入热风，燃料中的碳素在风口发生燃烧反应，产生具有很高温度的还原气体（CO、H_2）。炽热的气流在上升过程将下降的炉料加热，并与矿石发生反应，将铁还原出来。还原出来的海绵铁进一步熔化和渗碳，最后形成生铁。铁水定期从铁口放出。矿石中的脉石变成炉渣浮在液态的铁面上，从渣口排出。目前新建或改建的高炉不设渣口，需定期从铁口排放渣铁。反应的气态产物成为煤气，从炉顶排出。煤气含有可燃性气体，经净化处理后（含尘量在 $10mg/m^3$ 以下）成为气体燃料。高炉炼铁工艺的基本流程如图 6 - 1 所示。现代高炉生产过程是一个庞大的生产体系，除高炉本体外，还有供料系统、炉顶装料系统、送风系统、喷吹系统、煤气除尘系统和渣铁处理系统。

6.1.2　炼铁安全生产的特点

炼铁生产所需的原料、燃料，生产的产品与副产品，以及生产的环境条件，给炼铁人员带来了一系列潜在的职业危害。例如，在矿石与焦炭运输、装卸、破碎与筛分过程中会产生粉尘，炉前作业有高温辐射，出铁、出渣会产生烟尘，铁水、熔渣遇水会发生爆炸，开铁口机、起重机造成的伤害，炼铁厂煤气泄漏可致人中毒，高炉煤气与空气混合可发生爆炸，喷吹烟煤粉可发生粉尘爆炸；另外，还有炼铁区的噪声，以及机具、车辆的伤害等。如此众多的危险因素，威胁着生产人员的生命安全和身体健康。

6.2　主要危险有害因素及事故

炼铁生产除存在通常的机械、电气、运输、高处坠落、起重等方面的危险因素外，还存在易燃易爆和有毒有害气体、高温热源、金属液体、尘毒、放射源等方面的危险有害因素。炼铁安全事故主要有中毒和窒息事故、机械伤害事故、高处坠落事故、起重伤害事故、粉尘和毒物伤害事故、高温和辐射伤害事故及噪声与振动伤害事故等。

（1）中毒窒息事故。

1）高炉煤气含大量有毒气体，其中主要是一氧化碳。在输送使用过程中，如果设备、设施出现故障或存在缺陷，易造成高炉煤气泄漏，引起人员中毒事故。

2）高炉设备检修时，炉内并不熄火，里面充满炽热的焦炭，虽已停止鼓风，但少量

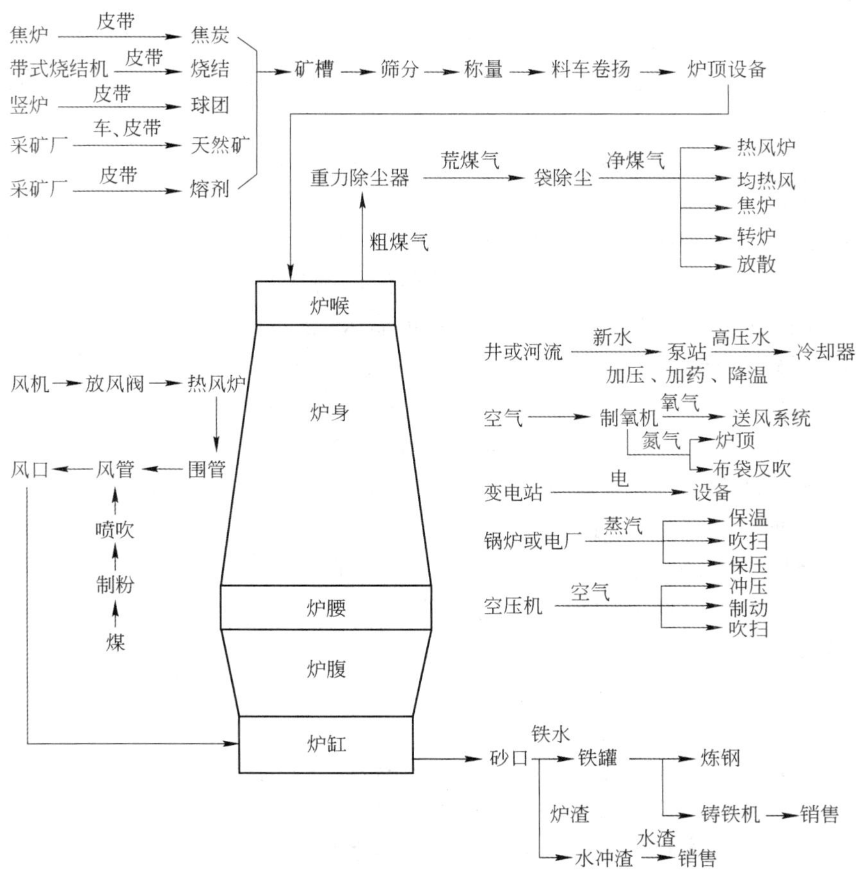

图 6－1　高炉炼铁工艺流程

空气仍不断渗入炉内，产生的少量一氧化碳不断积累和逸出，易使检修工人发生中毒，也可能发生爆炸。

3）进入罐、仓、烟道等有限空间检修或作业，若吹扫不尽，通风不畅，将使作业人员煤气中毒或缺氧窒息。

4）在煤气采样中，自动或同步取样，在线进行分析，若取样设施不完善，将造成煤气泄漏导致人员中毒。

5）喷煤系统采用惰化气氛制粉工艺，喷吹罐充压，流化全部采用氮气惰化保护，煤粉仓用氮气保持微正压，如厂房通风差，操作有误，可引起氮气窒息。

6）炼铁有限空间比较多，如料仓（罐）、渣仓、煤仓、烟道及其他闭塞性场所等。有限空间由于内部空间狭小，空气流通不畅，很可能存在有毒有害气体或缺氧。如果冒险进入，易发生中毒或窒息，也容易发生火灾和爆炸。因此，作业前必须做好各项准备工作，采取可靠的安全技术措施，才能保证人身和设备安全。

【案例 6－1】 2006 年 10 月 27 日中班 22 时 15 分左右，某钢铁公司炼铁厂新 1 号高炉上料操作工，发现 S102 皮带头轮的受料斗堵料，于是把 S102 皮带停下，并用对讲机通知上料班长曹某，要他前去了解情况并进行处理。曹某随后带领本班上料工徐某到炉顶料仓。曹某将煤气检测仪放在料仓人孔处检测，无煤气报警。于是，徐某便从人孔进入料仓，清理格栅上的杂物。大约半分钟后，徐某告诉曹某，头有点晕，呼吸困难，好难受，随即便倒在料仓内。约22时49分徐某被救出料仓，即送医院抢救，因煤气中毒太深，抢救无效死亡。

事故的主要原因：料仓内煤气和含氧量检测不到位。

（2）机械伤害事故。

1）长距离输送设备和生产车间内的传动设备，如果运转设备的机械运转部分裸露在外，或防护设施未设置或存在缺陷等，有可能将人体的某一部位带入运转设备，造成人员伤害。炼铁要防止运转设备的伤害，特别是胶带输送机械的伤害。

2）皮带运输系统缺乏安全装置，并且操作人员经常走动的通道，在机旁没有设置栏杆、安全绳与紧急事故开关，没有过桥，人员直接跨越皮带时，造成人员伤害。

3）各种设备操作不当或检修时不小心，可能发生机械伤害。

4）料仓设计的坡度不符合要求、选用的闸门不灵活或闸门年久失修等，造成堵料，当采用人工捅料时，容易发生崩料、挤压事故。

5）为保护上料胶带运输机及炉顶设备，在矿石胶带机和焦炭胶带机上设有矿石、焦炭除铁器，可自动检测并排除大块磁性金属料，非磁性金属料在自动检测后由人工捡除，此时如不注意个人防护，也可引起机械伤害。

6）违章作业，违章指挥，在运转设备检修、维修和清扫的过程中不停电、停机或挂牌。

【案例6－2】违章跨越运转皮带，跌落卷入身亡。某钢铁公司张某在皮带机下打扫卫生，由于存在贪图方便、侥幸冒险心理，跨越正在运行的皮带机，此过程中身体失衡，跌倒在回程皮带上，导致头部、脑部、内脏和右腿等多处严重受伤最终死亡。

【案例6－3】皮带突然启动，被挤压身亡。某钢铁公司炼铁厂职工林某等三人，在皮带尾部更换托辊和料斗护皮时，因维修未挂牌，皮带突然启动，站在皮带上的林某，被挤入料斗与支撑钢构之间的小间隙，当场死亡。

上述两起事故的主要原因是违章作业，在运转设备检修、维护和清扫的过程中，不停电和停机或未进行安全确认、挂牌。

（3）高处坠落事故。

1）矿槽周围未设栏杆，槽上未设格栅或格栅年久失修等，均可造成坠落碰伤事件。

2）高炉检修是高空多层作业，其40%的伤亡事故为高空坠落，需要严防。

3）起重机检修及平台、走台、走梯、过桥、屋面等高空作业区以及地面坑、沟、井等容易造成高处坠落事故。

【案例6－4】2007年7月28日17时30分左右，某钢铁公司炼铁厂检修车间职工齐某，在2800m^3高炉净煤气管道（直径2.6m）内，监督某冶建公司焊工丁某进行割除管道内支架作业。18时左右工段发现齐某还没在下班记录本上签到，就向车间领导汇报。检修车间副主任侯某到现场确认作业进度，也找不到齐某，就马上向厂里汇报。厂里马上组织寻找，于20时割开管道，在净煤气管道北侧下降管（落差22m）底部找到齐某，已经死亡。事故调查组通过现场勘察和调查取证，认定是齐某独自向管道远端行进时，不慎坠落身亡。

（4）起重伤害事故。在设备安装和检修过程中，需使用起重设备，如在炉前、转运站、焦矿除铁间、焦矿槽下、传动机房、除尘系统中等均有起重设备。如果未经检测合格即投入使用，可能造成伤害事故。起重机常见事故有碰撞、吊运物体坠落、脱钩、钢丝绳折断、安全装置失灵、触电、吊物倾翻等。

【案例6-5】2007年7月11日13时05分左右，某钢铁公司特种冶金厂丙班炉前工于某，在指挥行车吊运48号保温罩（高度2.78m，外径1m，内径0.84m，质量1.15t）时，将保温罩提升到离地面约2m高后，行车小车由西向东行驶，大车再往北平移时，吊运链条突然断裂，保温罩坠地后向东倾翻倒，压至蹲在92号炉前包扎进出水箱皮管的丙班作业长陶某后背，陶某经抢救无效死亡。

事故的直接原因：错误使用普通镀锌圆环链条作为吊索，强度不够导致受力拉断。

（5）粉尘和毒物伤害事故。

1）热风炉和水力冲渣系统会产生少量硫化氢和二氧化硫等有害气体，作业人员长期接触可能造成中毒。特别是硫化氢高浓度吸入时，人可在数秒钟内突然昏迷，呼吸和心跳骤停，甚至死亡。

2）高炉粉尘主要为矿物性粉尘及煤尘。在物料的装卸、储运、破碎、混匀、筛分及高炉上料系统和出铁场等处均产生大量烟尘、粉尘。如果不能经常定期打扫，还有可能造成二次扬尘。作业人员长时间在此环境中，有可能患尘肺病。

3）制粉和喷吹均有大量的粉尘产生，作业人员长时间在此环境中，有可能患尘肺病。

4）喷吹系统使用氮气加压、流化，制粉系统使用氮气作为保护气体防止爆炸，一旦氮气泄漏会造成局部缺氧，引发人员窒息事故。

（6）高温和辐射伤害事故。

1）高炉出铁、出渣时，飞溅的炉渣和铁水可能造成人体烧、灼伤事故。

2）高温是钢铁企业的一大特点。出铁时存在红外线辐射和电焊辐射。冶炼物体温度达到1200℃以上，出现紫外线辐射。高炉出铁、冲渣时热辐射较强，当大量热量散发到空气中，环境温度高于体温时，人就会感到不适，尤其是在夏天，严重时可能造成中暑。

3）电焊时产生强烈刺眼弧光，可能对人体造成伤害。

4）焦炭中子测水装置、料罐放射元素测料装置均可能对人体造成伤害。

（7）噪声与振动伤害事故。

1）制粉系统主排风机后的尾气排放管道、磨煤机、煤粉收集与净化系统和空压站等均产生较高的噪声，工人长时间在强的噪声环境中操作，会造成一定的伤害。

2）炼铁系统噪声源主要有高炉炉顶均压煤气放散阀、高炉冷风放风阀、热风炉助燃风机、高炉煤气减压阀组、空压站和煤压站的压缩机以及高炉系统各除尘风机等。工人长时间在强的噪声环境中操作，会造成一定的伤害。

3）炼铁系统使用的压缩机等配套设施，如基础不牢固、安装位置不好、未采取防振措施等，均会造成一定振动伤害。

6.3 炼铁安全生产技术

6.3.1 高炉装料系统安全技术

装料系统是按高炉冶炼要求将料坯持续不断地供给高炉冶炼。装料系统包括原料和燃料的运入、储存、放料、输送以及炉顶装料等环节。装料系统应尽可能地减少装卸与运输环节，提高机械化、自动化水平，使之安全地运行。

（1）运入、储存与放料系统。大中型高炉的原料和燃料大多数采用胶带机运输，比火车运输易于实现自动化和治理粉尘，但也存在不少问题。储矿槽未铺设隔栅或隔栅不全，周围没有栏杆，人行走时有掉入槽的危险。料槽形状不当，存有死角，需要人工清理。内衬磨损，进行维修时的劳动条件差。料闸门失灵常用人工捅料，如料突然崩落往往造成伤害。放料时的粉尘浓度很大，尤其是采用胶带机加振动筛筛分料时，作业环境更差。因此，储矿槽的结构应是永久性的、十分坚固的。各个槽的形状应该做到自动顺利下料，槽的倾角不应该小于50°，以消除人工捅料的现象。金属矿槽应安装振动器。矿槽结构应采用钢筋混凝土结构，内壁应铺设耐磨衬板；存放热烧结矿的内衬板应是耐热的。矿槽上必须设置隔栅，周围设栏杆，并保持完好。料槽应设料位指示器，卸料口应选用开关灵活的阀门，最好采用液压闸门。对于放料系统，应采用完全封闭的除尘设施。

（2）原料输送系统。大多数高炉采用料车斜桥上料法。料车必须设有两个相对方向的出入口，并设有防水防尘措施。一侧应设有符合要求的通往炉顶的人行梯。卸料口卸料方向必须与胶带机的运转方向一致，机上应设有防跑偏、打滑装置。胶带机在运转时容易伤人，所以必须在停机后方可进行检修、加油和清扫工作。

（3）顶炉装料系统。目前多数高炉均采用无钟炉顶装料设备。延长装料设备寿命和防止煤气泄漏是该系统的两大问题。采用高压操作必须设置均压排压装置。做好各装置之间的密封，特别是高压操作时，密封不良会使装置的部件受到煤气冲刷、磨损和腐蚀，缩短使用寿命。装料设备的开闭必须遵守安全程序，设备之间必须联锁，以防止人为的失误。

6.3.2　供水与供电安全技术

高炉是连续生产的高温冶炼炉，不允许发生中途停水、停电事故。特别是大中型高炉必须采取可靠的措施，保证安全供电、供水。

（1）供水系统安全技术。高炉炉体、风口、炉底、外壳、水渣等必须连续给水，一旦中断便会烧坏冷却设备，发生停产的重大事故。为了安全供水，大中型高炉应采取以下措施：供水系统设有一定数量的备用泵；所有泵站均设有两路电源；设置供水的水塔，以保证柴油泵启动时供水；设置回水槽，保证在没有外部供水情况下维持循环供水；在炉体、风口供水管上设连续式过滤器；供、排水采用钢管，以防破裂。

（2）供电安全技术。不能停电的仪器设备，万一发生停电时，应考虑人身及设备安全，设置必要的保安应急措施，如设置专用、备用的柴油机发电组。

计算机、仪表电源、事故电源和通信信号均为保安负荷，各电器室和运转室应配紧急照明用的带铬电池荧光灯。

6.3.3　煤粉喷吹系统安全技术

高炉煤粉喷吹系统最大的危险是可能发生爆炸与火灾。喷吹系统或者在该区域内需要动明火时，应经安全、保卫部门同意，发给动火证，并采取防火、防爆措施。喷吹系统动火前，应将系统中的残煤吹扫干净。

（1）喷煤工艺设计安全技术。

1）高炉喷煤设施宜采用直接喷吹工艺；制粉系统宜采用一次主风机和一级布袋收粉器的全负压短流程制粉工艺；喷吹系统宜采用并罐单管路加分配器喷吹工艺。

2）工艺设备及管道的设计和配置，在保证生产需要的前提下，应尽量根据实际通风量合理匹配工艺设备及管道，以消除局部积粉，防止积粉自燃。

3）制粉系统磨制混合煤、烟煤应按惰性干燥气设计。

4）煤粉管道的布置和结构不应存在煤粉在管道内沉淀的可能，磨煤机至布袋收粉器之间的管道内流速建议取为15～18m/s；管道与水平面的倾角应大于45°。

5）布袋收粉装置下煤粉管道与水平面的倾角应不小于50°，且弯管曲率半径不小于3倍管道公称半径。

6）除无烟煤制粉系统外，其他制粉系统的磨煤机、外置粗粉分离器和布袋收粉器应设置紧急充氮管线及相应的阀门。

7）制粉系统管道不装设防爆膜（门）时，应按承受350kPa的内部爆炸压力进行设计。

8）高炉喷吹无烟煤时，制粉系统可以在非惰性气氛下操作，喷吹罐的充压、流化和喷吹管道的输送气体均可采用压缩空气；高炉喷吹混合煤或烟煤时，制粉系统的启动、运行和停机都应在惰性气氛下操作，喷吹罐的充压、补压和流化气体必须是氮气，喷吹管路的输送气体可以用压缩空气或氮气。

9）高炉采用氧煤喷枪时，每根喷枪前支管应设置安全保护装置，其设计原则是：当氧气支管的压力小于设定值时，快速切断氧气管道，并从氧气切断阀后通入氮气，以避免热风倒流。

10）煤粉输送系统和喷吹系统所有气动阀门在事故断电时均应能向安全位置切换，以确保不发生混合气粉流倒流堵塞或热风倒流造成煤粉着火事故。

（2）煤粉喷吹设备安全技术要求。

1）煤粉仓应封闭严密，减少开孔；不应使用敞开式煤粉仓；煤粉仓的进粉装置必须具有锁气功能。

2）喷吹罐、输煤罐等压力容器应设置泄压装置，安全阀导出管的朝向应不致危害人及其他设备。

3）除压力容器外，所有煤粉容器、与容器连接的管道端部和管道的拐弯处均应设置足够面积的泄爆孔；当需要设泄爆导管时，其朝向应不致危害人及其他设备，其长度不应超过泄爆管直径的10倍，且不宜带有弯头。

4）制粉系统磨制混合煤或烟煤时应设置氧含量和一氧化碳浓度在线监测装置，达到上限值时报警。

5）磨制混合煤或烟煤时布袋收粉器应满足以下要求：布袋材质应选用防静电型；漏风率不大于3%；最高使用温度不大于120℃；设置有自闭式泄爆阀或带泄爆片的泄爆阀。

6）原煤输送系统应设有除铁设备和杂物筛，扬尘点应有通风除尘设施。

7）喷吹罐、储气罐等压力容器的制造、安装和维修应符合《压力容器》（GB 150.1～GB 150.4—2011）和国家质量技术监督局《压力容器安全技术监察规程》有关规定。

8）煤粉仓、喷吹罐等罐体下料锥体以及收粉设备灰斗壁、落粉管路等内壁应光滑，下料锥体壁与水平面夹角不应小于70°。

9）所有设备、容器、管道均应设防静电接地，法兰之间应用导线跨接，并进行防静电设计校核。

10）喷吹混合煤或烟煤时煤粉仓内应设置氮气流化、温度检测、压力检测、CO 和 O_2 检测装置。

（3）煤粉喷吹安全技术。

1）为了防止原煤自燃，原煤在储煤槽内储存时间：烟煤不超过2天，无烟煤不超过4天。为了防止煤粉自燃，喷吹罐、输煤罐停止输送煤粉时，无烟煤粉储存时间应不超过12h；烟煤粉储存时间应不超过8h，若罐内有氮气保护且罐内温度不高于70℃，则可适当延长，但不宜超过12h。

2）干燥炉炉膛温度一般控制在700～1100℃，最高不得超过1200℃。

3）在磨制混合煤或烟煤时，煤粉仓及布袋除尘器出口混合气体氧含量不大于12%（对于烟气自循环系统不大于14%）。

4）磨煤机出口最高温度应根据煤种和采用的制粉系统流程确定。无烟煤只受设备允许使用温度的限制。

5）煤粉仓、罐内应设温度检测装置，罐内煤粉温度不应超过800℃。

6）氧煤喷枪投用时应先用氮气或其他惰化气替代氧气，待喷吹正常后方可改为氧气；在停止喷吹拔枪前亦须先用氮气或其他惰化气替代氧气。

7）喷吹工在高炉全风操作时不允许进行插拔喷枪作业。若必须进行，须具备可靠的安全设施或装置，同时穿戴特制的防火、防烫伤、防噪声劳保服装；要选择在出铁时或出铁后进行，不能在出铁前进行，以便于出现意外时高炉能及时休风进行处理，避免事故扩大。

8）在利用高炉休风间隙进行插拔喷枪作业时，必须确认高炉倒流阀打开后方可进行作业，防止炉内煤气外逸、热气流喷火伤人。

9）应按要求定期校验制粉、喷吹系统的压力、温度、氧含量与一氧化碳浓度监测仪表；定期校验检查压力容器及附属设备。

10）人员进入喷煤系统封闭或半封闭容器、设备内，须经主管人批准，外部须有人监护和准备好急救措施；进入前应清除残粉，切断煤粉、惰化气和高温气进口，通风换气使内部温度降低至40℃以下，测定氧含量大于20%以上，一氧化碳浓度为零，确认无窒息、中毒和其他危险。

11）喷煤系统检修后进行负荷联动试车时，系统联锁、报警设施应灵敏，泄爆、抑爆设施应可靠，防爆灯具、通信设备、消防器材应齐全完好并有事故应急处置预案。

6.3.4　高炉本体安全操作技术

6.3.4.1　高压操作安全要求

（1）采用高压操作必须设置均压排压装置。高压操作过程发生悬料或其他事故时，应首先转为常压，然后按常压操作处理，严禁在高压状态下强迫坐料、大量放风或高压放散煤气。管道上的均压阀、排压阀的开闭必须遵循作业程序，有关设备之间必须联锁，以防止人为误操作。

（2）高压和常压的转换能引起煤气流分布的变化，转换时要缓慢，防止损坏设备或引起炉况不顺。

（3）高压和常压转换时，应以压差为依据，适当调整风量。

（4）转高压时，一般导致边缘发展，要视情况调整装料制度。

（5）炉缸、炉基热负荷接近或超过规定限度时，应减风改常压。

（6）由于炉外事故来不及按照正常转换程序操作时，可以先放风，后转常压。

（7）炉顶压力不断增高又无法控制时，应及时减风，找出原因，排除故障，方可恢复工作。

（8）顶压控制不许超出设计界限。

6.3.4.2　休风操作安全要求

（1）应事先同燃气（煤气主管部门）、氧气、鼓风、TRT、热风、干法除尘和喷吹等部门联系，征得相关部门同意并做好相应准备后方可休风。因事故紧急休风时，应在紧急处理事故的同时，迅速通知燃气、氧气、鼓风、热风、TRT、干法除尘和喷吹等有关部门采取相应的紧急措施。

（2）炉顶及除尘器应通入足够的蒸汽或氮气；休风前炉顶放散阀应保持全开并切断煤气，炉顶、除尘器和煤气管道均应保持正压。

（3）长期休风应进行炉顶点火，并保持长明火；点火时，应疏散风口前工作人员。

（4）长期休风时，除尘器、煤气管道应用蒸汽或氮气驱赶残余煤气，保证化验合格。检修人员进入，要保证 CO 含量低于 $30mg/m^3$、氧含量达到 18% 及以上的安全范围。计划检修期间，应有煤气专业防护人员监护。

（5）正常生产时休风，应在渣、铁出净后进行，停止炉顶打水，非工作人员应离开风口周围。休风之前如遇悬料，应处理完毕再休风。

（6）休风期间，除尘器不得清灰；有计划的休风，应事前将除尘器的积灰清尽。

（7）休风前及休风期间，应检查冷却设备，如有损坏应及时更换或采取有效措施，防止漏水入炉。

（8）休风前关闭冷风大闸；休风期间或短期休风之后，不应停鼓风机或关闭风机出口风门，冷风管道应保持正压；如需停风机，应事先堵严风口或卸下直吹管，切断煤气回流通道。

（9）休风检修完毕，应经休风负责人同意，方可送风。

（10）长期休风，要适度降低炉体冷却强度。

（11）封炉休风后，要对炉体采取密封措施。

6.3.4.3　开、停炉操作安全要求

应组成以生产厂长（总工程师）为首的领导小组，负责指挥开、停炉工作，并负责制订开停炉方案、工作细则和安全技术措施。

A　开炉应遵守的规定

（1）严格按制定的烘炉曲线烘炉合格，提高内衬固结强度，防止气体爆裂和损坏设备。烘炉时炉皮应设有临时排气孔。烘炉后按照行业要求做炉体气密性检验并合格。

烘炉的主要作用是缓慢地去除高炉内衬中的水分，提高内衬的固结强度，避免开炉时升温过快，水汽快速逸出，致使砌体爆裂和炉体剧烈膨胀而损坏。烘炉可用固体燃料、气体燃料和热风。现在用热风烘炉比较多，烘炉温度和进度可用风温和风量来控制，其特点是方便安全。

（2）设备系统应经过连续24h无故障联动试车正常。

（3）应具备安保蒸汽、氮气和消防等条件。

（4）冷却器通水、检漏合格。

（5）送风前，除尘器、炉顶及煤气管道应通入蒸汽或氮气。

（6）送风后，高炉炉顶煤气压力应大于煤气清洗系统压力，并做煤气爆发试验合格，H_2 含量小于6%、O_2 含量小于2%方可接通煤气系统回收。

（7）应备好数量充足、强度足够和粒度合格的开炉原燃料。

（8）做好铁口煤气导出管及其密封，做好泥包（有的高炉可不做）、泥套，准备足够数量的开炉用炮泥、钻杆等耗材。烘炉前必须开排气口（特别是铁口区域），使水蒸气从排气口排出，以防铁口爆炸。一发现铁口潮湿，应加强铁口烘烤，严禁潮湿的铁口出铁。

（9）炭砖炉缸应用黏土砖砌筑保护层。

（10）开炉准备必须进行准确的开炉配料计算。

B　开炉操作

（1）装料。装料时要防止热风炉煤气泄漏经热风管流入高炉内，发生炉内作业人员煤气中毒的事故。装料作业时，必须严格按照开炉料计算的品种、数量、装料制度和批次执行。

（2）点火送风。点火前，炉前准备工作完毕。煤气系统全部处于准备送煤气状态，通入蒸汽。均压系统正确操作，开启炉顶放散阀。

（3）送煤气（高炉荒煤气输出）。点火送风后经1～3h，炉顶煤气压力达2.94kPa以上，经爆发试验合格后，可将荒煤气输往清洗系统。

（4）出渣出铁。根据下料批次数估计炉缸内渣、铁量达到炉缸安全容铁量之半时，可出第一次铁。出铁前可放渣，但应注意渣口安全。

（5）中修后高炉开炉。高炉中修后开炉，开炉前应将炉缸内残余的物质（包括施工废弃物）清除至铁口平面以下，清除得越彻底越好。还要对每个铁口进行疏通。

C　停炉操作

（1）高炉停炉前必须出尽残铁，以利开炉。停炉方法分为填充法和空料线法两种。填充法是使用碎焦、石灰石或砾石来代替正常料，维持原来料线或稍微降低料线。此法比较安全，但停炉后清除炉内物料工作量大，耗费大量人力、物力、财力和时间。空料线法是停炉过程中不装料，炉内料面下降时，从炉顶喷水以控制炉顶温度，当料面降至风口平面以下时休风。此法停炉后清除炉内物料工作量小，费用最省，故广为采用，但停炉过程中危险性较大，须特别注意安全。

（2）空料线停炉易发生气体爆炸。这类爆炸按其性质和原因可分两类：第一类是煤气温度高，含CO和 H_2 量也高，与空气混合而产生爆炸。这类爆炸的必要条件是有空气混入。只要将煤气有效切断，停炉操作过程中避免崩料、坐料、中途休风等，就可避免爆炸。第二类是水汽爆炸。这类爆炸的产生条件有两个，一是热量充足的热源；二是数量足够的积水。当数量足够的积水遇到热量充足的热源时，突然汽化膨胀，能量瞬间释放而发生爆炸。据计算，1kg 水达到 400℃时，最大汽化膨胀功释出的能量相当于 0.35kg TNT 炸药。

（3）空料线停炉在喷水降温时，要避免发生爆炸的条件，其关键在于喷水量和喷水方法：

1）应将煤气发生量、煤气始温和炉顶温度三者结合来控制单位时间的喷水量，不可任意增减。除设流量表之外，应在喷水管之前设旁路放水阀，供调节喷水量用。

2）喷出的水应成细滴，以利汽化，不可大股流出。

3）料线越深，煤气始温越高，水汽爆炸的危险性越大，越要精心操作。

4）控制喷水量的直接依据是，炉顶温度下限不宜低于 250℃，上限视炉顶设备要求而定，也不宜高于 550℃。

（4）停炉降料面之前，要进行一次预休风，进行处理漏水、补焊炉壳提高强度、设置打水装置、校验仪表仪器、设置长探尺等工作，提高停炉的安全控制制度。停炉应遵守下列规定：

1）停炉前，保持炉况顺行，无结垢和炉缸堆积，酌情洗炉。

2）采用打水法停炉时，停炉前，高炉与煤气系统应可靠地分隔开；应取下炉顶放散阀或放散管上的锥形帽；采用回收煤气空料打水法时，应减轻炉顶放散阀的配重，氢浓度不应超过 6%。

3）装入适量的盖面净焦。

4）打水停炉降料面期间，应不断测量料面高度，或用煤气分析法测量料面高度，并避免休风。

5）打水停炉降料面时，不应开大钟或上、下密封阀；大钟和上、下密封阀上部不应有积水；煤气中二氧化碳、氧和氢的浓度，应至少每小时分析一次。

6）大钟下、大小钟之间通蒸汽或氮气，料罐内通氮气。

7）打水停炉降料面时，应设置供水能力足够的水泵，并能够方便地调整水量。钟式炉顶温度应控制在 400～500℃之间，无料钟炉顶温度应控制在 350℃以下。炉顶打水应雾化良好，防止喷水顺炉墙流水引起炉墙塌落和产生局部积水引起爆震。打水时人员应离开风口周围。

8）停炉过程中要保证炉况正常，严禁休风。如必须休风，要先停止打水，进行炉顶点火后再休风。

9）料面降至风口水平面即可休风停炉。大修高炉，应开残铁口眼放尽残铁。放残铁之前，应设置作业平台，清除炉基周围的积水，保持地面干燥。

（5）人员进入高炉炉内作业前，应拆除所有直吹管，拆除布料溜槽并有效切断煤气、氧气、氮气等危险气源，清除危险物体；安置专人监护，携带报警、防护用具。

6.3.4.4 高炉突然断风处理

高炉突然断风，应按紧急休风程序操作，同时组织出净炉内的渣和铁。休风作业完成后，组织处理停风造成的各种异常事故。如果设有拨风系统，应按照拨风规程作业，采取停煤、停氧等应急措施，按规程逐步恢复炉况。

6.3.4.5　高炉停电事故处理

高炉停电事故处理应遵守下列规定：

（1）高炉生产系统（包括鼓风机等）全部停电，应积极组织送电。因故不能送电时，应按紧急手动休风程序处理。

（2）煤气系统停电，应立即减风，同时立即出净渣、铁，防止高炉发生灌渣、烧穿等事故。若煤气系统停电时间较长，则应根据煤气厂（车间）要求休风或切断煤气。

（3）炉顶系统停电时，高炉工长应酌情立即减风降压直至休风（先出铁、后休风）。严密监视炉顶温度，通过减风、打水、通氮气或通蒸汽等手段，将炉顶温度控制在规定范围以内。立即联系有关人员尽快排除故障，及时恢复送电。恢复时应平衡风量、矿批与料线的关系，合理控制入炉燃料比。

（4）发生停电事故时，应将电源闸刀断开，挂上停电牌。恢复供电时，应确认线路上无人工作并取下停电牌，方可按操作规程送电。

（5）鼓风机停电按停风处理。

6.3.4.6　高炉停水事故处理

高炉停水事故处理应遵守下列规定：

（1）发现冷却水压和风口进水端水压小于正常值时，应立即减风降压，停止放渣，立即组织出铁，并查明原因。水压继续降低以致有停水危险时，应在应急水源（应急水泵或水塔）工作时限内完成休风操作，并将全部风口堵严。

（2）如风口、渣口冒汽，应进行外部打水，避免烧干、烧穿。

（3）应及时组织更换被烧坏的设备，冷板烧损应闭水，采取相应的安全措施。

（4）关小各进水阀门，分段通水。通水时由小到大，避免冷却设备急冷或猛然产生大量蒸汽而炸裂。

（5）待逐步送水正常，经检查后送风。

6.3.4.7　高炉炉缸、炉底烧穿事故处理

A　炉缸和炉底烧穿原因

炉缸和炉底烧穿的原因有：设计不合理，耐火材料质量低劣或砌筑施工质量不佳；冷却强度不足，水压过低，水质不好，水管结垢；长期冶炼不易生成石墨碳的铁种（如低硅高硫或含锰较高）；频繁洗炉，尤其是萤石洗炉；使用含铅或碱金属的原料；冷却器件漏水入炉缸；长期铁口过浅或出铁操作铁口维护不当。

B　炉缸和炉底烧穿征兆

炉缸和炉底烧穿的征兆有：冷却壁水温差超过规定值（黏土砖炉缸和炉底规定值为2℃，碳砖炉缸炉底包括综合炉底规定值为3～4℃）；炉基温度超过限值（强制风冷炉底限值250℃；自然通风炉底限值400℃；黏土砖无冷却炉底、炉基表面700～800℃）；冷却壁出水温度突然升高或出水量减少；炉壳发红或炉裂缝冒气；出铁时经常见下渣后铁量增多，甚至先见下渣后见铁。

C 炉缸和炉底烧穿预防

炉缸和炉底烧穿的预防措施有：开炉初期安排冶炼利于在炉缸内沉积石墨碳的铁种；平日不轻易洗炉；根据水温差增大及其他征兆，改炼铸造铁或提高碱度，在水温差增大的方位，风口减风，甚至堵塞风口；改变装料制度，减少边缘气流，适当降低冶炼强度；在炉底和周围形成难熔保护层；重视出铁和铁口维护工作；重视冷却系统检查，避免漏水，定期清洗冷却器；水温差增大时，提高炉缸和炉底的冷却强度。

6.3.4.8 炉前作业安全技术

A 炉前作业安全操作避免事项

炉前作业安全操作要避免出现以下情况：

(1) 铁口过浅。铁口过浅使铁水流未经缓冲即从铁口在高压状态下冲出，铁水流不稳定。且由于铁口过浅，铁口直径随时间的延长而增大，最后失去控制造成“跑大流”，以致流到炉台、炉下，威胁人身与设备安全。铁口长期过浅，可能烧坏冷却壁。

(2) 潮铁口出铁。铁口孔道必须烘干，严禁潮铁口出铁。潮铁口出铁时，由于被铁水急剧加热，急剧蒸发大量蒸汽，发生铁口“打火箭”，破坏铁口，最后导致“跑大流”。采用无水炮泥堵铁口后，这类事故已大量减少。但中、小高炉目前仍在使用有水炮泥堵铁口，在操作中应加以注意。

(3) 退炮时渣铁跟出。铁口过浅时，渣铁出不好。打入的炮泥被渣铁漂浮不能形成泥包，可能使铁水窜入炮膛，以至于不能重新堵炮，或在退炮时铁水跟出来，造成严重的事故。这主要是铁口过浅或泥质不达标造成的。一旦出现过浅铁口，应首先减风，并配足铁、渣罐，出尽渣、铁，尽快恢复铁口的正常深度。

(4) 泥套破损后堵不上铁口。铁口泥套损坏以后，泥炮炮嘴与泥套之间接触不严，铁口封不住就会造成事故。因此，在每次出铁前应检查泥套，不符合标准的应立即修补。

(5) 铁口钻漏，铁流过小。钻铁口时，铁水从铁口泥包裂缝中漏出，铁流又细又小，难以用正常的操作方法使铁流变大，若任其自然流出，则会影响出铁时间。渣铁生成速度大于排放速度时，可能使炉缸内渣铁量大量增加，产生憋风后患。此时既无法使用氧气，也不能用开口机扩大铁口孔道，为了避免发生更大的事故，应及时堵口后重开铁口或转场出铁。

(6) 撇渣器处理。修补砂口后，防止由于未烘干，砂口内壁的水分急剧蒸发，体积膨胀，发生爆炸。防止由于残铁未抠净，出铁时残铁熔化发生烧漏事故。防止因铁水温度过低或出铁间隙过长发生凝铁事故，新砌砂口或新修补的砂口第一次使用时可将残铁放出。

B 炉前开铁口安全技术

(1) 开铁口前要检查确认开口机、液压炮、摆动流嘴等装置运行可靠，无故障。液压炮顶泥时，炮口前端严禁站人，防止热泥喷出烧伤。

(2) 检查确认渣铁罐对到罐位，并且渣铁罐内无积水或潮湿的炉渣、耐火材料。

(3) 检查大沟和渣铁沟内干燥、无积水，铁泥口套完好，无破损、潮湿现象。

(4) 检查撇渣器内外连通（搅动内撇渣器，外撇渣器小方井液面有起伏反应），撇渣器沙坝埋好，渣铁沟分岔口“三角”区切断可靠。

(5) 开铁口过程中铁口对面严禁站人，杜绝作业人员跨越大沟，天车吊运物品应远离铁口对面。

（6）钻铁口过程中更换钻杆、铁棍时，开口机要退回零位，防止铁口突然流出伤人。

（7）开口机钻铁口至“红点”后要及时退回开口机，更换铁棍捅开铁口，尽量避免钻透铁口。

（8）如果开口机钻不动，需要用氧气烧开铁口，要注意处理好吹氧管与软管的接头，杜绝漏气。开气人员要避免急开、急停氧气阀门，防止供气量忽大忽小烧伤人员。

（9）出铁期间，渣铁沟盖板要盖好，避免冒烟、扬尘或人员滑入。

（10）铁口流铁正常后要注意观察大沟、渣铁沟、撇渣器、摆动流嘴的渣铁流动情况，及时清除大块物料，防止卡堵导致高温液态渣铁溢流。

（11）出铁过程中铁口前方严禁站人、停放车辆或放置物品，任何人严禁跨越渣铁沟。

（12）使用工具接触液态铁水前，必须烘干，防止放炮，人员要放下面罩。

（13）出铁过程中禁止往渣铁沟内抛扔杂物，防止飞溅、爆炸伤人。

C 出铁、出渣安全技术

炉前工在进行高炉出铁、出渣工作时，应按时、按量出铁、出渣，以保证炉况和安全生产。

（1）砂口用以分离渣、铁，以保证渣罐中的渣不进入铁水，铁水中不混入渣。

（2）在高炉工长的指挥下，按时、按进度出渣、出铁。

（3）掌握休风的要领，慎重操作。

（4）为了防止冲渣沟堵塞，渣沟坡度应大于3.5%，不设直角弯，且沟不宜过长。

6.3.4.9 炉内作业安全技术

A 低料线

由于各种原因影响，不能按时上料，以致高炉料线较正常规定料线低0.5m以上的称低料线。出现低料线时矿石不能正常预热和还原，煤气流分布紊乱，是造成炉凉及顺行变差的重要原因。如长期不能恢复正常还会使炉顶温度过高，烧坏炉顶设备，因此应及时进行处理。产生低料线的原因有：装料系统（包括槽下、上料及炉顶设备）发生故障；原料（包括矿石、焦炭）供应系统发生故障；其他原因，如崩料、悬料也会引起低料线。

（1）出现低料线的时间不能超过1h。若不能马上上料，应果断减风。由于冶炼原因（崩料、悬料）造成低料线时，应根据情况，适当减小风量，以防其他冶炼事故发生。

（2）低料线存在1h以上时，应适当补充焦炭，防止低料线热量损失造成炉凉事故。

（3）由于槽下系统故障产生的低料线，可以灵活地适量先装焦炭。在没有把握的情况下，严禁先装矿石后补焦。

（4）为避免由于低料线带来的炉况不顺，可以改变装料顺序，疏松边缘气流，并适当减风，回风时不宜过急。

B 连续崩料

高炉崩料如同低料线一样影响矿石的预热和还原。特别是高炉下部的连续崩料，能促使炉缸急剧向凉，甚至造成风口灌渣、烧穿冻结等事故，并由此造成人身伤亡。

一旦发生连续崩料，必须果断地大量减风（这期间必须观察风口工作状况，避免因减风引起烧穿事故）至不崩料的最低水平；同时要减轻负荷，以尽快提高炉温，改善渣铁流动性；加强出铁，适当增加出铁次数，将凉渣迅速排出，千方百计避免风管烧穿事故发生。

C 悬料

炉料停止下降即为悬料；经3次坐料仍未能消除者谓之顽固悬料。发生悬料的主要原因是由于气流分布失常，软熔带不稳定而导致炉料悬挂，处理不当则成为顽固悬料。长期休风期间，炉内原燃料质量变化，送风后操作不当，也可引起悬料。

悬料也可能是由于低料线下达、原料粉末太多、炉温太高或太低等原因造成的气流紊乱和炉型不合理。但根本原因是高炉操作制度不正确。

处理悬料一般是在放风后，依靠炉料的自重使炉料崩下（称之为坐料）。冶炼时应密切注视，尽早发现悬料征兆（即难行），并采取相应措施坐料，如炉温太热可以采取减煤量、减氧量、减风温、改常压等措施，力争炉料不坐自崩。处理坐料时应注意：

（1）必须和高炉鼓风机站联系，防止坐料时鼓风机发生事故。

（2）必须和热风炉操作密切配合，风压很低（如有的厂规定50kPa）或料坐下之前，应将冷风闸板关死，以防料坐下的瞬间煤气窜入冷风管道，引起爆炸。

（3）坐料前，有渣口的应尽量放渣，炉前应积极组织出铁。

（4）坐料前，炉顶煤气系统要通入保安气体（蒸汽或氮气），防止空气吸入发生爆炸。

（5）坐料前要停止炉顶打水，停煤、停氧。

（6）坐料时，无关人员不得进入风口平台，其他人员不可在炉身、炉缸、炉顶等处作业。料一旦坐下后，应积极慎重恢复冶炼，避免再次悬料。

D 大凉和炉缸冻结

大凉和炉缸冻结是严重的冶炼事故。所谓大凉，即渣、铁物理热不足，流动性差；严重时，则为炉缸冻结。大凉和炉缸冻结产生的原因有：

（1）连续崩料未能及时有效地得到控制。

（2）长期低料线处理不当。

（3）冷却设备大量漏水未能及时发现、制止。

（4）开炉、长期休风之后准备不充分便送风。

（5）原料品质恶化，特别是粉末料过多。

（6）上错料未及时纠正。

处理这一事故的基本原则是尽一切努力保持高炉不断下料，以待净焦或轻料下达炉缸，解除炉凉的威胁，并努力避免发生其他事故（如风口灌渣、风管烧穿）。处理这类事故，视其严重程度的不同，手段也不同。最严重时，铁口不能出铁，渣口不能放渣。此时，可将风口中的一个改为临时出铁口，另一个送风，其余全部堵死。先利用一个风口工作，然后逐步扩展，待炉温上升后，渣、铁口能正常出铁、放渣时，将所有风口逐个打开。较为先进的方法是用专用氧枪把铁口和上方风口烧通，逐步增加风口数量。这种方法损失较小、安全性较高、恢复速度较快。处理大凉及炉缸冻结过程极易发生不安全事件，应从操作上竭力避免。

E 炉缸严重堆积

冶炼条件恶化，操作发生严重错误时，可能导致炉缸严重堆积，炉况失常。造成炉缸堆积的原因是：

（1）经常采用高炉温（如炼铸造铁）、高碱度的操作制度，使炉缸石墨碳沉积过多或炉缸周围渣壁过厚。

（2）冷却壁长期漏水，引起局部严重堆积。

（3）原料粉末过多，特别是焦炭强度差，焦粉增多。

（4）长期风量不足，炉温偏低。

（5）操作制度长期不合理。

严重的炉缸堆积，往往造成风口大量破损，休风频繁，难以一时恢复正常。改善原料条件、提高原燃料强度、及时调整高炉工作制度，是消灭此类事故的关键。

6.3.5 高炉煤气安全技术

高炉生产是连续进行的，任何非计划休风都属于事故。因此，应加强设备的检修工作，尽量缩短休风时间，保证高炉正常生产。

为防止煤气中毒与爆炸，应注意以下几点：

（1）在一、二类煤气作业前必须通知煤气防护站的人员，并要求至少有 2 人以上进行作业。在一类煤气作业前，还须进行空气中一氧化碳含量的检验，并佩戴氧气呼吸器。

（2）在煤气管道上动火时，须先取得动火证，并做好防范措施。

（3）进入容器作业时，应首先检查空气中一氧化碳的浓度。作业时，除要求通风良好外，还要求容器外有专人进行监护。

设计煤气管道时应注意以下几点：

（1）必须考虑炉顶压力、温度和荒煤气对设备的磨损。

（2）为了降低煤气上升阻力，减少炉尘吹出，在高炉上升管和下降管之间有足够的高度，以防止炉料吹出。

（3）除尘器、洗涤塔、高炉炉顶设置的入口要上下配置，以便打开入口后使空气进行对流，减少煤气爆炸的危险。

（4）在防止煤气泄漏方面，高炉与热风炉砌耐火砖，炉体结构要严密，以防止变形开裂。

6.4 炼铁主要安全事故及其预防措施

6.4.1 煤气中毒事故及其预防措施

炼铁厂煤气中毒事故危害最为严重，死亡人员多，多发生在炉前和检修作业中。预防煤气中毒的主要措施是提高设备的完好率，尽量减少煤气泄漏；在易发生煤气泄漏的场所安装煤气报警器；进行煤气作业时，煤气作业人员佩戴便携式煤气报警器，并派专人监护。

6.4.1.1 煤气中毒事故预防措施

（1）建立岗位责任制。在煤气区域作业，做到双人操作，定期检测，有人监护。对煤气设备加强巡检，使设备始终处于受控之中。

(2) 进入设备内部或有限空间作业，必须办理危险作业审批手续。作业前对煤气浓度、空气中的氧含量监测。含氧量在18%~23%范围内方可进入，作业期间每半小时检测一次，还要有人监护，发现异常立即停止作业。作业现场煤气防护站的人员必须到场，带足呼吸防护器材，做好事故发生的应急救护准备。在救护时，救护者应做好个人防护，防止事故扩大。

(3) 划定煤气危险区域，对区域内作业人员配备煤气监测仪。在煤气区域内的值班室、操作室和控制室等，有固定作业人员的区域应装设煤气报警仪。做好煤气中毒应急演练，掌握煤气中毒应急技能。

(4) 严格遵守在一氧化碳浓度超标区域限定作业时间。

(5) 煤气中毒急救：

1) 中毒者和其他人员迅速撤离至煤气区域的上风或侧风处。

2) 对中毒者现场急救，轻微中毒者可送往医院急救，对中毒较重者，应通知煤气防护站和医生赶到现场急救。

3) 切断煤气来源，如关闭管道阀门、堵盲板、堵塞泄漏点等，已有外溢煤气的要采取通风、开门和窗等有效措施，降低空气中煤气含量。

6.4.1.2 有限空间中毒和窒息事故预防措施

(1) 打开料仓（罐）、渣仓、煤仓、烟道及其他闭塞场所的盖子后，必须做好洞口防坠落的隔离和防护。在离沿顶和沿洞边作业，必须系安全带，防止坠落。一旦坠落，必须及时组织抢救。落入松软粉尘、渣仓时，千万别挣扎，防止越陷越深。落入有毒有害或缺氧仓内时，别贸然进入抢救，必须穿戴好空气呼吸器和防护服，防止事故扩大。

(2) 实施隔离。在设备停止运转后，将其与外界连接的管道用盲板切断，使之与生产系统安全隔离。将所有电源开关拉下并加锁，挂上警告标志牌。

(3) 清洗和置换。进入有毒有害的有限空间作业前，必须用蒸汽或工业惰性气体进行吹扫、置换。当用置换和吹扫不能除去黏结在设备内壁上的可燃有毒介质结垢物、附着物时，还要进行清洗，直至达到安全要求。

(4) 取样分析。经过严格的置换清洗后，要对设备内的气体进行取样分析，以保证设备内的可燃物质不超过其爆炸下限的1/4~1/3。同时要保证罐内含氧量在18%~23%的范围内，以防罐内作业出现缺氧现象。

(5) 通风。为了保证罐内有足够的氧气，防止烟尘和有毒气体的积聚，应打开所有人孔、手孔、烟门、风门等以利自然通风，必要时还要采取机械通风。

(6) 监护。进入罐内和狭小的空间作业必须有专人监护。监护人应有一定的经验，熟悉设备、工作状况，具备安全知识。监护人应对被监护人的安全负责，应坚守岗位，如发现违章作业，可责令其停止或纠正。监护人应选择适当的位置并注意保护自己，做好处理事故的一切准备。监护人还应具备一定的抢救知识和采取一定的抢救措施。

6.4.2 防火、防爆及其煤气安全防护

高炉煤气的着火、爆炸，高温、高压的气体爆炸，高温铁水爆炸等，对高炉的生产以及设备和人身安全威胁极大，极易发生重大的恶性事故。

6.4.2.1　火灾、爆炸常见事故

火灾、爆炸常见事故包括以下几方面内容：

（1）开炉时，炉衬是湿的，如不烘干，开炉后温度突然升高，会造成砖胀裂。装入的原料是冷的，容易造成悬料，炉冷甚至炉缸冻结。开炉时一氧化碳、氢较多，控制不好或使用煤气驱赶空气，易起爆炸。

（2）高炉出铁、出渣时，液体金属和熔渣遇水会发生爆炸；冲制水渣时，若水渣中带铁水也可能引起爆炸。

（3）出铁口维护不好有潮泥，带潮泥出铁会造成出铁口大喷、飞溅，伤及人员。

（4）如在铁水面接近渣口时从渣口放渣，渣中带铁会引起冲渣爆炸。

（5）高炉煤气放散以及设施密封不严，导致高炉煤气泄漏，当煤气在空气中达到一定浓度时，由于高炉煤气无气味不易被发觉，故极易造成巡检人员中毒事故。如浓度进一步升高，和空气形成爆炸性混合物，遇高温或明火易发生燃烧爆炸事故。

（6）如高炉冷却设备破裂引起炉缸烧穿，最终会导致铁水爆炸。另外，当发生炉缸烧穿事故时，炉内铁水从烧穿处流出，如果炉基附近的地面存有积水时，铁水流过就会发生爆炸。

（7）如磨煤机出口处热风的温度过高，则煤粉中挥发性成分易析出，造成煤粉在短时间被引燃而发生爆炸。如果磨煤机出口处因煤结焦而出现堵塞，温度突然升高，也有发生爆炸的可能。磨煤机的热风管道内积聚煤粉，也易发生爆炸事故。煤粉仓结构设计不合理，煤粉仓内壁不平整光滑，存在长期积粉的死角，如运行操作和管理不当，就可能因积煤自燃而产生爆炸等。

（8）在煤粉喷吹系统、磨煤机和高浓度煤粉收集器内，当空气中含氧量达到一定浓度时，会和煤粉形成爆炸性混合物，遇明火或高温会发生燃烧爆炸事故。

（9）高浓度煤粉收集器储灰斗等处，如果温度过高或堆积过高，可能会引起煤粉自燃。

（10）如果高浓度煤粉收集器、风管和输煤管道发生结露，有可能引起煤粉积聚而发生燃烧。

（11）高浓度煤粉收集器、煤粉通风机和输煤管道等，会产生静电，当静电积聚到一定量时会放电产生火花，有可能造成煤粉燃烧和爆炸事故。

（12）胶带机在输送物料时，常常因皮带与带轮之间摩擦生热起火，如输送物料可燃易引起火灾。

（13）使用煤气设备、管道等有隐患，如放散管高度不够、未装阻火器、风机不防爆等，可引起着火后爆炸。

（14）煤气管道、通风管道等没有静电接地，流速过快，易产生静电积聚，静电火花易引起爆炸。

（15）高炉检修时需要把料面下降。降料过程中，炉顶温度越来越高，为了保护炉顶设备，需往炉内打水以降低炉顶温度。打水以后炉内产生大量水蒸气，煤气中氢含量增加，爆炸危险增大，如用水控制不好，易产生爆炸事故。

（16）休风与复风时，安全措施不当，易造成煤气爆炸。

（17）重力除尘器、洗涤塔除尘过程中，如出气速度过快、煤气管等设施防静电措施不当，或煤气未经防散阀泄压引起超压，均可造成爆炸。

6.4.2.2 高炉煤气

高炉有两个煤气系统：一个是热风炉等使用的由外面引入净煤气的系统；另一个是高炉输出荒煤气的系统。高炉煤气作业可分为3类。

Ⅰ类煤气作业：风口平台、渣铁口区域、除尘器卸灰平台及热风炉周围，检查大小钟、溜槽，更换探尺，炉身打眼，炉身外焊接水槽，焊补炉皮，焊、割冷却器，检查冷却水管泄漏，疏通上升管，煤气取样，处理炉顶阀门、炉顶人孔、炉喉人孔、除尘器人孔、料罐、齿轮箱，抽堵煤气管道盲板以及其他带煤气维修作业。

Ⅱ类煤气作业：炉顶清灰、加（注）油，休风后焊补大小钟、更换密封阀胶圈，检修时往炉顶或炉身运送设备及工具，休风时炉喉点火，水封的放水，检修上升管和下降管，检修热风炉炉顶及燃烧器，在斜板上部、出铁场屋顶、炉身平台、除尘器上面和喷煤、碾泥干燥炉周围作业。

Ⅲ类煤气作业：值班室、槽下、卷扬机室、铸铁机及其他有煤气地点的作业。

到煤气区域作业的人员，应配备便携式一氧化碳报警仪。一氧化碳报警装置，应定期校核。高炉煤气作业按煤气作业规定进行。

6.4.2.3 高炉煤气防火、防爆安全防护

高炉煤气的危害性除可能造成人中毒外，由于其可燃性的特点，若操作处理不当或设备缺陷也可能造成火灾、爆炸事故。火灾与爆炸事故从诱发类型来看，有独立的，也有相互依存的。也就是说，可能是先有着火事故的发生，再由着火引发的爆炸事故，也有可能由于煤气爆炸事故，使煤气外泄而引起着火事故。

（1）高炉煤气防火。高炉煤气的着火燃烧有3个条件，即可燃物、助燃物和引火源。要预防和控制煤气着火事故的发生，就要从上述3个方面入手，重点放在控制引火源方面。要加强对煤气区域的管理和煤气设备的管理，控制煤气外泄，杜绝泄漏现象，并严格管理火种。要落实煤气设备带煤气动火危险的作业审批手续，落实安全措施。如煤气管道焊补，有条件的可先用木塞塞入漏气点，然后再进行焊补，若煤气压力过高，焊补到最后无法收口时，可在管道上先焊上一个比泄漏孔稍大的带丝堵的缩节，然后用丝堵堵住。煤气着火后，对火焰不大的初起火情，即用灭火机、黄沙、湿泥等扑灭。煤气管道着火，管道直径小于100mm的可直接关闭阀门，切断煤气来源，以达到熄火的目的。直径大于100mm的煤气管道着火，应先向煤气管道内通蒸汽或氮气，再关闭阀门，以防止煤气回火，衍生其他事故。

（2）高炉煤气防爆。高炉煤气的爆炸条件是煤气与空气或氧气混合，在一定的空间范围内达到可爆炸的浓度，若遇引爆源，即会发生爆炸。设备除故障或操作失误等原因会引起爆炸外，煤气的动火作业也很容易引发爆炸事故。不论是经过置换后常压动火，还是带压动火，控制不当都会发生爆炸事故。要防止煤气爆炸事故的发生，一定要控制煤气与助燃气体的混合。要求煤气设备管道正压操作，保持其严密。对停止运行煤气设备、管道，一般采取保压处理。长期停用的设备，应进行置换。置换后，必须进行取样分析，符合动

火安全要求且在办理动火手续后方可动火，现场要有专人监护。动火完毕及时清理火种，并应有认可手续。带压动火应严格控制煤气压力，一旦发现压力波动较大，应立即通知停止作业。在使用煤气过程中，也应防止煤气爆炸事故的发生，炉窑、烧嘴点火应严格执行先点火后给煤气的原则。炉窑一次点火不成功，应排尽炉膛内残余煤气，然后再接点火操作程序操作。控制煤气爆炸事故的另一重要环节是控制引爆能源，防止无意带入火种，煤气区域内不得堆放易燃物品。煤气区域内不得有明火、高温物品，特别是有泄漏危险的设备，应与明火、高温物品保持有效的安全距离，严禁在煤气区域、场所抽烟，烟囱飞火，汽车、拖拉机、柴油机等排气火星都可能引起可燃气体的燃烧。包括烛火、打火机、火柴和普通白炽灯等。

6.4.3　机械伤害事故及其预防措施

造成机械伤害事故的主要原因是，安全操作规程不健全，管理不完善，操作者违章，保险装置或安全防护装置损坏及失灵，工作场地照明不良，温、湿度不合适，地面有油、水打滑等。

高炉原燃料运输系统一般包括火车运输、汽车运输和带式输送机运输。从地坑受料坑到储矿（焦）槽，需要经过数条带式输送机的转运流程。带式输送机对人体的伤害是炼铁系统安全方面三大主要危害之一，包括被带式输送机绞伤、被卸矿车行走轮压伤等。在现场所有事故中，带式输送机绞伤事故发生较频繁，对人体造成的伤害最大，严重的可导致死亡。带式输送机绞伤事故多数情况下发生在清扫作业、设备维护和设备检修过程中。带式输送机运行过程中进行清扫作业，人体和清扫工具容易与带式输送机转动部位发生接触，从而造成绞伤事故，如用扫帚清理后轮部分下层输送带上的撒料，易将扫帚卷入后轮，继而将人体上肢、头部、胸部等绞入，造成事故。

6.4.3.1　带式输送机岗位主要安全防护设施

（1）事故开关及拉绳。事故开关起切断电源的作用，拉绳被誉为保命绳，一旦发生事故或有事故征兆，拉拉绳后可以强制带式输送机停机，避免事故发生或降低事故伤害程度。事故开关及拉绳一般安装在带式输送机两侧，同侧两个事故开关距离不大于50m。

（2）防护栏杆。防护栏杆用来防止人员与带式输送机转动部位接触，一般安装在带式输送机转动部位两侧，如托辊、增面轮、换向轮等。栏杆高度大于1200mm，立杆间距小于1000mm，横杆间距小于300mm。

（3）防护罩（网）。防护罩（网）主要安装在后轮和联轴器上，使后轮与人体隔绝。其网孔小于200mm×200mm。

（4）仓（坑）箅。仓（坑）箅用来防止人员掉入仓（坑）中，铺设在仓（坑）口，箅子网孔不大于300mm×300mm。

（5）过桥。过桥根据生产和安全需要而设置，一般应每隔30～70m设一座人行过桥。

（6）电铃。带式输送机开启前响铃警示。每条带式输送机现场均应安装电铃，长距离带式输送机应每隔50m安装一个电铃。

（7）照明。现场要有充足的照明，满足人员行走、点检、作业需求。

（8）盖板。凡300mm×300mm以上的孔都应安装盖板，避免人员掉入孔内、孔下或被孔伤到脚部。

(9) 电气防护栏杆（网）。操作室、电气室的配电柜应与人员隔绝，没有柜门的部分要设置电气防护栏杆（网），避免人员进入或误入受到伤害。

(10) 消防器材。操作室、电气室的配电柜比较集中，容易造成火灾，在日常防范的同时，应设置灭火器等消防器材以备用。

(11) 人行通道。带式输送机两旁应设人行通道。人行通道宽度不小于1m，并应保持清洁、通畅、无杂物。

除了上述安全设施外，现场还应设有平台栏杆、吊口栏杆、地脚板、走梯等。另外，带式输送机上应安装堆料器、跑料器、跑偏装置、打滑装置、逆转装置、过载装置、输送带防撕扯装置、连锁装置等，保证带式输送机的正常运行。因原燃料中有粉末，带料过程中现场有浓度不等的粉尘，因此带式输送机岗位还应设置除尘设施。

6.4.3.2 带式输送机岗位的个人安全防护措施

(1) 严格遵守岗位安全规程及作业标准，落实带式输送机安全“三不准”，即不准横跨带式输送机，不准站、坐、踩、靠带式输送机，不准在开车中清扫、加油。严禁在开车中用身体或工具触动转动部位，通过带式输送机必须走过桥。通道内保持清洁、通畅，不准有积水、撒料和杂物，防止滑倒伤人。

(2) 做好日常点检，尤其对各类安全设施和装置进行详细检查，发现问题必须立即处理，保证安全设施和装置能够起到防护作用。

(3) 带式输送机开启前务必进行点检，确保带式输送机周围没有他人作业，与操作室联系确认，响铃警示后才能开车。

(4) 带式输送机运行期间应巡回检查设备及设施的使用情况，发现问题及时处理。尤其是安全设施方面的问题，必须汇报有关人员当即处理。不得因安全设施缺失、不符合要求等因素造成不安全事件。

(5) 开启给料机、卸矿车、斗门等，必须对现场进行详细检查，确认周围没有人或杂物后方可启动。

(6) 开启卸矿车时必须人随车行，严格监控周围情况，必须做好对各类人员的安全监督。

(7) 带式输送机停机后，要立即对带式输送机周围、前后轮，通廊等部位进行清扫，保持清洁，以免造成人员滑倒摔伤等事故。

(8) 手动操作卸矿车时必须人随车行，严禁手扶道轨和运行中上、下车。抱闸必须灵敏有效，严禁用杂物支车轮。

(9) 按照清扫作业制度和标准，在清扫带式输送机架下和运转部位时必须停机。清扫时不得将矿粉随意抛撒造成二次扬尘。

(10) 在更换托辊、挡皮等过程中，注意搬运时动作要协调，避免砸、碰伤；制作挡皮时避免被刀具伤害。

(11) 处理输送带跑偏时应设专人监护，站在外侧进行，禁止用插棍子、往输送带里撒料、垫物等方法处理。

(12) 输送带打滑应查明原因，按技术操作规程进行处理，禁止在电动机转动情况下用手往输送带上打油，撒、垫物料或人拉、足踩输送带。

（13）检修前要对检修人员进行现场危险交底和辨识，检修时加强对现场和人员的监控，确保在安全的环境下作业。

（14）在检修过程中若有确实需要拆除的安全设施，必须在检修完毕后按照原样恢复，安全设施不合格不能进行检修验收。

（15）为防止安全职业卫生事故的发生，在生产作业过程中，必须按照规定严格实行现场除尘和粉尘治理工作，现场粉尘浓度应小于16mg/m^3，确保作业环境达标。

6.4.4 高处坠落事故及其预防措施

（1）凡患有高血压、心脏病、贫血、癫痫病等不得从事高处作业，身体不适或过度疲劳不宜进行高处作业。严禁酒后进行高处作业。

（2）高处作业，工作服必须紧扣。在2m以上作业必须系安全带。安全带必须高挂低用，挂点必须牢固。

（3）高处作业前，必须进行危险辨识、安全交底，制订高处作业安全计划，采取安全措施。对使用的梯子和脚手架等工具设施和个人防护用品仔细检查。梯子底部垫平，禁止两人同在一个梯子上作业。

（4）高处作业部位所用材料要堆放平稳，要有防止坠落措施。工具防止脱手坠落。材料、工具禁止抛掷。检修后把拆除的栏杆和检修口盖等及时恢复。

（5）不得乘吊篮和吊物上下，安全带要单独设置在安全绳上，严禁系在吊篮和吊物上。遇到雷雨或风力超过五级时，不得在露天登高作业。

（6）上下交叉作业人员的位置应错开，不得在同一垂直点上方作业，否则应设置有防穿透能力的隔离层。

6.4.5 起重伤害事故及其预防措施

（1）起重司机和司索工必须经过安全培训，经考试合格，取得操作证。严禁违章作业、违章指挥。严格作业现场管理。

（2）制动器、卷扬限位、行程限位、缓冲器、走轮防护挡板、轨道末端立柱、夹轨钳、安全连锁等安全装置完好。对起重设备及时检查维护，确保设备完好。

（3）吊具安全可靠，钢丝绳和链条达到规定的安全系数。司索规范，避免夹角过大，防止尖锐棱角重物损伤吊具等。链条不应有裂纹、刻痕、剥裂等。

（4）起重电器安全可靠，接地良好，布线规范，起重机滑线不能在驾驶室同一侧。照明、电铃接线与动力线分开。供电滑线有鲜明的色标信号灯。

（5）起重机作业现场照明充足，吊运通道畅通。起吊前检查制动器、吊钩、钢丝绳和安全装置，开车前、起吊前和操作中接近人时铃声报警。吊物平稳，起吊和放物时应慢速。做到“十不吊”。严禁吊物从行人头上经过。工作结束控制手柄归零位，关闭总开关。

6.4.6 高温和辐射伤害事故及其预防措施

（1）高温环境下易发生中暑，特别是在夏天更容易发生。防暑降温措施是：第一，改善作业环境，可采取隔热、通风等措施；第二，加强个人防护，穿戴好劳动保护用品；第三，制定合理的休息制度，调整作息时间，改善休息条件；第四，提供清凉饮料，医务监督，定期体检等。

（2）严格遵守操作规程，加强对辐射源的控制和管理。远离放射源，接近时采用屏蔽和隔离。对操作放射性物质的场所进行封闭和隔离，防止无关人员误入。

7 炼钢安全生产

7.1 炼钢生产基本工艺

炼钢就是将铁水、废钢等原料炼成具有所要求化学成分的钢，并使其具有一定的物理化学性能和力学性能。目前炼钢有转炉炼钢流程和电炉炼钢流程。通常将“高炉—铁水预处理—转炉—炉外精炼—连铸”称为长流程，而将“废钢—电炉—炉外精炼—连铸”称为短流程。目前长流程是我国主要炼钢工艺路线，其主要生产工艺流程如图7－1所示。

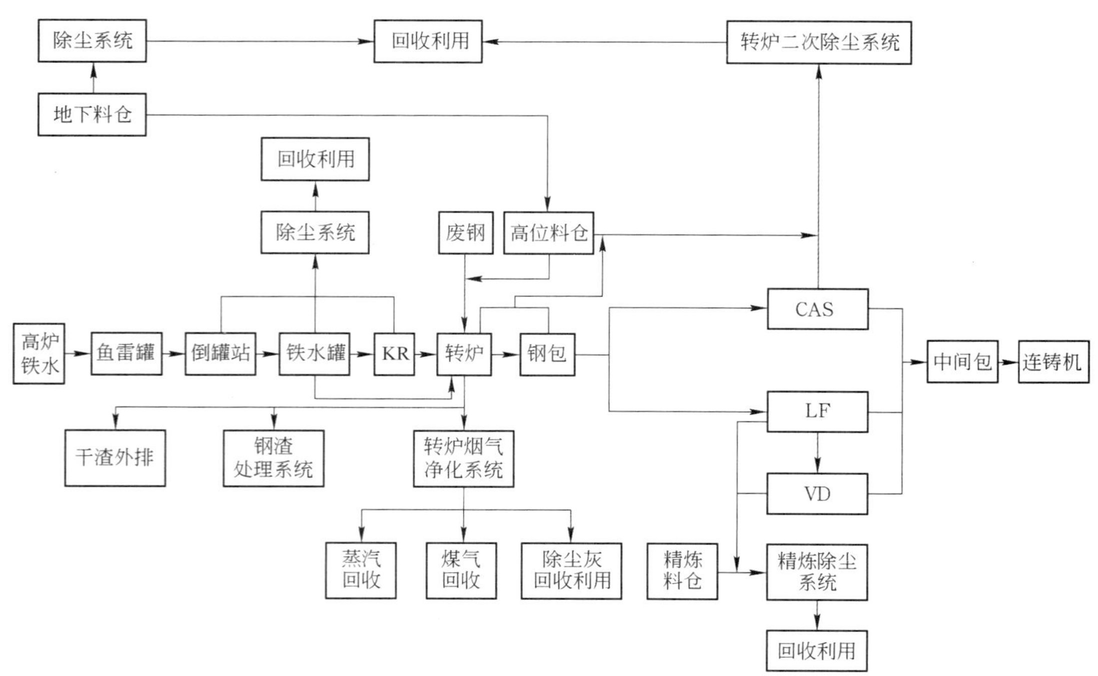

图7－1　转炉炼钢主要生产工艺流程

7.1.1 铁水预处理的工艺及设备

鱼雷罐从高炉将铁水（1350℃左右）运至倒罐站；当转炉需要时，再倒入铁水包。在铁水置换容器过程中，产生的烟尘主要是片状石墨，呈飞灰状，可通过集气罩收集处理。对部分铁水预处理是为了降低铁水中的硫，预处理过程也会产生大量的烟尘，这由除尘系统处理。

7.1.2　炼钢的工艺及设备

7.1.2.1　转炉炼钢的工艺及设备

转炉炼钢是以铁水和废钢为主要原料，向转炉熔池吹入氧气，使杂质元素氧化，提高钢水温度，一般在25～35min内完成一次精炼的快速炼钢法。转炉炼钢由转炉、转炉倾动机构、熔剂供应系统、铁合金加料系统、供氧系统、烟气除尘系统、钢包及钢包台车、渣罐及钢渣台车等部分组成，其主要工艺流程如图7－2所示。

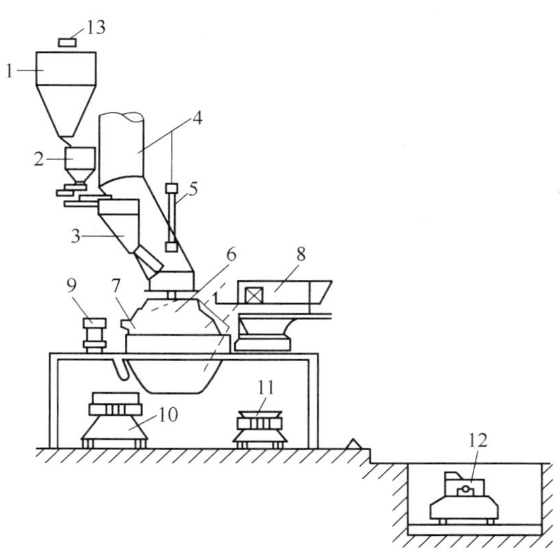

图7－2　氧气顶吹转炉的工艺流程及设备

1—料仓；2—称量料仓；3—批料漏斗；4—烟罩；5—氧枪；6—转炉炉体；7—出钢口；8—废钢斗；9—往钢包加料的运输车；10—钢包；11—渣罐；12—铁水罐；13—运输机

转炉作为反应容器，用于装铁水和废钢。转炉炉体由炉壳、托圈、耳轴轴承座四部分组成。转炉倾动机构的作用是倾转炉体。

熔剂供应系统一般由贮存、运送、称量和向转炉加料等几个环节组成。熔剂通过皮带运输机运送到转炉的高位料仓，称量后加入到转炉。熔剂用于炼钢的造渣、保护炉衬和冷却钢水，其主要有石灰、轻烧白云石和生白云石、萤石、矿石和氧化铁皮等。

铁合金供应系统一般由贮存、运送、称量和向钢包加料等几个环节组成。铁合金通过皮带运输机运送到中位料仓，称量后加入到钢包。铁合金用于钢水的脱氧和合金化。转炉炼钢常用的铁合金有锰铁、硅铁、硅锰铁和铝等。

供氧系统一般是由制氧机、加压机、中间储气罐、输氧管、控制闸阀、测量仪表及喷枪等主要设备组成。供氧系统是炼钢工艺中的关键技术，送氧管道和氧枪是炼钢工艺的关键设备。

烟气除尘系统主要是由烟罩、一级文氏管、90°弯头脱水器、二级文氏管、风机等组成，主要用于烟气净化回收。转炉烟气采用未燃法湿式处理方式。

钢包用于盛装钢水；钢包台车将钢水运送到不同的加工、处理地点。

渣罐用于盛装热炉渣；钢渣台车将热炉渣运送到不同的加工、处理地点。

7.1.2.2　电炉炼钢工艺及设备

传统电弧炉炼钢原料以冷废钢为主，配加10%左右生铁。现代电弧炉炼钢除废钢和冷生铁外，使用的原料还有直接还原铁、铁水、碳化铁等。按电流特性，电弧炉可分为交流和直流电弧炉。交流电弧炉以三相交流电作电源，利用电流通过3根石墨电极与金属材料之间产生电弧的高温来加热、熔化炉料。直流电弧炉是将高压交流电经变压、整流后转变成稳定直流电作电源。电弧炉的阴极采用石墨电极，位于熔池上方，有单根的，也有三根的；阳极安装在炉底，又称炉底电极。

电弧炉炼钢设备包括机械设备和电气设备，其主要工艺流程及设备如图7－3所示。

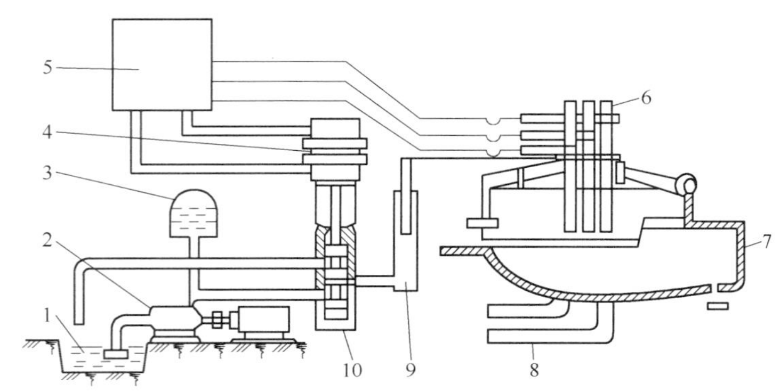

图7－3　电炉炼钢生产的工艺流程及设备

1—储液罐；2—液压水泵；3—压力罐；4—伺服阀线圈；5—电气控制系统；6—电极；7—偏心炉底出钢；8—吹气管；9—电极升降装置；10—伺服阀

电弧炉的炉体由金属构件和耐火材料砌筑成的炉衬两部分组成。金属构件包括炉壳、炉门、出钢机构、炉盖圈和电极密封圈等。目前电炉以偏心底出钢方式为主。为了便于电弧炉出钢和出渣，炉体应能倾动。倾动机构就是用来完成炉子倾动的装置。偏心底出钢电炉要求向出钢方向能倾动12°～15°，以出尽钢水；向炉门方向倾动10°～15°以利出渣。电极升降机构由电极夹持器、横臂、立柱及传动机构组成。其任务是夹紧、放松、升降电极和输入电流。

7.1.3　炉外精炼的工艺及设备

精炼方法一般有LF、VD和RH。LF一般采用在线式双钢包车，VD采用固定式双罐位。此外，与此配套的还有燃气锅炉房，内设VD专用快速燃气锅炉、空压站、烟气净化、供电和供排水设施等，以适应转炉车间快节奏生产的特点。

LF/VD装置用于钢水升温、均匀温度、均匀化学成分、合金微调以及钢水脱硫、脱气等操作，这样为扩大品种、提高质量、调节转炉与连铸机之间时间上的配合创造了有利的条件。此外，当连铸机发生临时故障时，可将钢水回炉至LF中进行保温加热，待连铸机故障排除后可恢复生产，保证了钢坯连铸的安全生产。

（1）LF操作简介。转炉出钢后，钢包由吊车运至精炼跨LF待机工位的钢包车上，然后驶向 LF 炉的处理工位。连接氩气软管调节氩气流量和压力对钢水加热，钢水升温速度最高可达 5℃/min，按试样分析结果由计算机计算相关铁合金数量，经微机控制投料系统将合金加入钢水中，完成微调化学成分的工作。由热模型计算确定供电能量和时间，再进行 1 ~2 次测温取样。当钢水成分和温度达到预置的结果时则断电，提升电极，提升炉盖测温取样，并向钢包中喂入铝丝或硅钙丝。钢包车由 LF 处理工位开出平台外，由吊车将钢包吊到连铸大包回转台或 VD 工位。

（2） VD 操作简介。快速蒸汽锅炉为抽真空提供的蒸汽预先准备完毕。经 LF 处理完毕的钢水由吊车将钢包坐入真空罐中，接上氩气管进行吹氩搅拌。真空罐盖车驶于 VD 工位并将下罐盖压紧真空密封圈开始抽真空，并逐级提高真空度。根据上一工序 LF 分析报告，计算机计算确定加入微调合金的种类和数量以保证达到预期的目标值。

钢水在 VD 中处理完毕，在打开真空罐之前，需向真空室充气。为防止真空室内 CO 遇到空气发生爆炸，首先向真空室内充 0.5min 的氮气，然后再自动打开空气阀门，使之真空罐内压力与大气平衡。此时可安全提升罐盖和移动罐车并在大气下进行测温、取样、喂丝和吹氩搅拌等作业，VD 处理完毕，由吊车将钢水吊至连铸大包回转台上。

7.1.4 浇注的工艺及设备

在炼钢炉或精炼炉中冶炼的钢水，当其温度合适、化学成分调整合适以后即可出钢。钢水经过钢水包注入钢锭模或连续铸钢机内，即得到钢锭或连铸坯。

浇注分为模铸和连铸两种方式。模铸又分为上注法和下注法两种。上注法是将钢水从钢水包通过铸模的上口直接注入模内形成钢锭。下注法是将钢水包中的钢水浇入中注管、流钢砖，钢水从钢锭模的下口进入模内。钢水在模内凝固即得到钢锭。钢锭经过脱保温帽送入轧钢厂的均热炉内加热，然后运回炼钢厂进行整模工作。

连铸是将钢水从钢水包浇入中间包，然后再浇入结晶器中。钢液在结晶器内形成一定坯壳后由拉坯机按一定速度拉出结晶器，经过二次冷却装置强迫冷却，待全部凝固完毕或在仍带有液芯的状态下，铸坯被矫直，随后被切割成定尺长度的连铸坯，最后送往轧钢车间。由于连铸具有众多的优势，现已被各大钢厂普遍采用，成为浇注的主要方式。其工艺如下：

（1） 钢水准备。转炉出钢后，经过 LF/VD 精炼处理后的钢水包，用吊车吊上钢包回转台。钢包由回转台转到中间包上方，打开钢包滑动水口，钢水流入中间包，当中间包内钢水深度达到浇注要求高度后即可开始浇注。

（2） 连铸机浇注前的准备。

1） 修砌后并在干燥完毕的中间包用浇注跨的吊车运到浇注平台上的中间包车上，再用平台上的烘烤站将中间包烘烤到 1100℃左右，同时中间包的水口也用水口烘烤装置烘烤到 1100℃左右。

2） 浇注平台上的引锭杆小车开到结晶器处，将引锭杆送入结晶器并向浇注方向运行直到引锭头在结晶器内合适位置为止。用石棉绳将引锭头在结晶器内塞紧，并填好冷却用废钢屑。

3） 接通结晶器冷却水、二冷水、压缩空气、设备冷却水、液压、润滑系统，使其处于正常状态。

4）火焰切割机用焦炉煤气、氧气等能源介质系统处于正常状态。

5）各操作台、控制箱显示电气系统正常。

（3）浇注操作。

1）经由钢包进入中间包内的钢水，当其液面高度达到规定高度时，打开塞棒，此时钢水通过浸入式水口注入结晶器。

2）当钢液在结晶器内上升到规定位置时，启动操作箱上的“浇注”按钮，扇形段驱动按预定的起步速度开始拉坯。与此同时，结晶器振动装置、二冷喷淋水、二冷排蒸汽风机自动开始工作。

3）当结晶器已凝固成坯壳的铸坯，由引锭杆引离结晶器下口经足辊弯曲段、弧形段往下移动，此时被压缩空气雾化的冷却水直接喷到铸坯上进行冷却。

4）弧形的铸坯进入矫直段被矫直，然后进入水平段。

5）铸坯出水平段后与引锭杆脱离，引锭杆由引锭杆卷扬装置将其送到浇注平台上的引锭杆小车上。

6）与引锭杆分离后的连铸坯按拉坯速度进入一次火焰切割机，火焰切割机300mm左右长度的切头，掉入下部的切头收集箱内。以后的铸坯按要求的定尺或倍尺长度切割。

7）切割成倍尺的铸坯经由运输辊道送到二次火焰切割机，在此切割成定尺长度。

8）切割成定尺长度的铸坯通过去毛刺机将铸坯切口处的毛刺去掉。

9）铸坯如果直接热送，则直接经由打印辊道、推钢机辊道进入热送辊道送往轧钢车间。若不直接热送的铸坯则送往打印辊道进行打印。完成打印后依次将三块铸坯送到推钢机辊道，然后由推钢机将其推至垛板台上。

（4）出坯及堆存。

1）直接热送的铸坯经由热送辊道送往轧钢车间。

2）需精整处理和堆存的铸坯由铸机跨的吊车用吊具将其吊至电动平车上，运往出坯跨进行修磨精整。当轧钢车间需要时，再由电动平车送回至铸机跨，通过卸垛台将铸坯送回热送辊道转运到轧钢车间。

7.2 主要危险有害因素及事故类别和原因

7.2.1 炼钢生产主要危险有害因素

炼钢工序环节多，高温作业线长，设备和作业种类多，工艺环节之间环环相扣紧密，作业过程依赖行车、过跨车等机械设备做物料转运，起重作业和运输作业频繁。这些特点都给炼钢人员带来一系列潜在的职业危害。

（1）高温。炼钢生产是钢铁工厂中高温热辐射危害最为严重的系统。根据企业提供的高温作业检测结果，某炼钢厂高温岗位职工共计192人，占职工总人数的21.1%，炉前、浇铸区、上料和除尘4个高温岗位全部为Ⅱ级，室内温度在30～31℃之间。高温环境会造成人员中暑、头昏、心慌、恶心等生理现象，引起注意力下降，精神不集中，从而诱发事故的发生。

（2）噪声。炼钢厂生产噪声污染较严重，噪声主要来源于炉料输送、蒸汽喷射泵、蒸汽放散等。根据企业提供的高温作业时对噪声的检测结果，产生噪声较大的岗位为风机室，风机室噪声最大为87.1dB。噪声作用于人体能引起听觉功能敏感度下降甚至造成耳聋，或引起神经衰弱、心血管病及消化系统等疾病的高发。另外，噪声干扰影响信息交流，使人员误操作发生率上升，诱导事故的发生。

（3）粉尘。炼钢厂粉尘危害大，接触粉尘工人占职工总数的39%～43%。主要尘源是吹氧烟尘，其次是出钢、出渣、连铸和倾倒铁水作业，修炉、拆炉和修罐作业，以及普遍使用压缩空气吹扫积尘所引起的二次扬尘。炼钢厂粉尘是含大量氧化铁粉和约20%游离二氧化硅、粒度绝大部分小于10μm的混合粉尘。根据企业提供的高温作业时对粉尘的检测结果，粉尘浓度最高处为炼钢车间废钢区，粉尘含量为8.0mg/m^3。粉尘环境会造成硅肺（旧称矽肺，属混合尘肺）。据某钢厂649例炼钢工人胸部X射线摄片检查，硅肺检出率为0.3%，可疑硅肺5.6%，出现网影（硅肺早期X射线表现）12.6%。其中主要是修炉修罐工、炉前工、原料工和吊车工。

（4）电离辐射。液位控制往往采用钴（^{60}Co）检测，如果操作不当、安装不良，会造成电离辐射伤害。放射源发射出来的射线具有一定的能量，它可以破坏细胞组织，从而对人体造成伤害。当人受到大量射线照射时，可能会引起外照射放射病，产生诸如头痛乏力、食欲减退、恶心、呕吐等症状，严重时会导致组织细胞破坏及血液循环系统方面的病变，甚至可能导致死亡。特别是机器发生故障、自动控制失灵、作业人员必须用手制动安全轮使辐射源复位、操作室防护屏蔽厚度不够或有裂缝、作业人员违反安全操作规定未能有效利用防护设备，在这些情况下极易使作业人员患放射病。

（5）工业毒物。炼钢厂能够造成中毒的气体有一氧化碳和氧气。一氧化碳在血中与血红蛋白结合而造成组织缺氧。轻度中毒者出现头痛、头晕、耳鸣、心悸、恶心、呕吐、无力，血液碳氧血红蛋白浓度可高于10%；中度中毒者除上述症状外，还有皮肤黏膜呈樱红色、脉快、烦躁、步态不稳、浅至中度昏迷等症状，血液碳氧血红蛋白浓度可高于30%；重度患者深度昏迷、瞳孔缩小、肌张力增强、频繁抽搐、大小便失禁、休克、肺水肿、严重心肌损害等，血液碳氧血红蛋白可高于50%。部分患者昏迷苏醒后，约经2～60天的症状缓解期后，又可能出现迟发性脑病，以意识精神障碍、锥体系或锥体外系损害为主。常压下，当氧的浓度（体积分数）超过40%时，有可能发生氧中毒。吸入40%～60%的氧时，出现胸骨后不适感、轻咳，进而胸闷、胸骨后烧灼感和呼吸困难，咳嗽加剧；严重时可发生肺水肿，甚至出现呼吸窘迫综合征。吸入氧浓度在80%以上时，出现面部肌肉抽动、面色苍白、眩晕、心动过速、虚脱，继而全身强直性抽搐、昏迷、呼吸衰竭而死亡。长期处于氧分压为60～100kPa（相当于吸入氧浓度40%左右）的条件下可发生眼损害，严重者可失明。

7.2.2 炼钢生产主要事故类别和原因

炼钢生产的主要事故类别有：氧气回火、钢水和熔渣喷溅等引起的灼烫和爆炸，起重伤害，车辆伤害，机具伤害，物体打击，高处坠物以及触电和煤气中毒事故。

导致炼钢生产事故发生的主要原因有人为原因、管理原因和物质（环境）原因三个方面。

（1）人为原因主要是违章作业、误操作和身体疲劳。

（2）管理原因主要是劳动组织不合理，工人不懂或不熟悉操作技术；现场缺乏检查指导，安全规程不健全；技术和设计上的缺陷。

（3）物质（环境）原因主要是设施（设备）工具缺陷；个体防护用品缺乏或有缺陷；防护保险装置有缺陷和作业环境条件差。

7.3 炼钢安全生产技术

7.3.1 熔融物遇水的爆炸及防护技术

钢水、铁水、钢渣以及炼钢炉炉底的熔渣都是高温熔融物，与水接触就会发生爆炸。当1kg水完全变成蒸汽后，其体积要增大约1500倍，破坏力极大。

炼钢厂熔融物遇水爆炸的情况有：转炉氧枪，转炉的烟罩，连铸机结晶器的高、中压冷却水大漏，穿透熔融物而爆炸；炼钢炉、精炼炉、连铸结晶器的水冷件因为回水堵塞，造成继续受热而引起爆炸；炼钢炉、钢水包、铁水罐、中间包、渣罐漏钢、漏渣及倾翻时发生爆炸；往潮湿的钢水包、铁水罐、中间包、渣罐中盛装钢水、铁水、液渣时发生爆炸；向有潮湿废物及积水的罐坑、渣坑中放热罐、放渣、翻渣时引起爆炸；向炼钢炉内加入潮湿料时引起爆炸；铸钢系统漏钢与潮湿地面接触发生爆炸。

防止熔融物遇水爆炸的安全防护是：对冷却水系统要保证安全供水，水质要净化，不得泄漏；物料、容器、作业场所必须干燥。

7.3.2 炉内化学反应引起的喷溅与爆炸及防护技术

炼钢炉、钢包、钢锭模内的钢水因化学反应引起的喷溅与爆炸危害极大。处理这类喷溅与爆炸事故时，有可能出现新的伤害。一旦发生喷溅，切忌惊慌失措，应立即判断喷溅原因和种类，及时调整枪位等操作，以求减轻程度。

造成喷溅与爆炸的原因有：冷料加热不好；精炼期的操作温度过低或过高；炉膛压力大或瞬时性烟道吸力低；碳化钙水解；钢液过氧化增碳；留渣操作引起大喷溅。

其安全防护技术是：

（1）低温喷溅。低温喷溅一般在前期发生。由于前期温度较低，熔池反应还不是很激烈，可以及时降低枪位以强化碳氧反应，减少渣积累并迅速提温，同时延时加入渣料或采取其他的提温措施来消除喷溅。

（2）高温喷溅。发生高温喷溅时可适当提枪，一方面降低碳的氧化反应速度和熔池升温速度；另一方面借助于氧气流的冲击作用吹开泡沫渣，促使CO气体排出。当炉温很高时，可以在提枪的同时适量加入一些白云石或石灰等冷却熔池，稠化炉渣，这也有利于抑制喷溅。

（3）金属喷溅。发生金属喷溅时可适当提枪以提高FeO含量，有助于化渣，并加入适量萤石助熔，使炉渣迅速熔化并覆盖于钢水面之上。值得注意的是，如果喷溅原因不明，绝不能盲目行动，只能任其喷溅结束。如盲目处理，可能会增强喷溅，反而造成更大的损失。

(4) 兑铁喷溅。对于兑铁水发生大喷溅的预护，关键是严格遵守操作规程：兑铁水前必须倒尽炉内的残余钢渣；对于采用留渣操作工艺的转炉，进炉前必须严格按规程做好各项操作，如降低炉渣温度（加石灰）、降低炉渣氧化性（加还原剂）等，方可兑铁水。

控制好熔池温度，前期温度不过低，中期温度不过高，禁止突然冷却熔池，保证熔池均匀升温、碳氧反应均衡进行，消除突发性的碳氧反应；通过枪位及氧流量的调节控制好渣中的FeO含量，不使FeO过分积累升高，以免造成炉渣过分发泡或引起爆发性碳氧反应而形成喷溅，中期要防止FeO过低，以免引起炉渣返干而造成金属喷溅；第二批渣料的加入时间要适宜，且应少量多批加入，以免炉温突然明显下降，这样可抑制碳氧反应，从而消除突发性碳氧反应的可能。

7.3.3　氧枪系统安全技术

转炉通过氧枪向熔池供氧来强化冶炼。氧枪系统是钢厂用氧的安全重点。

7.3.3.1　弯头或变径管燃爆事故的预防

氧枪上部的氧管弯道或变径管由于流速大，局部阻力损失大，如管内有渣或脱脂不干净时，容易诱发高纯、高压、高速氧气燃爆。应通过改善设计、避免急弯、减慢流速、定期吹管、清扫过滤器、完善脱脂等手段来避免事故的发生。

7.3.3.2　回头燃爆事故的防治

低压用氧导致氧管负压、氧枪喷孔堵塞，都易由高温熔池产生的燃气倒罐回火，发生燃爆事故。因此，应严密监视氧压。多个炉子用氧时，不要抢着用氧，以免造成管道着火。

7.3.3.3　气阻爆炸事故的预防

因操作失误造成氧枪回水不通，氧枪积水在熔池高温中汽化，阻止高压水进入。当氧枪内的蒸汽压力高于枪壁强度极限时便发生爆炸。冶炼时随时观察氧枪进出水的流量、温度等参数是否正常，若出现异常应立即停止吹氧，将氧枪提出并更换备用枪。

7.3.3.4　氧枪漏水安全防护

(1) 氧枪严重漏水的安全防护。在吹炼过程中如发现水从炉口溢出，说明氧枪严重漏水，应立即进行如下操作：立即提枪，自动关闭氧气快速阀，切断供氧；迅速关闭氧枪冷却用高压水；关键一点，此时绝对不准倾动转炉炉体，以避免引发剧烈爆炸，必须待炉内积水全部蒸发，炉口不冒蒸汽，在确保炉内无水时方可倾动炉体，观察炉内情况；尽快换枪，然后用新枪重新吹炼，避免造成冻炉事故，如温度偏低可加入适量焦炭帮助升温；同时应仔细检查换下的氧枪，找出漏水原因，并制订预防措施。

(2) 氧枪一般漏水的安全防护。绝大多数情况下，氧枪的漏水是不会造成炉口溢水的。一般的氧枪漏水，当氧枪提出炉口时，可以从氧枪的头上看到滴水或水像细线般地流下。发现氧枪漏水时，应按操作规程要求，进行换枪操作。

7.3.3.5 氧枪点不着火安全防护

A 氧枪点不着火的概念

转炉进炉后炉子摇正，降枪至吹炼枪位进行供氧，炉内即开始发生氧化反应并产生大量的棕红色火焰，称之为氧枪点火。如果降枪吹氧后，由于某种原因炉内没有进行大量氧化反应，也没有大量棕红色火焰产生，则称之为氧枪点不着火。氧枪点不着火将不能进行正常吹炼。

B 氧枪点不着火的原因

炉料配比中刨花以及压块等轻薄废钢太多，加入后在炉内堆积过高，致使氧流冲不到液面，造成氧枪点不着火。操作不当，在开吹前已经加入了过多的石灰、白云石等熔剂，大量的熔剂在熔池液面上造成结块，氧气流冲不开结块层，也可能使氧枪点不着火；或吹炼过程中发生返干造成炉渣结成大团，当大团浮动到熔池中心位置时造成熄火。发生某种事故后熔池表层冻结，造成氧枪点不着火。另外，如补炉料在进炉后大片塌落，或者溅渣护炉后有黏稠炉渣浮起，存在于熔池表面，均可能使氧枪点不着火。

C 氧枪点不着火的预防处理措施

（1）进炉后正式冶炼时，必须遵守操作规程，先降枪吹氧，再加第一批渣料，这样就不会发生氧枪点不着火的情况。

（2）如果因冷料层过厚、结块等原因使氧枪点不着火，一般可以用下列方法来处理：摇动炉子，使炉料做相对运动，打散冷料结块，同时让液体冲开冷料层并部分残留在冷料表面，促使氧枪点火；稍微增加氧气压力，使枪位上下多次移动，使氧流冲开结块与液面接触，促成点火；此法仅适于薄层冻结；补加部分铁水点火吹炼。

（3）选择废钢轻、中、重比例搭配合适，勿使轻、中比例过大，造成废钢漂浮，无法点火。向冻炉内兑铁水勿过量，以免吹炼造成喷溅。

7.3.3.6 氧枪粘钢安全防护

冶炼过程中，熔池由于氧流的冲击和激烈的碳氧反应而引起强烈的沸腾，飞溅起来的金属夹着炉渣粘在氧枪上，这就是氧枪粘钢。严重的氧枪粘钢会在氧枪下部、喷头上形成一个巨大的纺锤形结瘤。

A 氧枪粘钢的主要原因

氧枪粘钢的主要原因是由于吹炼过程中炉渣化得不好或枪位过低等，炉渣发生返干现象，金属喷溅严重并黏结在氧枪上。另外，喷嘴结构不合理、工作氧压高等对氧枪粘钢也有一定的影响。

（1）吹炼过程中炉渣没有化好化透，炉渣流动性差。化渣原则是初渣早化，过程化透，终渣做粘，出钢挂渣。但在生产实际中，由于操作人员没有精心操作或者操作不熟练、操作经验不足，往往会使冶炼前期炉渣化的太迟，或者过程炉渣未化透，甚至在冶炼中期发生炉渣严重返干现象，这时继续吹炼会造成严重的金属喷溅，使氧枪产生粘钢。

（2）由于种种原因使氧枪喷头至熔池液面的距离不合适，即所谓枪位不准，且主要是距离太近。造成距离太近的主要原因有以下几点：

1）转炉入炉铁水和废钢装入量不准，而且是严重超量，而摇炉工未察觉，还是按常规枪位操作。

2）由于转炉炉衬的补炉产生过补现象，炉膛体积缩小，造成熔池液面上升，而摇炉工没有意识到，未及时调整枪位。

3）由于溅渣护炉操作不当造成转炉炉底上涨，从而使熔池液面上升。

B 以粘渣为主的氧枪粘钢安全防护

对于一些以粘渣为主的氧枪粘钢，特别是溅渣护炉后，看似有粘钢，实质主要是粘渣，可用头上焊有撞块的长钢管，从活动烟罩和炉口之间的间隙处，对着氧枪粘钢处用人工进行撞击，以渣为主的粘钢块被击碎跌落，氧枪可恢复正常工作。

C 以粘钢为主的氧枪粘钢安全防护

对于金属喷溅引起的氧枪粘钢，粘钢物是钢渣夹层混合所致，用撞击的办法无法清除，用火焰割炬也不易清除，一般是用氧气管吹氧清除。清除方法：操作者准备好氧气管，氧枪先在炉内吹炼，然后提枪，让纺锤形粘钢的上端处于炉口及烟罩的空隙间，由于刚提枪时粘钢还处于红热状态，用氧气管供氧点燃粘钢，然后不断地用氧气流冲刷，使粘钢熔化而清除，同时慢慢提枪，最后将粘钢清除。

D 粘钢严重并已烧枪的安全防护

对于粘钢严重且枪龄又较高，或氧枪喷头已损坏，清除掉氧枪粘钢后，氧枪也不能再使用的情况，为了减少氧枪的热停工时间，可用割枪方法将氧枪粘钢割除，然后换枪继续冶炼。但是割枪操作是一项十分危险的工作，必须严格执行操作规程。割枪时必须做到以下几点：

（1）必须将炉内的钢渣全部倒清，才能将割断的枪掉入炉内。

（2）割枪前必须将氧枪进出水阀门关闭，当炉内有钢渣时，割断的氧枪端部带着粘钢以自由落体的速度冲击熔池时，往往容易产生爆炸事故。该爆炸的威力会使整个汽化冷却烟道产生移位和损坏，同时会造成人身伤害事故。因此，一般割枪操作必须先将氧枪粘钢清除使枪能提出转炉炉口，使转炉能倾动，以便倒去炉内钢渣后，才能割枪。

（3）也可将炉口摇出烟罩，使割下的部位落在炉裙上再滑落到炉坑（或渣包）中。

发现氧枪粘钢，个别炼钢厂造高温稀薄渣进行涮枪操作，即利用炉内的高温将枪上的粘钢化掉，但是这对炉衬、对钢的质量有较大的影响，一般钢厂的操作规程内是明确规定不准进行涮枪操作，这种方法是属于违规作业，应予以制止。

E 注意事项

以粘渣为主的氧枪粘钢，主要是振动、敲击氧枪，使渣脱落，勿采用火焰处理。以粘钢为主的氧枪粘钢，采用火焰处理，勿烧坏氧枪，所以要边烧边观察，氧压不要过大，火焰不要过长。清除过程特别要注意，供氧的氧气管气流不能对着氧枪枪身，也不能留在一点上吹氧；点燃的氧气管不能接触氧枪枪身，以免将氧枪冷却水管的管壁烧穿而漏水。

7.3.4 废钢与拆炉爆破安全技术

炼钢原料中的废钢大件入炉前要经过爆破或切割使其符合尺寸要求。进行这些爆破作业时，如果操作失当引起事故，其危害也是相当严重的。爆破可能出现的危害有：爆炸地震波、爆炸冲击波、碎片和飞块、噪声。其安全防护技术是：

（1）重型废钢爆破必须在地下爆破坑内进行，爆破坑强度要大，并有泄气孔，泄气孔周围要设立柱挡墙。

（2）采用拆炉机拆炉，若确需拆炉爆破，则应限制其药量，控制爆破能量。

7.3.5 烫伤防护技术

铁、钢、渣的温度达1250～1670℃时，热辐射很强，又易于喷溅，加上设备及环境温度高，起重吊运、倾倒作业频繁，作业人员极易发生烫伤事故。

烫伤的安全防护技术是：定期检查或检修炼钢炉、混铁炉、化铁炉、混铁车及钢水包、铁水罐、中间包、渣罐及其吊运设备、运输线路和车辆，并加强维护，避免穿孔、渗漏、起重机断绳、罐体断耳和倾翻；过热蒸汽管线、氧气管线等必须包扎保温，不允许裸露；法兰、阀门应定期检修，防止泄漏；制定完善安全技术操作规程，严格对作业人员进行安全技术培训，防止误操作；搞好个人防护，上岗必须穿戴工作服、工作鞋、防护手套、安全帽、防护眼镜和防护罩；尽可能提高技术装备水平，减少人员烫伤的机会。

7.3.6 炼钢厂起重运输作业安全技术

炼钢过程中所需要的原材料、半成品、成品都需要起重设备和机车进行运输。运输过程中有很多危险因素，如起吊物坠落伤人、起吊物相互碰撞、铁水罐和钢包倾翻伤人、车辆撞人。因此，其安全防护措施是：

（1）厂房设计时考虑足够的空间；

（2）更新设备，加强维护；

（3）提高工人的操作水平；

（4）严格遵守安全生产规程。

7.3.7 炼钢厂房的安全要求

应考虑炼钢厂房的结构能够承受高温辐射；具有足够的强度和刚度，能承受钢水包、铁水包、钢锭和钢坯等载荷和碰撞而不会变形；有宽敞的作业环境，通风采光良好，有利于散热和排放烟气，要充分考虑人员作业时的安全要求。

7.4 炼钢主要安全事故及其预防措施

7.4.1 铁水预处理常见事故及安全防护

铁水经预处理后进入转炉，即开始炼钢过程，同时还要加入部分废钢。在铁水进入转炉及废钢入炉时都要按规程进行，否则会引起钢水喷溅事故。如废钢中混有易爆物，还会产生爆炸事故。KR法铁水预脱硫工艺中会产生大量烟尘，要做好烟尘处理，在处理站设置烟尘罩，做好除尘工作。

脱硫剂可以使用镁粉，但镁粉系易燃物品，因此，镁粉的储存要注意安全，要防潮、通风、保持干燥、注意不能有明火和远离火源，输送介质要用惰性气体（氮或氩）。为节省费用、降低生产成本，用氮作为输送介质即可。如对镁粉的储存、运输不按规定操作将引起火灾或爆炸，造成人员伤亡和影响生产。

7.4.2 转炉常见事故及安全防护

7.4.2.1 转炉炉前与炉下区域

转炉是整个炼钢厂的中心环节，作业频率高，人员集中。冶炼时产生的喷溅、转炉煤气管泄漏、高温辐射、行车运行等存在一定的危险性。

A 常见事故

(1) 兑铁水时铁水包倾翻过快，引起炉内剧烈氧化，导致铁水喷溅伤人。兑铁水时炉前有人通行或行车指挥人员站位不当，被喷溅的铁水烫伤。

(2) 入炉废钢中混有密闭容器或潮湿废钢，在兑铁水时引起炉内爆炸。吹炼时由于操作不当引起转炉大喷或炉体漏钢。

(3) 废钢桶起吊前未清理桶口悬挂的废钢，致使废钢掉落伤人。倒渣出钢过程中炉下渣道或渣有积水或潮湿引起放炮。

(4) 炉下渣车和钢包车运行时，撞伤过往行人。

(5) 转炉进料、冶炼或检修时，炉下有人作业。

(6) 烟道内积渣、冷钢，在炉体检修时掉落伤人。

(7) 烟道或氧枪大量漏水进入炉内，盲目摇炉引起爆炸。

B 安全防护

(1) 兑铁水冶炼时禁止穿越炉前区域，行车指挥人员站在炉前120°扇形面处。

(2) 检查入炉废钢质量，严禁密闭容器进炉。

(3) 兑铁水时控制好行车副钩上升速度，防止铁水包倾翻过快。

(4) 冶炼时按照工艺操作规程，控制辅料加入量、加入时间和氧枪高度。

(5) 加强炉下区域日常检查，发现渣道、罐内潮湿或有积水，及时处理。

(6) 炉下渣车和钢包车设置声光报警装置，过往行人需要注意安全。

(7) 转炉进料和冶炼时，炉下严禁有人作业。

(8) 检修炉体前必须清理烟道内积渣，必要时用盲板封堵烟道口。

(9) 遇到炉内有积水时，必须停止冶炼，待积水蒸发、炉内钢渣变红后再动炉。

(10) 发生转炉穿炉漏钢时，停止吹炼，从漏点反方向摇炉出钢后再补炉。

(11) 转炉前后应设活动挡火门，以保护操作人员安全。

7.4.2.2 转炉高层平台常见事故及安全防护

转炉高层平台正常生产时人员少，上下频率低，但危险性大，主要原因是在平台上集中了一次除尘系统、原辅料下料系统、转动皮带、汽化冷却、能源介质管道等系统，容易发生煤气中毒、火灾爆炸、机械伤害、灼烫、窒息等事故。

A 常见事故

(1) 汽化烟道各段本体连接处及其附属设施密封异常，重力除尘器水封箱及污水溢流槽水位低，水封高度不够，都可能导致煤气泄漏。

（2）煤气管道及其附属设施动火作业未落实有效防护措施，电焊机接在煤气管道或支架上，引起火灾爆炸。

（3）人员随意出入，明火带入该区域，导致煤气爆炸或火灾事故。

（4）进入该区域进行高空作业、料仓检修未采取有效安全防护措施，导致高处坠落事故。

（5）进入皮带输送区域未走安全通道及安全过桥，造成机械伤害。

（6）平台孔洞不盖板或护栏缺损，导致高空坠物或人员坠落事故。

（7）各平台固定式煤气报警设施失效或监测不准，导致煤气中毒。

（8）入煤气管道或密闭容器内作业前，未进行气体分析检测，导致煤气中毒或窒息。

（9）接触蒸汽管道、蒸汽包导致烫伤事故。

B　安全防护

（1）加强管道、阀门的检查和保养，每班进行巡检，及时处理泄漏与腐蚀问题。

（2）每班进行巡检，保证水封箱水位合适、稳定。

（3）固定式煤气报警器专业点检、每周点检，发现异常及时报修，每年标定。

（4）动火必须按规定办理动火证，并严格采取有效防范措施。

（5）进入管道前必须按规定办理危险作业审批手续，并采取有效防范措施。

（6）对该区域进行管制，进入人员必须进行登记，并携带煤气报警器及两人以上前往，严禁携带明火。进入该区域必须走安全通道及安全过桥，禁止穿越皮带机。皮带机运行前必须打铃。

（7）加强对现场隐患的排查整改工作，发现孔洞或护栏缺损现象，及时整改并采取临时防护措施。

（8）烟道上的氧枪孔与加料口，应设可靠的氮封。转炉炉子跨炉口以上的各层平台，宜设煤气检测与报警装置。

（9）上高层平台，人员不应长时间停留，以防煤气中毒；确需长时间停留，应与有关方面协调，并采取可靠的安全措施。

7.4.2.3　转炉本体

A　转炉塌炉

a　转炉塌炉的概念

转炉在新开炉的最初几炉冶炼过程中，炉衬表面发生较大的熔损，或者较大量的炉衬砖因崩裂而脱离炉体，或整块炉衬砖脱离炉体，包括炉底的耐火砖脱离炉体而上浮的现象称为塌炉；老炉子经过补炉后，因补炉料未烧结好在补炉后的一、二炉内即发生较大量的炉衬从表面剥落下来的现象也称为塌炉。即转炉塌炉分为新砌炉塌炉和补炉料塌炉。

b　转炉塌炉的原因

（1）补炉前炉内残渣未倒净。这是造成转炉塌炉的一个重要原因。炉渣未倒净，损坏炉衬的表面附有一层熔融状的炉渣，补炉时补上去的补炉砂不能直接与炉衬表面粘在一起或黏结不牢固，冶炼时就容易塌落下来。

（2）补炉砂过多，烧结时间不足，且原始炉衬表面光滑。这也是造成转炉塌炉的另一个重要原因。补炉砂过多（即补炉层过厚）或烘烤时间不足，都会使补炉料中的碳素未能充分形成骨架，补炉料与炉衬本体还未完全固结为一体，在冶炼过程中，补炉衬脱离炉体而剥落下来，造成塌炉；补炉前，被补炉衬的表面过分光滑，且补炉料层过厚，两者不易牢固烧结，也容易造成塌炉。所以补炉时一定要执行“均匀薄补、烧结牢固”的补炉原则。

（3）炉衬砖及补炉料的质量问题。转炉的炉衬从焦油沥青白云石砖发展到镁炭砖后，新开炉的塌炉事故就明显减少了。但镁炭砖也存在高温剥落问题，严重剥落就会引起塌炉，这种严重剥落现象往往是砖的质量问题所致。目前有些转炉厂仍采用沥青白云石作为补炉料。白云石中含有的 CaO，遇到空气中的水会形成 $Ca(OH)_2$。该补炉衬在高温下，$Ca(OH)_2$ 重新分解成 H_2O 和 CaO，这样就很容易引起补炉料疏松，从而造成塌炉。

c 塌炉事故的危险

塌炉事故给安全带来很大的威胁，特别是当转炉倒炉时，塌炉下来的耐火材料冲击钢水，会将钢水从炉口泼出；同时塌下来的补炉料与炉渣混合，发生猛烈的 C－O 反应，产生巨大灼热的气浪冲出炉口，从而造成人员伤害事故，尤其是补炉后的第一炉、第二炉更是需要操作人员保持高度警觉及避让。

d 转炉塌炉的征兆及安全防护

（1）塌炉的征兆。倒炉时，炉内补炉砂及贴砖处有黑烟冒出，说明该处可能塌炉，或者熔池液面有不正常的翻动，翻动处可能会塌炉。

补炉后在铁水进炉时有大量的浓厚黑烟从炉口冲出，说明已发生塌炉。即使在进炉时没有发生塌炉，但由于补炉料的烧结不良，也有可能在冶炼过程中发生塌炉。所以在冶炼中仍应仔细地观察火焰，以掌握炉内是否发生塌炉事故。

新开炉冶炼时，如果发现炉气特“冲”并冒浓烟，意味着已经发生塌炉，操作更要特别小心。

（2）塌炉的安全防护。

1）补炉前一炉出钢后要将残渣倒干净，采用大炉口倒渣，且炉子倾倒 180°。

2）每次补炉用的补炉砂数量不应过多，特别是开始补炉的第一、二次，一定要执行“均匀薄补”的原则。这样一方面可以使第一、二炉补上去的少量补炉砂烧结牢固，不易塌落；另一方面可以使原本比较平滑的炉衬受损失表面经补上少量补炉砂后变得粗糙不平，有助于以后炉次补上去的补炉砂黏结补牢。以后炉次的补炉也需采用薄补方法，宜少量多次，以利于提高烧结质量，防止和减少塌炉。

3）补炉后烧结时间要充分，这是预防塌炉发生的一个关键所在。实践证明，补炉后若烧结时间充分，能提高烧结质量，可避免塌炉事故，所以各厂对烧结时间都有明确规定。烧结时间从喷补结束开始计算，一般为 40min 以上；如一次喷补不合格而需要再次喷补时，由第二次喷补结束时计算，烧结时间在 20～24min，特殊情况下还应适当延长。

4）补炉后第一炉一般采用纯铁水吹炼，不加冷料，要求吹炼过程平稳，全程化渣，氧压及供氧强度适中，尽量避免吹炼过程冲击波现象，操作要规范、正常，特别要控制炼钢温度，适当控制在上限以保证补炉料的更好烧结。如有可能的话，适当增加渣料中的生白云石用量，以提高渣中的氧化镁含量，有利于补牢炉子。

5）严格控制补炉衬质量，如喷补料不能有粉化现象、填料与贴砖要有足够的沥青含量且不能有粉化现象。有条件的情况下，要根据炉衬的材质来选择补炉料材质。

e　补炉塌炉事故发生后的安全防护措施

（1）炉渣清理：塌炉后，塌炉料已进入炉渣，出钢后特别注意将炉渣倒干净。

（2）钢水处理：塌炉后塌炉料进入炉渣，钢水中非金属夹杂物也会因此增加。如果该炉原计划冶炼优质钢，一般在检验时要降级处理，将优质钢改为普碳钢。

（3）炉衬处理：由于塌炉，炉衬受损严重，出钢后要对塌炉区域重新进行补炉。

f　注意事项

（1）平时操作思想要集中，随时要防止塌炉等事故的发生，站立地方要有退路；倒渣及出钢时，在炉口前后方人不能站立，防止塌炉事故发生时灼伤；待炉子摇平后方能取样、测温，操作时人应站在炉门水箱的两侧，动作要快，发现异常情况应迅速向两侧避让。

（2）补炉后第一炉冶炼时期要设立“禁止牌”，人员要绕道行走，远离危险区域。

（3）凡已发生塌炉事故，需在倒炉前与炉下联系，放置清洁渣包，以保可容纳混入塌炉料的渣子。

B　出钢口堵塞

a　出钢口堵塞的概念及危害

在出钢时，由于出钢口的原因炉内钢水不能正常地从出钢口流出，称为出钢口堵塞。出钢口堵塞，特别是由于出钢口堵塞后需要进行二次出钢是一种生产事故，会对钢质带来不良后果。

b　出钢口堵塞的原因

上一炉出钢后没有堵出钢口，在冶炼过程中钢水、炉渣飞溅而进入出钢孔，使出钢口堵塞；上一炉出钢、倒渣后，出钢口内残留钢渣未全部凿清就堵出钢口，致使下一炉出钢口堵塞；新出钢口一般口小孔长，堵塞未到位，在冶炼过程中钢水、炉渣溅进或灌进孔道致使堵塞；在出钢过程中，熔池内脱落的炉衬砖、结块的渣料进入出钢孔道，也可能会造成出钢口堵塞；采用挡渣球挡渣出钢，在下一炉出钢前，没有将上一炉的挡渣球捅开，造成出钢口堵塞。

c　出钢口堵塞安全防护

排除出钢口堵塞采用的方法应视出钢口堵塞的程度来决定。通常出钢时，转炉向后摇到开出钢口位置，由一人用短钢钎捅几下出钢口即可捅开，使钢水能正常流出。如发生捅不开的出钢口堵塞事故，则可以根据其程度不同采取不同的排除方法：

（1）如一般性堵塞，可由数人共握钢钎合力冲撞出钢口，强行捅开出钢口。

（2）如堵塞比较严重，可由一人用一短钢钎对准出钢口，另一人用榔头敲打短钢钎冲击出钢口，一般也能捅开出钢口保证顺利出钢。

（3）如堵塞更严重时则应使用氧气来烧开出钢口。

（4）如出钢过程中有堵塞物，如散落的炉衬砖或结块的渣料等堵塞出钢口，则必须将转炉从出钢位置摇回，开出钢口位置使用长钢钎凿开堵塞物使孔道畅通，再将转炉摇到出钢位置继续出钢。这在生产上称为二次出钢。二次出钢会增加下渣量，增加回磷量，并使合金元素的回收率很难估计，对钢质造成不良后果。

d　注意事项

排除出钢口堵塞要群力配合，动作快，否则会延误出钢时间，增加合格钢水在炉内滞留时间，造成不必要的损失。用短钢钎的操作人员要注意安全，防止敲伤手指。用氧气烧出钢口时要掌握开烧方向、不要斜烧。同时要注意防止火星喷射及因回火而烧伤操作工人的手指。如二次出钢则需慎重考虑回磷和合金元素回收率的变化，及时调整合金加入量等，防止成分出格。如处理时间较长，应再进行后吹升温操作，以防发生低温钢事故。

C 穿炉事故

穿炉是一种危害性较大的事故，因此在遇到穿炉事故时，采取应急处理，将事故损失控制在较低的范围内是十分重要的。

a 穿炉事故的危害、发生征兆及安全防护

(1) 穿炉事故及危害。转炉在冶炼过程中，由于受到各种因素的作用，炉衬受到损坏（或熔损或剥落）并不断减薄。当某一炉次钢冶炼时，已减薄的炉衬被局部熔损或冲刷掉，高温钢水（或炉渣）熔穿金属炉壳后流出（或渗出）炉外，即形成穿炉事故。

穿炉在转炉生产中是一种严重生产事故，其危害极大。炉下因高温液体可能烧坏钢包车及轨道（铁路），严重影响转炉的生产。

(2) 穿炉发生的征兆。从炉壳外面检查，如发现炉壳钢板表面颜色由黑变灰白，随后又逐渐变红（由暗红到红），变色面积也由小到大，说明炉衬砖在逐渐变薄，向外传递的热量在逐渐增加。炉壳钢板表面的颜色变红，往往是穿炉漏钢的先兆，应先补炉后再冶炼。从炉内检查，如发现炉衬侵蚀严重，已达到可见保护砖的程度，说明穿炉为期不远了，应该重点补炉。对于后期炉子，其炉衬本来已经较薄，如果发现凹坑（一般凹坑处发黑），则说明该处的炉衬更薄，极易发生穿炉事故。

(3) 穿炉安全防护。穿炉事故的发生有一个过程，而该过程又具有一定的特征。若平时加强观察和防范，认真及时地做好补炉等工作，可以避免穿炉事故的发生。预防穿炉发生的措施一般有以下几个方面：

1) 提高炉衬耐火材料的质量。穿炉主要是由于炉衬抵抗不了化学侵蚀等各方面的作用而损坏所造成，所以炉衬砖的质量，特别是原料的纯度、砖的体积密度、气孔率以及砖中碳素含量等都会影响到砖的使用寿命，特别要防止在高温条件下会产生严重剥落的砖砌在炉衬内。

2) 提高炉衬的砌筑质量。应严格遵守“炉衬砌筑操作规程”砌筑和验收炉衬。目前大多数的转炉采用综合砌筑，即由于转炉炉衬各部损坏的原因与程度不同，所以在砌筑不同部位时应砌入不同材质的耐火砖，使整个炉衬成为一个等强整体，使其侵蚀速度相等。综合砌炉既可提高炉衬的使用寿命，又能降低炉衬的砌筑成本。砌筑时特别要注意砖缝必须紧密，以防止在吹炼过程中因部分炉衬砖松动而掉落或缝内渗钢而造成穿炉事故。

3) 加强对炉衬的检查。了解炉衬被侵蚀情况，特别是容易侵蚀部位，发现预兆及时修补，加强维护；炉衬被侵蚀到可见保护砖后，必须炉炉观察、炉炉维修；当出现不正常状况，例如炉温特别高或倒炉次数过多时，更要加强观察，及早发现薄弱环节，及时修补，预防穿炉事故发生。

b 发生穿炉事故后炉衬的安全防护

发生穿炉事故后，对炉衬情况必须进行全面的检查及分析，特别是高炉龄的炉子。如穿漏部位大片炉衬砖已侵蚀得较薄了，此时应进行调炉作业。对一些中期炉子或新炉子整个炉内的砖衬厚度仍较厚，仅因个别部位砌炉质量问题或个别砖的质量问题导致局部出现一个深坑或空洞引起的穿炉事故则可以采用补炉的方法来修补炉衬。但此后该穿漏的地方就应列入重点检查的护炉区域。补穿漏处的方法一般是干法补炉。

干法补炉是目前常规的补炉方法。首先用破碎的补炉砖填入穿钢的洞口，如果穿钢后造成炉壳处的熔洞较大，一般应先在炉壳外侧用钢板贴补后焊牢，然后再填充补炉料，并用喷补砂喷补。如穿炉部位在耳轴两侧，可用半干喷补方法先将穿炉部位填满，然后吹 1～2 炉再用补侧墙的方法，用干法补炉将穿炉区域补好。

穿炉后采用换炉（重新砌炉）还是采用补炉法补救是一个重要的决策，应由有经验师傅商讨决定，特别是补炉后继续冶炼，更要认真对待，避免再次穿炉。

c　注意事项

冶炼过程中要注意炉壳外面和炉内的检查，发现有穿炉征兆应及时采取措施，以防造成穿炉。正确判断穿炉的部位，迅速使炉子向相反方向倾动，以免事故扩大。一旦有穿炉迹象或已穿炉切勿勉强冶炼，以免造成伤亡事故。

D　冻炉事故

转炉炼钢过程中由于某种突发因素，造成转炉长时间的中断吹炼，造成大部分或全部钢水在转炉内凝固的现象称为转炉冻炉。转炉冻炉事故在转炉炼钢厂是极少见的事故，因为转炉停止吹炼后 2～3h（大型转炉 4～5h 后），炉内的钢水经氧枪再吹炼一下后才能全部倒出。但是一旦发生冻炉事故，大量的钢水（或铁水）在炉内凝固成一个整体，处理极其困难，因此如何合理地处理好冻炉事故必须予以重视。冻炉事故的处理，要针对事故形成的原因及牵连发生的事故状况，以及冻炉的时间与严重程度的不同，采取不同的措施予以处理。

a　冻炉事故的原因

吹炼过程中由于某种原因造成转炉机械长时间不能转动，如外界突然停电且短时间无法恢复，或转炉机械故障需要较长时间的抢修，转炉无法转动，钢水留在转炉内亦无法倒出，最后形成冻炉。

转炉穿炉事故或出钢时出现穿包事故，流出钢水使钢包车和钢包车轨道粘钢并烧坏，钢包车本身也被烧坏无法行动，而转炉内尚有剩余部分钢水没有出完，必须等待炉下钢包轨道抢修及调换烧坏的钢包车，致使炉内剩余钢水凝固，引起冻炉事故。

氧枪喷头熔穿，大量冷却水进入炉内，需长时间排水和蒸发后方能动炉和吹炼，结果在动炉前就已形成冻炉。

b　冻炉事故的安全防护

对于上述产生冻炉事故的主要原因，由外界原因造成的是无法预防的；而由设备造成的原因，重在加强点检及巡检，发现传动设备有异常现象，如传动声音不正常、运行不平稳、发现转炉与托圈的固定有松动现象，必须及时安排检查及维修，绝不能带病作业，造成冻炉事故。

对于因穿炉或穿包造成的事故，在不影响抢修的情况下，如发生穿炉或穿出钢口事故时，已经将钢包车烧坏，钢包车不能运行，此时干脆将炉内的钢水全部倒入钢包内，然后空炉等待出钢线铁轨的修理和调换钢包车，以避免冻炉；在出钢时发现有穿包现象时，最好能立即停止出钢并加紧将钢包车开出平台下，让吊车迅速吊走钢包。一般情况下出钢线的恢复较快，因此要求出钢时，钢包车的操作人员应密切注意出钢时钢包的变化，发现问题及时联系，避免事态扩大。否则，待钢包车已烧毁，再摇起炉子停止出钢，因是穿包事故，炉内的剩余钢水不能往下继续倒，就会被迫出现冻炉事故。

c 因穿漏事故造成的冻炉事故安全防护

特别是穿包造成的事故，一般讲炉内冻结的残余钢水量不会很多，应待炉下出钢线检修完毕，并放入备用钢包车，全线验收合格后，再按上述的方法，按正常的装入量扣除冻炉的钢水量兑入铁水，适当加一些焦炭、铝块或硅铁，并加入一定量的石灰造渣，吹炼过程中要重视温度的变化情况。由于炉底、炉壁有凝固的冷钢存在，钢水会出现虚假的温度现象，即使测温达标，但因冷钢的熔化吸热，其结果会造成温度偏低，故吹炼时要加强炉内的搅拌，倒炉时要观察凝固的冷钢是否全部熔化。在冻炉量不大的情况下，有可能一次吹炼就能将冷钢洗清，同时还能得到一炉合格的钢水。

对于因穿炉造成的冻炉，一方面修复出钢线钢包车及渣包车的轨道，另一方面应在钢水凝固后，在摇炉时保证无液体流动的情况下，将炉子穿漏部位修补好，保证不穿漏。然后用上述办法将冻炉的凝钢熔化后倒出炉子，并认真检查炉子，决定是重新补炉后继续使用，还是换炉（对于炉龄后期的老炉子一般以换炉为主）。

d 注意事项

兑铁水要细流缓慢，小心谨慎，避免产生喷溅。处理冻炉事故前，需对设备进行验收，确保设备完好，严禁超装，正确判断钢水包的可用性。

7.4.2.4 加料跨常见事故及安全防护

炼钢厂行车是炼钢工艺必不可少的一部分，贯穿整个炼钢过程，尤其是吊运液体金属的行车，其吨位重、吊物温度高，一旦发生事故将给炼钢厂带来严重后果。

A 常见事故

（1）触电：行车配电箱电线、电缆老化或破损，行车驾驶员接触滑触线，检修时未断电等情况可能发生触电事故。

（2）机械伤害：各传动联轴器防护罩缺损引起机械伤害；大小车开动时发生挤压事故。

（3）烫伤：兑铁水时发生喷溅；兑完铁水铁水包退出时剩余铁水溅出。

（4）高处坠落：检修行车时未系安全带、清扫行车大梁或行车检修后孔洞未复位发生坠落事故。

（5）起重伤害：吊挂重罐歪斜、脱钩、滑钩，引起重罐倾翻。

（6）物体打击：吊运废钢时，废钢从料槽内滑落；吊运红坯中心不准，脱钳致板坯滑落；检修、清扫行车后高空抛物。

B 安全防护

（1）上下行车抓好扶手，注意脚下障碍物，按门铃待车停稳后从安全门上下。

（2）准备必要的防护设施，断电检修维护。

（3）各传动联轴器防护罩安装齐全。

（4）吊挂钢水包耳轴时，听从地面指吊人员指挥，两边耳轴钩挂好后再起吊，铁水包倾翻时主小车不能操作过快。

（5）动车前确认大车上没有无关人员。

（6）铁水、钢水装入量不能过满，吊运中保持平稳。废钢装入料槽不能过满，起吊前清除槽口废钢。磁盘调运废钢严禁从人员上方经过。

（7）吊运过程中避开地面设备和人，发出警报，启动行车不能过快。

（8）吊板坯时必须找准中心点，确认夹紧后听从指挥方可起吊。

（9）严禁从行车等高空抛物，加强对行车上物品的管理，所有物品必须固定，避免在行车走动过程中由于惯性导致物品滚动坠落。

（10）加料口堵塞安全防护：

1）在溜槽上开一观察孔（加盖，平时关闭），处理堵塞时打开观察孔盖，将撬棒从观察孔中伸到结瘤处，然后用力凿或用锤子敲打撬棒，击穿、打碎堵塞物后使加料口畅通。这种方法是目前最主要和常用的方法，也较安全。

2）在平台上用一根长钢管自下而上伸到加料口堵塞处进行凿打；也有用氧气管慢慢烧掉堵塞物的，如用氧气烧开则要用低氧压且在过程中加强观察。这两种方法也很有效，但由于存在着不安全因素，用时一定要小心，一般不常采用。

3）堵塞如属溜槽设计的问题，则需要在大修中进行改造；如因漏水造成堵塞，必须查明漏水原因并修复。

7.4.3　电炉安全防护

7.4.3.1　水安全防护

若电炉设备冷却水漏水要采取有力的弥补措施。在电炉炼钢过程中，如果发生总水管断水，炉前应立即停电，升高电极，打开炉门，提升炉盖快速降温，以免发生爆炸事故。在这种情况下，应关闭进水总阀门，来水后再逐步放入水箱，防止进水太快，箱内气体来不及排除而引起爆炸。等进出水正常后，再恢复生产。出钢坑和机械坑内如有积水，应及时排除，未经处理，不得冒险出钢。

7.4.3.2　电安全防护

电气控制室是电炉的心脏，室内必须保持清洁干燥，不准堆入杂物，不得带入火种，室内应设置符合要求的消防器材。工作人员应经常检查设备情况，发现油温、水温过高时，须立即采取措施，防止发生事故。严禁带负荷进行调压操作。炉前需供电或停电时，必须和配电工交换红绿牌，不得用口头通知，以免发生误操作。不得带电上炉顶，不得带电做临时小修或接、松电极，不得带电摇炉，以免发生事故。

7.4.3.3　氧安全防护

氧气能加速炉料熔化、脱碳、升温，大大缩短熔炼时间，提高钢的质量，但应严防氧气泄漏。氧气开关应有专人操作，不能戴有油污的手套操纵氧气开关。设在密闭室内的氧、氮、氩、炉底搅拌站，应加强维护，发现泄漏及时处理；并应配备排风设施，人员进入前应排风，确认安全后方可进入，维修设备时应始终开启门窗与排风设施。

7.4.3.4　其他安全防护

炉后出钢操作室或操作台应设在较安全的位置，其正对出钢口的窗户应有防喷溅设施。操作室出入口应设在远离出钢口一侧。炉下钢水罐车运行控制应与电炉出钢倾动控制组合在一个操作台上，以便协调操作。电炉出钢倾动应与炉下钢水罐车的停靠位置及电子秤联锁，出钢水量达到规定值，电炉回倾到适当位置后，钢水罐车方可从出钢工位开出，以保证出钢作业安全。主要要求如下：

(1) 送电前应检查所属机械、电气、水冷、液压或气压除尘装置，使其符合安全规定。

(2) 炉料要有专人负责检查。严禁将易爆物密封容器及雪块或带水炉料装入，以防爆炸。电炉炉下区域、炉下出钢线与渣线地面应保持干燥，不应有水或潮湿物。

(3) 电炉加料包括铁水热装、吊铁水包、吊运电极等应有专人指挥。吊物不应从人员和设备上方越过，人员应处于安全位置。

(4) 吹氧前应检查好阀门，压力表、氧管带，卡头要卡紧。吹氧时要有专人看管阀门和仪表，并互相配合好。操作时严禁手放在卡子上，以防回火伤人。

(5) 加矿石或吹氧时，不得过猛过急，以防大沸腾跑钢伤人。自动流渣时，严禁使用潮湿材料掩压，以防爆炸。

(6) 冶炼中要对变压器定期进行检查。如升温超过规定数值，要立即采取措施。冶炼中发现冷却水部位漏水，应及时查明漏水部位并采取措施，严禁随意翻炉。

(7) 还原期加粉散状材料时，应侧身投料，以防喷火伤人。

(8) 打开出钢口时，要站在出钢槽两侧，不得站在槽子上。出钢口打开后，不得用铁管探渣。出钢时，先切断电源升起电极，并检查出钢口是否畅通。出钢坑潮湿时应缓慢翻炉，不要把钢水翻到外边。

(9) 维修炉底出钢口作业人员与电炉主控人员之间，应建立联系与确认制度。

7.4.4　炉外精炼常见事故及安全防护

炉外精炼常见事故及安全防护技术如表7－1所示。

表7－1　炉外精炼常见事故及安全防护

事故	阶段	触发事件	形成事故原因	影响	危险程度	控制措施
LF水冷炉盖漏水引起的爆炸	生产运行阶段	水遇到高温突然膨胀产生爆炸	LF水冷炉盖漏水浸湿耐火材料或漏水遇到钢水，则发生爆炸	损坏设备，伤及操作人员	6	(1) 严格检查水冷炉盖的水管系统，发现渗漏不得使用并及时修复； (2) LF水冷炉盖水系统应设水温水压监测和自动切断装置，发现漏水立即停止冶炼
VD炉残留CO爆燃	生产阶段在VD处理结束后	CO达到一定浓度可能会爆燃	VD处理结束后其系统中残留CO在升盖遇空气达到一定混合浓度时可能产生爆燃	烧坏设备，伤及人员，严重时会发生火灾造成经济损失	9	钢水在VD中处理完毕，在打开真空罐之前，首先向真空室内充氮20.5min，然后再自动打开空气的阀门充气，真空罐内压力与大气平衡时才可安全提升罐盖和移动罐盖车

续表 7－1

事故	阶段	触发事件	形成事故原因	影响	危险程度	控制措施
钢包炉滑动水口漏钢	钢包炉被注入钢水后	钢水从滑动水口处漏出，若遇水则发生爆炸	钢包炉的滑动水口处密封不严，滑动水口的滑道间隙过大	损失钢水，损坏设备，遇水爆炸会伤及人员或钢水烫伤人员	11	安装滑动水口前要严格检查滑动水口质量，不合格的不能用，安装时要按操作规程办
电气设备过流时引起火灾，变压器升温后烧毁	电气设备运行中	电气设备故障、超载运行、变压器升温、油温高	（1）电气设备故障或过载、过流； （2）变压器升温使绝缘水平下降； （3）油温高，易造成变压器着火	设备烧坏引发火灾，伤及人员	6	（1）定期检查、检修，及时排除故障，防止过载、过流； （2）冷却系统保持正常运行，保证冷却器或油道畅通，无堵塞现象
快速燃气锅炉爆炸	燃气锅炉运行时	违反操作规程，设备出现故障，承压部件泄漏，运行中超温超压	快速燃气锅炉系统属于高温高压操作，设备故障或操作不当则有可能发生爆炸或烫伤人员	承压部件爆炸，大量高温高压水汽喷出造成设备损坏、人员群伤群亡的恶性事故	6	（1）严格遵守快速燃气锅炉的操作规程，设备及时检修，发现故障及时排除，结合维修进行安全性能检查，严防锅炉缺水和超温、超压发生，严禁在水位表数量不足、安全阀解裂的状况下运行； （2）防止升压速度过快或压力温度失控造成超温、超压现象
机械伤害、高处坠落	操作机械设备时，人员在现场作业或走动时	机械设备操作不当，高空作业	（1）违反机械设备操作规程或操作不当； （2）操作平台、梯子及沟等处无防护设施	人员伤亡	10	（1）机械设备操作人员必须持证上岗，严格遵守操作规程； （2）各主要生产设备之间设有必要的安全联锁装置； （3）所有设备裸露的传动部分设有必要的安全网罩或隔离栏杆； （4）操作人员需要跨越的设备，设安全走台或过桥
燃气燃爆	燃气锅炉运行时	燃气泄漏遇火源	（1）燃气嘴回火； （2）燃气压力不稳定； （3）仪表故障、操作失误； （4）遇其他火源	设备损坏，人员伤亡	10	（1）燃气设施必须合格； （2）按设计选用、安装、测试仪表； （3）配备熄火自动报警器； （4）有联锁保护装置； （5）安装可燃气体报警器
触电	电气设备运行	人员接触电气设备	（1）设备漏电； （2）漏电保护器失效； （3）人员误接触； （4）检修违章合闸	人员触电	10	（1）电气设施必须合格； （2）绝缘良好； （3）安装性能良好的漏电保护器； （4）按安全用电规程检修
烟尘污染	LF 处理过程中	LF 处理过程中产生污染	高温产生烟尘	污染环境，影响健康	16	在相应区域设除尘设施

注：危险程度 6～9 级指危险的，会造成人员伤亡或财产损失，是不可接受的危险，要立即采取措施；危险程度 10～16 级指临界的，在事故边缘，暂时不会造成人员伤亡或财产损失，是有控制接受的危险，应予排除和采取措施。

7.4.5 浇注跨常见事故及安全防护

7.4.5.1 浇注跨常见事故

浇注跨常见事故包括中间包发红，结晶器漏水、断水、变形，浇注漏钢，二冷区断水，喷嘴堵塞，拉矫机的液压、机械或电气方面的故障等事故。

7.4.5.2 浇注跨安全防护

（1）中间包的安全防护。因中间包包衬破坏或变薄等原因，高温钢水会使中间包壁发红，此时应立即开走中间包，停止浇注。

（2）结晶器的安全防护。

1）结晶器冷却水软管漏水。若漏水过于严重致使结晶器冷却不足时，应停止该流的浇注。

2）结晶器冷却水中断。若因冷却水泵停止运转而导致结晶器冷却水中断，必须立即终止浇注，接通事故供水系统，快速从结晶器中拉出铸坯，否则易引起结晶器变形损坏。

3）结晶器漏水。结晶器漏水的主要原因是结晶器未按规程组装及试压、密封材料不佳、铜管变形严重等。如水漏入结晶器内腔进入钢液面区，则应立即中断浇注，否则可能造成钢水飞溅，危及操作人员，且浇出的铸坯也是废品。假如漏水部位在结晶器底部，则仍可用该结晶器浇注到这炉钢水浇完为止，但随后必须更换新结晶器。

4）结晶器变形及划伤。浇注过程中结晶器内壁与外壁间温差的作用以及浇注间歇时间的冷却作用，会引起铜管的变形，尤其在钢液面区域，这种变形特别严重。因此，必须经常检测结晶器内壁。每个铜管应配一检查记录卡，记录检查及修理情况。凹陷严重的结晶器可造成拉漏及纵裂，必须进行更换。内壁划痕只在液面区有害，若在结晶器下部，用磨料打光尖锐的棱边仍可继续使用。

5）结晶器振动停止。若振动停止，则在任何情况下都不能继续浇注。否则坯壳与结晶器壁的黏连易在结晶器下部造成漏钢。

6）结晶器溢钢。若由于中间包水口或拉坯产生故障使结晶器内钢水溢出，则应立即停止该流浇注。不得已时，用塞头从下面堵塞水口，停止该流浇注。无论如何，应避免钢水通过结晶器盖板流至振动台与结晶器之间，否则会造成重大事故。

（3）二次冷却的安全防护。

1）二次喷水中断。若喷水全部中断则应停止浇注，否则有漏钢的危险，且辐射热可能造成辊子变形。

2）喷嘴堵塞或喷水管定位不准。如果仅个别喷嘴堵塞，则可增大喷水量或稍降低拉坯速度。为了能均匀冷却铸坯，必须定期检查喷嘴。清除堵塞物或更换新喷嘴。

若所有喷嘴都对准不好，使冷却水不能有效地喷在铸坯表面上，必须在浇注间隔时间内进行位置调整。由于铸坯表面冷却不均匀对铸坯质量极为有害，故应特别注意检查与调整喷嘴。

（4）拉矫机的安全防护。对拉矫机液压、机械或电气方面的所有故障，都需短时间停止浇注。但随后必须很快地发现并排除故障，因为在任何情况下都要尽量使连铸坯在热状态下从铸机拉出。若停机时间过长，铸坯已过冷时，需用切割枪（烧嘴）切割成一段一段，从拉辊处运出。

（5）拉漏。在结晶器以下发生漏钢时，必须立即中断钢水浇注，但拉矫机系统应继续运转，使尾坯能在塑性状态下从结晶器和二冷区拉出来。若拖延时间过长，铸坯冷冻在二冷区中时，则必须在二冷区中用人工切断铸坯，再把它们运出。但在强制拉坯、铸坯打滑不能拉动时，则应停止拉矫机传动装置，用切割枪在拉漏区将铸坯切断，把下面一段铸坯拉出。这一操作应尽快完成，防止铸坯过冷。浇注结束后，应清除结晶器和夹辊区的残钢，若辊子上残钢太多时应更换辊子或导坯架或结晶器。

轧钢安全生产技术

8.1 轧钢生产基本工艺与安全生产

8.1.1 轧钢基本工艺

轧制是金属压力加工的主要方法，是钢铁冶金联合企业生产中最后一个环节，肩负着成材的任务。在钢的生产总量中，除少部分采用铸造及锻造等方法直接成材外，约90%以上的钢都是经过轧制成材。

轧制按温度的不同可分为热轧与冷轧；按轧制时轧件与轧辊的相对运动关系可分为纵轧和横轧；按轧制产品的成型特点可分为一般轧制和特殊轧制。轧制同其他压力加工一样，是使金属产生塑性变形轧制成产品。其中型材、线材、板带的轧制工艺流程基本相同，主要工序有钢坯加热、轧制、精整处理等。无缝钢管的轧制稍有不同，其原料是圆管坯，经过切割机的切割加工成坯料，送至加热炉加热，圆管坯出炉后要经过穿孔机进行穿孔，再进行轧制。

8.1.2 轧钢设备

轧钢设备是指在轧钢生产过程中，完成由原料到产品整个轧钢生产工艺过程中使用的机械设备。轧钢设备可分为主要设备和辅助设备两大类。主要设备又称为主机列，包括主电动机、主传动装置和工作机座三大部分。辅助设备是指除主要设备外，完成各辅助工序的所有其他设备，如原料准备、加热、翻钢、剪切、卷取、矫直、冷却、探伤、热处理、酸洗等设备。在轧钢生产中，只有把在主机列上完成的塑性变形工序和很多辅助工序连贯起来，才能使坯料到成品连续进行。

在轧钢生产中，除了完成轧制任务所需的主要设备和辅助设备外，还有大量的附属设备，如起重运输、供配电、轧辊车磨、润滑、供排水、供燃料、压缩空气、液压、清除氧化铁皮、机修、电修、排酸、油和水及酸的回收以及环境保护等设备。

8.1.3 轧钢安全生产

8.1.3.1 轧钢生产特点

（1）生产工序多，生产周期长，易发生人身和设备事故。

（2）车间设备多而复杂，轧机主体设备（或主机列）与辅助设备（如加热炉、均热炉、剪切机、锯机、矫直机、起重设备等）交叉作业，由此带来很多不安全因素，危险作业多、劳动强度大、设备故障多，因而发生伤害事故也多。

（3）工作环境温度高，噪声大。绝大多数轧钢车间是热轧车间，开轧温度高达

1200℃左右，终轧温度为800～900℃；加热车间在加热炉或均热炉的装炉和出炉过程中，高温热辐射也很强烈。在此条件下作业，工人极易疲劳，容易发生烫伤、碰伤等事故。

（4）粉尘、烟雾大。轧钢车间燃料燃烧产生烟尘、酸洗工序产生酸雾、冷却水遇高温产生大量水蒸气，叠轧薄板轧机用沥青油润滑时散发大量有毒烟雾等，都会危害工人健康。

8.1.3.2　轧钢生产主要危险区域

从轧钢基本工艺看，轧钢系统机械设备多，所涉及的有高温加热设备、高速运转的机械设备、电气和液压设施、能源和起重设备以及带有辐射伤害的测厚仪、凸度仪等设备。在轧钢生产车间，主要危险场所有以下区域：

（1）煤气等易燃易爆气体的加热炉区域、煤气和氧气管道等；

（2）易燃易爆液体的液压站、稀油站等；

（3）高压配电的主电室、电磁站等；

（4）高温运动轧件和可能发生飞溅金属或氧化铁皮的轧机、运输辊道（链）、热锯机、卷取机等；

（5）辐射伤害危险的测厚仪、凸度仪等；

（6）易发生起重伤害的起重机；

（7）积存有毒或有窒息性气体或可燃气体的氧化铁皮沟、坑或下水道等场所。

8.1.3.3　轧钢车间主要危险因素

（1）火灾。轧钢生产的火灾事故包括电气火灾、油品火灾、气体火灾和明火作业引起的火灾。

1）电气火灾。轧钢设备负荷大，高电压、大电流、大电机、大功耗设备使用多，当超温、超负荷运行，变压器爆炸，电气设备开路缺相、短路放炮，电机运行打火时，可能引发火情，酿成火灾。

2）油品火灾。液压油库、液压泵站、高压油液管线等用以传递控制轧钢的重要动力介质，几乎覆盖轧钢所有工序。液压油库、泵站加油换油，设备管件跑、冒、滴、漏（可燃物），为燃烧火情提供了必要条件。虽然大多数液压油都采用了阻燃油，但当维护不到位、处理不及时、超温过闪点或外因引发火源时，可能引发火情。

3）气体火灾。轧钢常用气体（如O_2、H_2、CH_4等）易燃易爆。气体在储罐容器中积存时，气体异常混合、遇火后容器升温升压、施气使用不当都极可能引起严重的爆燃火灾事故。

4）明火作业火灾。轧钢各工序生产抢修和设备检修时电、气焊明火作业和现场可燃物清理不彻底是引起火灾的主要原因。

（2）中毒窒息。轧钢工序中大量使用燃烧气体（如CO、高焦混合煤气等）和一些保护气体（如N_2、H_2等），当人进入炉内检修，进炉前氧气置换量不够，阀门关闭不严、泄漏或开启时，会引起人员缺氧窒息，轻者会头晕、恶心、呕吐，重者会神志不清、窒息昏迷，救治不及时还会危及生命。

（3）机械伤害。轧钢流程可以概括成轧材在一系列辊组中移动的过程，操作维护人员与辊系接触的机会甚多。伤害事故统计证明，辊系对人体的挤压伤害是机械伤害的主要构成部分。

（4）高处坠落。轧钢厂房空间高，地下设施下沉空间深，像地下介质管网、开卷取等设备地下运行空间大且深离地面，加之轧钢工序油泥较多，容易造成跌滑及高处坠落。

（5）物体打击。轧钢是在高速运动状态下完成的。旋转部位的零件松动、断裂飞出，高强度、高硬度轧钢辊系“掉肉”飞溅，轧材断带，检修锤击造成的金属飞溅，都极易造成物体打击伤人。

（6）起重伤害。起重设备承担着各类钢材成品、半成品的吊运，检修物件的安装拆除。高空钢丝绳维系的吊具晃动、电磁吊具下的重物意外失磁坠落以及各类夹吊具的功能丧失，都可能造成起重伤害。

（7）电气事故。检修或操作人员因超越安全距离，靠近超过安全电压的裸露带电体时，可能会遭电击伤害；当电路老化、电机绝缘损坏或保护接地失效时，人体接触带电体，则可发生触电事故；当人体直接位于变压器旁，电气短路所产生的电弧可能造成电弧灼伤，甚至引发火灾。

8.1.3.4　轧钢车间主要职业危害因素

（1）射线辐射。在气体露点测量、钢板厚度检测中，常用X、α、γ射线作为一次检测工具。α、γ射线具有天然放射性，X射线是在电源激励下产生，操作与检修人员若在缺乏保护的情况下进入射线区域，都可能遭到射线辐射伤害。

（2）高温。在高温加热、轧制和热处理过程中，高温区域作业隔热防护不到位，直接暴露在高温环境下长期作业会遭受高温有害辐射。

（3）电磁辐射。长期作业在高压变电站（所）、大功率电机及微波站、电磁站区域人员会受到电磁辐射危害。

（4）化学毒害物。轧钢工序大量使用各类化学油脂、化学溶剂、化学物质，在轧钢工序生产时高温引起化学油气分子挥发，冷轧过程中乳化液冷却剂气化，酸洗、清洗、镀锌、镀锡、彩色涂层过程中大量使用强酸、强碱及化学溶剂形成了大量污染物会引起化学毒害物伤害。

（5）粉尘危害。冷轧酸洗拉伸破鳞后酥松的氧化铁颗粒，平整时轧钢铁粉飞扬以及轧钢其他工序的烟尘、粉尘等都会对人体形成有害尘埃侵袭。

8.2　热轧安全技术

轧钢的危害因素和事故特点与轧钢设备特点密切相关。大多数危险有害因素具有共性，但因工序特点不同，某些危险有害因素表现形式与危害程度具有工序突出的个性。热轧生产的主要工序包括原料准备、加热、轧制和精整等，以下按工序分别介绍热轧安全技术。

8.2.1　原料准备的安全技术

热轧原料来自于炼钢车间，目前常用的原料是连铸坯。原料工序的主要任务是原料的有序堆放吊运、原料缺陷的清理处置。由于工作环境区域地面状况差、单体坯料重、吊运频率高，与之对应的安全事故主要包括吊运过程的挤压伤害、高处坠落伤害、清理过程的热灼伤害以及使用气体造成的人员中毒事故。

8.2.1.1 轧钢原料存放的安全防范措施

钢坯堆垛要放置平稳、整齐，垛与垛之间保持一定的距离，便于工作人员行走，也避免吊放钢坯时相互碰撞。垛的高度以不影响吊车正常作业为标准，吊卸钢坯作业线附近的垛高应不影响司机的视线。工作人员不得在钢坯垛间休息或逗留。挂吊人员在上下垛时要仔细观察垛上钢坯是否处于平衡状态，防止在吊车起落时因受到振动而滚动或攀登时踏翻，造成压伤或挤伤事故。检查中厚板等原料时，垛要平整、牢固，垛高不超过4.5m。

8.2.1.2 原料吊运的安全防范措施

（1）起重作业人员属特种作业，须先培训取证后方可上岗操作，吊运时必须听从地面指挥人员的指令。在使用夹钳吊装时必须选择规格型号与钢坯匹配的夹钳，作业前应检查易损件（各类轴销、齿板、开闭器等）的磨损情况，若超过磨损极限则及时通知维修人员维修更换。

（2）在使用磁盘吊时要检查磁盘是否牢固，连接件是否超过磨损极限，电气线路是否完好，以防脱落伤人。

（3）使用单钩卸车前要检查钢坯在车上（或桩子上）的放置状况。钢丝绳和车上的安全柱是否齐全、牢固，使用是否正常，钢丝绳有断丝超过10%或断股等缺陷必须报废处理。卸车时要将钢丝绳穿在中间位置上，两根钢丝绳间的跨距应保持1m以上，使钢坯吊起后两端保持平衡，再上垛堆放。温度在400℃以上的热钢坯不能用钢丝绳卸吊，以免烧断钢丝绳，造成钢坯掉落砸、烫伤。

8.2.1.3 原料清理的安全防范措施

大型钢材的钢坯一般采用火焰清除表面的缺陷，其优点是清理速度快。火焰清理主要用煤气和氧气的燃烧来进行工作，使用时要严格遵守操作规程。在工作前要仔细检查火焰割炬、煤气和氧气胶管、阀门、接头等有无漏气现象，氧气阀、煤气阀是否灵活好用。点火时，先开煤气阀，打火点燃；熄火时先关快风阀，再关煤气阀，最后关风阀。火焰清理时，操作者要选择合理站位，不得处于下风向作业，被清理物要搁置平稳，防止切割物分离坠落发生挤压或高温灼伤事故。在工作中出现临时故障要及时排除，例如当发生回火时，要立即关闭煤气阀，同时迅速关闭氧气阀，以防回火爆炸伤人。火焰清理完毕，要认真检查煤气阀门是否可靠关闭，严防煤气泄漏造成煤气中毒。另外，火焰清理气源、器具要远离更衣室、休息室、洗浴间，存放在通风避人的地方，严禁人员靠近。

8.2.2 加热炉的安全技术

8.2.2.1 加热炉炉型及使用燃料

轧钢加热炉一般分为步进式加热炉和推钢式加热炉两种，步进式加热炉目前在轧钢生产中应用较为广泛。原料加热的目的主要是提高金属的塑性，降低金属的变形抗力，便于轧制成形。

轧钢加热炉用的燃料分为固体燃料（如煤炭）、液体燃料（如重油和轻柴油）和气体燃料（如煤气及天然气等）。燃料与燃烧的种类不同，其安全要求也不同。气体燃料有运输方便、点火容易、易达到完全燃烧等优点，但煤气等气体燃料为易燃易爆物品，具有爆炸危险，使用时要严格遵守安全操作规程。使用液体燃料时，为防止油管的破裂、爆炸，要定期检验油罐和管路的腐蚀情况，储油罐和油管回路附近禁止烟火，应配有灭火装置。使用液体燃料时，应注意燃油的预热温度不宜过高，点火时进入喷嘴的重油量不得多于空气量。

8.2.2.2 燃气加热炉存在的主要危险有害因素

燃气加热炉存在的主要危险有害因素有：一是煤气中存在大量的一氧化碳，一旦泄漏易发生中毒事故，同时煤气还易发生燃烧爆炸事故；二是存在高温钢坯和蒸汽灼烫的危险；三是传动设备的机械伤害等。

8.2.2.3 相应的安全措施

（1）煤气操作人员必须经过相应操作技能的培训方可上岗操作，无关人员不得进入煤气区域。

（2）点火的安全技术。开炉前先检查炉子烧嘴是否堵塞或损坏，电源及氮气、煤气、空气和排水系统的管网、阀门、各种计量仪表系统，以及各种取样分析仪器和防火、防爆、防毒器材，是否齐全完好。重点检查煤气阀、法兰盘、接头及烧嘴等是否有泄漏。先开启鼓风机，检查煤气压力，若压力不足时要找出原因及时处理，压力过低不得点火。点火前用氮气吹扫煤气支管，打开各支管放散阀，用氮气置换煤气管道中的空气；然后再打开煤气总阀，在取样口做爆发试验，待爆发试验合格后方可点火，并关闭所有放散阀。点火时先用点燃的火把靠近烧嘴后再打开烧嘴前阀门，点着后再调整煤气、空气量。烧嘴要一个一个点，不得向炉内投火把点火。若通入煤气后并未点着火，则应立即将煤气阀门关闭，同时要分析原因并消除后，重新点火。

（3）停炉（熄火）的安全要求。逐个关闭烧嘴的煤气阀，停止输送煤气，关小空气阀，以保护烧嘴。停炉时间较长时，则打开放散阀用氮气进行吹扫；若停炉较短（不超过24h），可以不用吹扫。

（4）日常检查、维护安全要求。在有煤气危险的区域作业，必须两人以上进行，并携带便携式一氧化碳报警仪。第一类区域，带煤气抽堵盲板、换流量孔板、处理开闭器，煤气设备漏煤气处理、煤气管道排水口与放水口、烟道内部作业，应戴上呼吸器方可工作；第二类区域，烟道、渣道检修，煤气阀等设备的修理，停送煤气处理，加热炉煤气开闭口，开关叶型插板，煤气仪表附近作业，应有监护人员在场，并备好呼吸器方可工作；第三类区域，加热炉顶及其周围，加热炉的烧嘴、煤气阀，煤气爆发试验等作业，应有人定期巡视检查。加热炉发生事故，大部分是由于维护、检查不彻底和操作上的失误造成的。因此，应该加强维护保养工作，及时发现隐患部位，立即整改，防止事故发生。

8.2.3 热轧作业的安全技术

8.2.3.1 高压水除鳞机的安全技术

（1）高压水除鳞机的主要危险有害因素：高压水的压力可达到18MPa以上，所以其喷溅伤害是主要的危险因素。

（2）相应的控制要求：钢坯加热后表面形成一层氧化铁皮，轧制前需进行清理，否则影响钢材的轧制质量。高压水除鳞是由喷射到轧件表面的高压水产生打击、冷却、汽化和冲刷作用，从而达到破碎和剥落氧化铁皮的目的。因高压水的压力可达到18MPa以上，所以其喷射力较强，飞溅的铁屑易伤害周围作业人员，因此，除安装好防护罩外其附近还应划出警戒区域，人员禁止进入。

8.2.3.2 型钢和线材轧制常见事故及安全防护

（1）型钢和线材生产过程中常见事故有：运行中设备的机械伤害、高速运行中轧件等的物体打击、高温轧件的灼烫、起重作业过程中的伤害等。

（2）相应的安全防护。

1）轧辊安装时主要控制吊运过程中的安全。轧辊的单重较大，预装后质量更大，故吊运必须平稳，选用吊绳必须在额载标准内。轧辊安装时要有专人指挥和监护。轧辊安装时放入翻转机要稳固，以免中途脱链，翻转作业时周围人员撤离至安全区域，作业人员不得在翻转机上攀爬。

2）轧制过程中轧钢工必须严格遵守安全操作规程，启动轧机主、辅助设备前必须先鸣笛，再通冷却水，地面人员不得站在轧机前后运输轨道上，轧机过钢时不得从事调整辊缝等调整、维护工作。各道轧制时在线手工测量必须示意操纵工停止输送钢坯和喂钢。打磨孔型时要等轧机停稳后方可实施，操作人员站在轧机出口方向，且要戴好防护眼镜。

3）型钢轧制时由于钢坯加热过程中有阴阳面之分，钢坯经过轧制后因变形差异有不同程度的弯曲，从出口导卫装置出来后易发生外冲现象；若导卫装置安装不正也会产生轧件扭转现象，故轧钢工要严密注视钢坯运行轨迹，不得站在出口方向；同时因钢坯有弯曲和扭转现象，喂钢时需人工辅助扳钢，所以轧钢工要注意站位，与操纵工协调配合确认，及时脱出扳叉，确保人员安全。

4）低温钢、黑头钢、劈头钢不得喂入轧机，以免造成卡钢或设备故障。

5）更换进出口导卫装置时要注意与天车工的配合，要采用专用吊具，落实专人指吊。进出口导卫装置安装要牢固，以免轧件飞出造成伤害。

6）因轧件的运行速度较快，正常生产时人员要与轧线保持一定的安全距离，禁止跨越轧线。

7）液压站、稀油站等易燃易爆区域禁止动火，检修动火须办理危险作业审批，落实相应的防火措施。

8.2.3.3 板（带）轧制常见事故及安全防护

（1）板（带）生产过程中常见事故有：运行中设备机械伤害、高速运行中轧件等物体打击、高温轧件灼烫、起重伤害、放射源的辐射伤害等。

（2）相应的安全防护。

1）板（带）生产线目前大多采用先进的全线自动化控制技术，轧钢工接班后对所用设备、仪表进行详细检查和确认；启动轧机主、辅助设备前先鸣笛，再给水。设备运行时机旁不得站人，开轧第一块钢要鸣笛示警，轧机出口处不得站人。

2）抢修、处理事故及更换毛毡时，除做好停电手续外，有安全销的部位必须插上安全销。使用C形钩更换立辊时，必须插好安全销轴。

3）轧辊拆装、行车吊运要有专人指挥。临时停机需进入机架内作业时，如有必要时抽出工作辊，当支撑辊平衡缸将上支撑辊升起后，为确保作业人员安全，在上、下支撑辊轴承座间放防落垫块，以防平衡缸泄压伤人。

4）测量侧导板时，所在工作区域对应轨道必须封锁，关闭有关射线源和高压水，测量人员必须在指定位置作业。立辊轧机调整作业时所在区域有关设备系统必须封锁。测量时至少有两人同时工作，指挥人员手势正确明了。台上人员严格按台下人员的指令动作操作有关设备。对出口采用放射源工作的测厚仪、测宽仪等在“发射源工作”状态下时，任何人不准到测量区域工作或行走。临时停车、工作辊换辊、检查或到测量区工作时，必须联系停掉发射源，并确认处于“关掉”状态，方可允许通过危险区。

5）正常生产时禁止跨越轧线，尤其是精轧机后的辊道。

6）地下室、液压站、稀油站等易燃易爆区域禁止动火，检修动火须办理危险作业审批，落实相应的防火措施。

8.2.3.4 钢管轧制常见事故及安全防护

（1）钢管轧机设备有穿孔机、轧管机、定径机、均整机和减径机等。

（2）热轧无缝钢管生产过程中常见事故有运动中设备的机械伤害、运动中轧件等的物体打击、高温轧件的灼烫、起重伤害等。

（3）相应的安全防护。

1）更换顶头、顶杆和芯棒，应采用手动直接操作。

2）作业前要检查确认穿孔机、轧管机、定径机、均整机和减径机等主要设备与相应的辅助设备之间电气安全联锁是否完全可靠，各传动部件处各类防护措施是否完全可靠。

3）开动穿孔机前要检查穿孔机顶头是否完好（有无塌鼻、压堆、裂纹等），如有损坏应及时更换。

4）热装轧辊要戴上棉手套，以免烫伤。

5）更换轧辊时应停机断电；调试过程中调整轧辊、导板、顶杆及受料槽等，要与操纵工做好安全确认工作，不应在设备运行时实施调整作业。

6）穿孔、轧管、定径（减径）、均整时不得靠近轧件，防止钢管断裂和管尾飞甩及钢管冲出事故伤害。

7）质检钢管时为手工挑选，故要防止手指的挤压伤害。

8.2.3.5 在线监测的技术常见事故及安全防护

在线监测设备主要有测厚仪、凸度仪、测宽仪、测径仪。其主要原理是利用电离辐射进行测量和检测，故常见事故是电离辐射等。相应的安全防护如下：

（1）无关人员一律不得进入工作区，非岗位人员和工作人员未经同意免入。

（2）测厚仪工作、停止与关闭状态有醒目的标志，在“发射源工作”状态下，不准到测量区域工作或行走。

（3）临时停车、工作辊换辊、轧机在检查或到测量区工作时，必须联系停掉发射源，并确认处于“关掉”状态方可允许通过危险区。

（4）较长时间的停车，如检修等，发射源由测量部门人员在测量房关闭安全开关，关闭的期限（日、时、起止时间）应通知有关人员。

（5）测量仪检修，需要发射源打开时，自行封闭危险区。

8.2.3.6　热轧常见事故案例

（1）手臂被绞事故。

【案例 8－1】 3 月 12 日 21 时某钢轧总厂线棒分厂更换 12 架轧机导卫，并于 21 时 03 分 27 秒发出停机指令。根据事先安排，二级作业长陈某、轧钢工甘某换 12 架出口导卫，主操蒋某、轧钢工郑某更换 12 架进口导卫。4 人在 3 号台发出停机指令后，在轧机还处于自转的情况下就上去准备操作。21 时 04 分郑某走到轧机旁不慎一脚踏空，身体前倾，双手本能地往前一趴，寻找支撑点，不慎右手臂被尚处于自转状态的轧机绞入。郑某连忙呼叫，经过现场工友 20 多分钟的施救，郑某的右手臂从轧机内抽出。由于伤情严重，郑某的右小臂被截肢。

事故原因：郑某在轧机未完全停稳仍处于自转的状态下，就走到轧机旁准备作业，并且行走时注意力不集中，一脚踏空，导致右手被轧机绞入，是这起事故的直接原因和主要原因。线材轧钢作业区安全管理不到位，对职工安全教育不严，对违章作业现象制止不力，是事故发生的间接原因。

（2）钢尾跑出打飞护板致死事故。

【案例 8－2】 2007 年 1 月 28 日，某钢厂公司二钢轧厂二高线丙班接班后停车进行检查，换精轧机导卫和轧辊。2 时 40 分，精轧机成品辊换辊 20min 左右后开车过钢。大约 3 时 44 分，在第 5 次过钢时，张某站在精轧机地面站前观察 2 号卡断剪运行情况，刘某站在距精轧机北侧 6m 处工具箱东数第一个门处，轧机过钢后从吐丝机吐出若干圈后废品箱堆钢，张某按下地面站面板上的 2 号卡断剪按钮卡钢，看到大约 3000mm × 8mm 螺纹钢从 25 号精轧机北侧的挡板处撞开飞出，同时飞出两个红色的钢头打在刘某颈部右侧主动脉处而导致刘某死亡。

事故原因：在轧钢过程中，由于废品箱堆钢造成钢尾从导卫和导管间隙处跑出，将护板打飞，钢尾断头打在刘某颈部右侧主动脉处，是造成该起事故的直接原因。主要原因有，在安装护板时焊点少，焊接不牢固，抗冲击力不够，同时无相关安全防护装置；设备使用过程中，检查、维护工作不到位，对护板大的隐患没有及时发现和排除；车间安全管理中，监督检查不力，规章制度落实不够，安全管理不严格；职工安全教育不够，安全意识差，技术素质低等。

（3）违规使用自制吊索具挂钩脱落致人员伤亡事故。

【案例 8－3】 2006 年 4 月 3 日上午 10 时左右，某钢铁有限公司连轧分厂精整工段旋转臂 A 区，维修钳工高某、米某，遵照班组长的安排，抢修精整工段旋转臂 A 区北头第一块盖板下方传动链条。高某与米某用自制的丁字形挂钩，分别拴在盖板东南角和西北角两处，将盖板吊起并平移至靠北头第二块盖板上方，然后高某和米某分别下至链条故障部位检修链条，此时吊装旋转臂盖板的东南角丁字形挂钩突然意外脱落，导致盖板飞快斜向撞击到高某头部而导致死亡。

事故原因：直接原因是当班操作人员未经领导同意，违规使用设计不当、结构不合安全规范的自制丁字形挂钩，挂钩脱落导致。主要原因是公司对检修作业、吊装作业的安全管理制度不健全，职工无章可循和作业场地狭窄等。间接原因是吊装作业劳动组织不合理，作业现场指挥、索具检查人员职责不明确，致使吊装旋转臂改版的丁字形挂钩突然脱落和特殊工种作业人员无证上岗等。

8.2.4 精整作业常见事故及安全防护

8.2.4.1 锯切常见事故及安全防护

复杂断面型钢轧制后需按定尺进行锯切。锯切生产过程中常见事故有高速运行设备机械伤害、高温型材灼烫、锯切过程中飞溅锯花伤害、锯片爆裂飞溅伤害等。相应的安全防护为：

（1）热锯机启动前先检查确认各类旋转部件安装防护罩是否完好，检查锯片有无裂缝，尤其是锯片须安装强度可靠的钢板防护罩，以防锯片爆裂时发生飞溅伤害。

（2）正常生产时地面操作人员不得站立于锯片的正前方，以防锯花飞溅和锯片爆裂伤害。锯切不能超过额定的钢材支数。

（3）锯切时必须待型钢停稳后方可进锯。锯切时不得送钢，以免撞击锯片发生碎裂事故。

（4）更换锯片必须待锯片完全停稳后方可进行，高速运行的锯片不得用刚性物件止停，只能用木材等摩擦止停。

（5）锯片有锋利刃口，故搬运时必须戴好手套，吊运锯片必须使用专用吊索具。

8.2.4.2 剪切常见事故及安全防护

棒材轧制后需进行剪切工序，目前大多采用液压剪切机。剪切生产过程中常见事故有高速运行设备机械伤害、高温型材灼烫、物体打击及油类燃烧爆炸等。相应的安全防护为：

（1）操作前先熟悉剪切机安全使用说明和操作规程，操作时与地面人员落实安全确认。

（2）启动前检查确认各类安全防护措施是否安全可靠。

（3）对剪切机进行检修、调整以及在安装、调整、拆卸和更换刀片时，应在机床断开能源（电、气、液）、液压系统卸压、机床停止运转的情况下进行，并应在刀架下放上垫块或插上安全销。

（4）擦拭设备、清理垃圾必须停机断电。

（5）液压系统检修、动火，必须停泵并卸压，办理审批手续，落实清洗、隔离等防火措施。

8.2.4.3　矫直常见事故及安全防护

型材冷却后有不同程度变形，故需进行矫直工序。矫直机分压力矫直机、辊式矫直机等，生产过程中常见事故有高速运行设备机械伤害、物体打击等。相应的安全防护为：

（1）操作前先熟悉矫直机安全使用说明和操作规程，操作时要与地面人员落实安全确认。

（2）启动前检查确认各类安全防护措施是否安全可靠。

（3）更换矫直辊要选用合适的吊索具，捆绑牢固，吊放平稳。

（4）送钢时要保持一定的安全距离，要用钩子去拉钢，不得用手直接接触钢材，以免弯钢摇摆造成伤害。

（5）液压系统检修处理必须停泵并卸压，动火作业须办理动火作业审批手续并落实相应的防火措施。

8.2.4.4　钢轨钻铣常见事故及安全防护

钢轨因工艺要求需进行头部钻铣工序。钻铣生产过程中常见事故有高速运行机床机械伤害、物体打击、液压系统燃烧爆炸等。相应的安全防护为：

（1）操作前先熟悉钻铣床安全使用说明和操作规程，操作时要与其他人员落实安全确认。

（2）使用砂轮机磨钻头和刀片时必须戴好防护眼镜，以免砂屑伤眼。

（3）拆装刀片和钻头及处理故障时必须停机断电，送钢时要做好相互间的确认。

（4）操作钻铣床时不得戴手套。

（5）清理钻屑要停机，并用专用工具操作，不得用手直接清理铁屑，以免割伤或被机械卷入伤害。

（6）液压系统检修处理必须停泵并卸压，动火作业须办理动火作业审批手续并落实相应的防火措施。

8.2.4.5　卷取/运输作业常见事故及安全防护

线材、板卷轧制后需进行卷取工序。卷取/运输作业过程中常见事故有高速运行机床机械伤害、物体打击、液压系统燃烧爆炸等。相应的安全防护为：

（1）操作前先熟悉卷取机安全使用说明和操作规程，操作时要与地面人员落实安全确认。检查设备运转情况，必须通知台上操作人员，说明去向情况。

（2）处理废品时，现场必须有专人指挥、专人监护。在堆钢辊道上穿钢绳或切割废品时，必须先切断相应辊道组的驱动电源。

（3）处理和吊运卷取机内的废钢时，卷取机周围所有人员必须撤离至安全区。

（4）启动运输链及步进梁系统设备，应先确认运输链及步进梁系统区域无人工作。启动后，运输链及步进梁附近不准有人停留，以免翻卷伤人。

（5）运输链及步进梁运转时不准跨越。

（6）进入卷取机内作业时必须将所有卷取机的上张力辊落下，活门关闭，上导板辊台上升，成型辊打到最大限位，插上安全销。

（7）液压系统检修处理必须停泵并卸压，动火作业须办理动火作业审批手续并落实相应的防火措施。

【案例 8－4】 2004 年 3 月 20 日上午 7 时，某紧固件厂带钢打卷机操作工谭某与杨某、秦某一起操作带钢打卷机。谭某在打卷机北端操作卷带，秦某在南端操作发料，杨某在该机中间负责操作。7 时 20 分左右杨某去拉煤，回来后谭某已被打卷机的传动轴卷进。秦某听到有人说出事后立即去拉断总闸，看见谭某的衣服被传动轴缠住而导致死亡。

事故原因：直接原因是谭某忽视安全生产，操作时没有扣好工作服的扣子，衣角被传动轴卷进导致。间接原因是职工安全教育仅口头提醒，但没有制定岗位操作规程，职工在操作时无规可循和该厂设备传动部位没有设置防护装置。现场管理混乱、地面积水、杂物随地堆放是造成事故的又一原因。

8.3 冷轧安全技术

冷轧是在常温状态下，通过轧机设备对轧制钢材进行冷态加工形成最终产品，获得合适硬度、强度、塑性等力学性能，改善产品平直度、光洁度等使用性能。冷轧产品不仅有性能指标的严格要求，同时还有非常严格（如汽车板表面零缺陷表面交货）的表面质量要求。冷轧是轧钢企业中，生产工艺最为复杂、控制技术最为先进、危害因素最难识别的轧钢工序。高科技、高精度、高速度、高质量代表了冷轧的发展方向，构成了冷轧设备技术的特点，也预示了安全技术的科技特点。

8.3.1 冷轧工艺

冷轧是以热轧板带为原料，经过酸洗处理后，在常温状态下进行生产。而热镀锌板卷、电镀锌板卷、电镀锡板卷、复合板卷、彩色涂层钢等则是以冷轧带钢为原料，经镀层与涂层深加工得到的特殊用途的产品。

冷轧生产涉及的工艺燃料、辅料和动力能源介质与热轧相比较，主要是辅料和动力能源介质的种类有所增加，这也是影响冷轧安全生产的一个重要方面。

工艺燃料除电加热外，冷轧生产半成品和成品退火使用的燃料多数是煤气，有的是天然气或石油液化气。

辅料一是酸洗、盐浴、热处理等用的硫酸、盐酸、硝酸、氢氟酸以及工业盐酸等化工物料；二是冷轧、修磨、液压、润滑、脱脂等专用的轧制油、乳化液、修磨液、液压油、润滑脂以及脱脂液等油脂物料；三是镀层、涂层、彩板生产等使用的锌、锡等金属材料和聚酯、塑料等化学溶胶；四是机械除鳞、修磨、抛光、卷取、堆积、防锈、包装等使用的钢砂、修磨带、抛光轮、工艺纸、包装箱、打包带等精整或深加工用辅助物料。

动力能源介质包括一些加热、退火工艺（如光亮炉）使用的氢、氮等保护气体；一些特种钢材在连续生产线上焊接用的氩气、二氧化碳等气体。

8.3.2 冷轧生产中常见事故及安全防护

8.3.2.1 冷轧生产中常见事故

基于冷轧生产的工艺、设备特点和动力能源介质与原料、辅料、燃料类型，冷轧生产几乎囊括冶金工厂常见的各类危险、有害因素和伤害事故。相对于冶炼、热轧等前部工序，冷轧还有其独特之处。冷轧生产中，如高处坠落、触电、灼伤、电磁、高低温、振动及噪声等类同冶金工厂常见的各类危险、有害因素和伤害事故，前面各章节已有叙述，此处不再赘述，除此之外还主要包括以下几个方面：

（1）火灾。

1）炉窑炉压突高炉口喷火，煤气、油气储存和输送设施泄漏失火。

2）用氢气做保护气体的热处理炉进出口密封失效，氢气溢出失火。

3）盐浴炉、油淬火炉装入料潮湿产生高温炉液、炉油等喷溅引燃。

4）轧制油、修磨油、液压油、润滑油等油库、管沟区域用火失控。

5）变、配、用电设施使用不当、失修老化等产生放炮起火。

6）涂层、彩板使用的聚酯、塑料等化学溶胶的存储、使用不当失火。

7）积坑、地沟、下水管道等位置的废纸、纱絮，因火星失控引发火灾。

（2）爆炸。

1）煤气炉窑的点火、配气、燃烧、停炉等操作不当产生的回火爆炸。

2）用氢炉窑的氧含量、露点过限，或炉压失控而应急不当产生的爆炸。

3）水冷件缺水、堵塞，或配风配气的泄爆装置不动作产生的炉件爆炸。

4）煤气、煤尘、油雾等在半封闭空间达到爆炸极限，遇明火发生爆炸。

5）各类压力容器和管道的安全阀失效导致容器超压爆炸。

6）高压气瓶、液化气瓶及附件在运输、使用中破损产生气瓶爆炸。

7）热镀设备周围有水、工具及物料带水或液面过高，漏锌发生爆炸。

8）变压器、开关盘柜、高压电缆或高压电气故障产生燃爆及“放炮”。

（3）中毒。

1）使用、输送煤气的设施泄漏发生煤气中毒。

2）排放、泄漏处理酸、碱等不当，发生化学反应产生毒害气体引起中毒。

3）封闭或半封闭的水池、地沟、水井等场所产生的硫化氢气体引起中毒。

4）氰、砷、汞化合物等检验用有毒试剂存取、使用不当引起中毒。

（4）窒息。

1）进入含氮气、氢气的设施未进行彻底吹扫、置换，缺氧产生窒息事故。

2）使用的二氧化碳气体泄漏，进入相对封闭空间并积聚产生窒息事故。

3）进入球罐、炉窑等空间，吹扫、置换、通风不良等导致缺氧产生窒息事故。

（5）机械伤害。

1）在轧机、送料辊等入口侧作业不当造成肢体被成对的辊子咬入碾轧。

2）在卷取机、托辊等入口侧作业不当造成肢体被带钢卷进缠绕。

3）在链运机、活套等运动部件上作业，肢体被链条、牵引绳绞入撕拉。

4）在横切剪、废料剪等运动部件下处理故障不当造成肢体被剪切离断。

5）在狭小空间作业不当被突然推进或升降的运动物体造成肢体挤伤。

6）钢卷或成捆成垛钢材塌落、滚动、散包或“抹牌”造成肢体受碾压。

7）作业中冲头、压下、导板等装置失控，造成接触人员肢体受砸击。

8）某些钢种带钢、型钢等生产中产生的飞边、裂片等造成肢体受击打。

9）高速过钢的钢管头、钢筋头失控和人员站位不当造成肢体被刺戳。

10）在钢丝生产中接触钢丝不用工具或手套，手指不慎被毛刺划破。

11）打包机穿带或拉紧操作人员配合失误，造成手指被夹挤划伤。

12）作业场地有水有油、光线缺失、坑洼不平等造成人员砸伤或摔伤。

（6）起重伤害。

1）钢卷或线盘C形钩、立卷吊具等使用、维护不当，造成吊运中坠物。

2）捆带强度不够突然断裂，或打捆不当造成吊物在吊运中“散包”。

3）穿带或断带处理中使用行车辅助作业不当，造成料头或绳索头甩出。

4）罩式炉内外罩、轧机辊组等大型工具吊落太猛、移动晃动造成的挤撞。

5）在吊出单件时成排、成垛的钢卷、盘条等失稳产生的混动、塌落。

（7）化学性危害。

1）酸洗工艺中的酸雾收集、处理不良，易造成接触人员的吸入伤害。

2）某些除鳞液、脱脂液、清洗液逸散气体易造成接触人员的吸入伤害。

3）某些磷化、钝化、涂胶溶剂等逸散气体易造成接触人员的吸入伤害。

4）铅浴炉盖、覆盖剂，通风和个体防护不良，易造成人员的吸入伤害。

5）装卸、加注酸碱操作防护不当，溅出液体易造成人员的接触伤害。

6）酸洗设备、管道维修不良，跑冒滴漏的酸液易造成人员的接触伤害。

7）酸槽、盐浴炉上物料装卸失误，溅起液体易造成人员的接触伤害。

8）液氨瓶嘴阀或氨分解装置泄漏，氨液易造成人员的接触伤害。

9）进入酸碱装置未采取排空、冲洗等防护措施，易造成人员的吸入伤害。

（8）粉尘危害。

1）直接用煤粉炉窑炉压控制、烟尘和炉渣处理不当，易造成粉尘危害。

2）喷丸和喷砂设施密封耗损、回收和除尘装置不良等，易造成粉尘危害。

3）机械除鳞设施密封和除尘装置不良，铁鳞处理不当，易造成粉尘危害。

（9）放射性危害。

1）测厚仪、板型仪等隔离和屏蔽措施失控，易造成人员的放射性伤害。

2）射线型料位、液位计隔离和屏蔽措施失控，易造成人员的放射性伤害。

8.3.2.2　冷轧生产的安全防护

冷轧安全生产技术除了与机电安全通用技术、冶炼及热轧等其他工艺有相同之处外，还有自己独特的要求。

A　防火

对油库、主电室、电缆隧道等重点部位要规范操作管理和定置管理，严格巡检及动火管理；大型机组要有火灾探测、报警及自动灭火装置。

强化煤、煤气、液化石油气等的储存、传输和使用管理。大型煤储槽、储油罐、储气柜要有火灾探测、报警和安全联锁装置。

用氢气做保护气体的退火炉要保证炉体和炉口密封，严格炉压控制，特殊的部位要设置火灾监测、报警、联锁和自动灭火装置。

冷弯型钢、冷轧（拔）等用油淬火、回火工艺的熔融炉窑要有温度、火焰监控及安全联锁。冷却部位要有防止冷却水倒流措施。

轧机、修磨机等抽油雾装置，地下油库、液压站等通风换气装置的控制应与火灾自动报警、灭火装置有安全联锁装置。

涂镀、彩板等生产车间必须独立设置，应保证防火间距、消防通道和应急器材。必须有良好的接地保护、强制通风和消防措施。涂镀、彩板等生产工艺中使用的溶剂、树脂液、黏合剂等应集中统一配置，要采取相应的安全防范措施和消防应急手段。

供排油系统要有压力显示、泄压保护和安全联锁设施，重要的地下油库、管廊设置火灾监测、报警和自动灭火装置。

保证变压器用油、开关灭弧、变配电柜和电缆、用电装置等的电器防护措施。重要部位设置火灾监测、报警、联锁和自动灭火装置。

冷轧工厂的现场和地下积坑、管廊、地沟、下水管道等处的废纸、废布和油脂等易燃物要及时清理。动火与焊割前要确认无隐患，加强监护。

保持消防安全通道畅通，保持现场油脂、化工稀料、垫纸及垃圾等易燃物料定量定置管理有效，实施严格的现场禁烟制度。

B　防爆

煤气、燃气及易燃易爆溶剂存在区域要有明确的划分和告知标志。厂房建筑要符合防火防爆等级，使用防爆电气和照明设施必须符合规范。

炉窑要规范点火、升温、降温、停炉及事故应急操作，严格控制炉温与炉压，防止炉温过高塌炉和炉压失控回火炸炉。

热处理炉用供气、供油主管网要有低压监测、报警和安全联锁；加热设备、引风机、鼓风机之间应设置风压监测、安全联锁和泄爆装置。

炉窑烧嘴中途断火的处理、煤气燃气设备设施及附件等的故障处理，要严格按规范确认、关气等安全措施。

有水冷壁、水梁等水冷件的炉窑应配置安全水源并保证水质、水温、水压等测量及报警装置。

氢气做保护气体的退火炉要严格控制炉压及炉气含氧量和露点，要设置自动在线监测、报警和安全联锁及泄爆装置，保证有应急充氮设施。

压力容器和压力管道要严格按规范使用，压力表、安全阀要定期校验。气瓶要固定，安全附件要齐全。

热镀设备和接触镀液的工具以及投入镀液中的物料，应预热干燥。锌锅内的液面要严格控制与上沿的距离。热镀设备周围不得有积水。

高压电动机、变压器、开关盘柜和无功补偿装置等要按额定要求使用和定期整理调校；严防超载使用和违章操作造成电气“燃爆”。

C　防中毒

规范酸、碱、盐等化学物料的装卸、储存和使用，防止处理不当发生化学反应产生毒害气体。严禁乱用不同酸、碱种类的储槽、储罐。

进入水处理池、地沟、下水井等要保证通风换气和现场监护，对硫化氢等有毒有害气体检测合格后方可入内作业。

严格执行检验中氰、砷、汞化合物等有毒试剂的存取、使用等管理，严防丢失、扩散引发中毒事件。

D 防窒息

进入氮气、氢气、二氧化碳的设施要对气源进行可靠切断，要用空气吹扫置换，检测含氧量合格方可进入作业。

进入球罐、炉窑等密封或半密封空间，要保证吹扫、置换、通风手段，在检测含氧量合格情况下方可进入作业。

E 防机械伤害

在轧机、矫直机、送料辊、刷洗辊、挤干辊等入口侧作业，禁止手脚等接触转动辊子的咬入部位。

禁止不停车在卷取机、收线架、废边卷、转向辊、张力辊、托辊等入口侧作业处理带钢、线材、钢丝、废边角料等跑偏、粘料、缠丝等作业。

不得在链式运料机、活套塔、打包机等运动部位跨越、停留或作业；作业、巡检等过程中肢体不得靠近链条、牵引绳、钢带边。

在横切剪、纵切剪、碎边剪、废料剪等机械上处理故障必须停车，并且采用可靠的定位装置固定住剪切部位后方可进行。

在不能停机的情况下要到狭小空间工作，必须事先三确认：一确认运动件方向；二确认自己不会被挤；三确认能与外界保持联系。

钢卷或成捆、成垛钢材的移动、装卸、堆放时，要保证捆绑牢靠、环境无障碍及人员安全，放置位置平整或有卷架、挡铁。

对未退火的冷轧钢卷打捆带或开捆带中必须使用压辊压住带头，要选用强度有保证的钢捆带、卡具。人员站位要回避钢卷头甩出方向。

在型钢冷弯、冲压、矫平及冷轧钢管、钢筋矫直等作业中，站位要保持安全距离。禁止不停机接触冲头、压下、导板等装置。

要对某些钢种在冷轧、冷冲压等工艺过程中易产生的飞边、裂片有事先认识，避免接近设备周边；有条件的可设置挡板或护网。

在过钢速度较高的冷轧钢管、冷轧直钢筋生产中，作业人员不得站立于管头、钢筋头运行路线的前方。

钢丝在拉模、牵引机、导轮等各运行部位中，禁止作业人员徒手接触钢丝。处理异常必须停机。

在自动打包机穿钢、捆带或拉紧过程中，作业人员不得接近设备，禁止用手脚或工具接触钢捆带。

作业场地要平整，光照适度，及时清理积水和油污；在油库、液压站、润滑站等用油脂的设备设施上下梯、台时，人员要注意行走安全。

F 防化学伤害

保持酸洗设备的酸雾处理或废气排放装置处于有效状态，环境通风换气正常，作业人员做好个人防护。

使用某些除鳞液、脱脂液、清洗液等化工物料的装置要保持密封有效，环境通风换气正常，作业人员做好个人防护。

涂层、镀层、彩板工艺用的磷化、钝化、涂胶、涂色溶剂等在工艺装置中要保证密封有效，环境通风换气正常，作业人员做好个人防护。

使用铅浴炉热处理钢丝的工艺，要保证炉盖密封有效，覆盖剂充足，环境通风换气正常，作业人员做好个人防护。

装卸、加注、加热工艺用酸、碱、盐的作业人员要使用带面具的头盔、防酸碱的手套和工作服，要保持与加注管头的安全距离。

加强酸罐、酸管道阀门和酸加热装置等的检查维修，及时处理跑冒滴漏，作业人员做好个人防护。

冷轧钢管、冷弯型材或拉拔钢丝等在酸液槽、盐浴炉等中进行处理时，要严格捆绑、吊运、装卸操作，保证物件轻入慢出，防止飞溅。

装卸液氨瓶要防止碰撞瓶口阀。使用氨分解制氢、氮保护气体的装置，要保证设备的严密性，要规范氨分解汽化的操作。

酸、碱化工装置在入内检查、清理废渣、动火修理等作业时，必须按规范进行排空、冲洗，并采取防护及专人监护措施。

G 防粉尘伤害

直接使用煤粉做燃料的加热炉要控制炉压为微正压，保证抽尘和炉渣装置有效，通风换气正常，人员要做好个人防护。

喷丸、喷砂方式除鳞设施，要保证密封、丸粒回收和除尘装置有效，通风换气正常，人员要做好个人防护。

机械方式除铁鳞设施，要保证密封、除尘和铁鳞处理装置有效，通风换气正常，人员要做好个人防护。

H 防放射性危害

测厚仪、板型仪等装置的隔离和屏蔽措施必须牢固有效，周边有安全警示牌和禁止靠近的措施。非专业人员严禁接触设备。

射线型的料位、液位控制装置的隔离和屏蔽措施必须牢固有效，周边有安全警示牌和禁止靠近的措施。非专业人员严禁接触设备。

8.3.3 平整分卷的安全防护

（1）设备启动前，要确认设备周围、沟坑无人，方可启动。

（2）在步进梁上做捆带切除时，必须注意站位，防止卷尾弹开伤人，上料步进梁启动前，必须确认天车夹具已离开钢卷。不得跨越带钢、辊道、步进梁。

（3）不得用手直接触摸钢卷，避免烫伤。处理异常卷时注意自身站位，避免钢卷外圈伤人。

（4）测量原料参数时，要注意自身站位，待步进梁静止时才能进行测量。

（5）处理检查矫直辊、张力辊时，必须在上、下辊间垫木头，需要更换相关件时，也必须停止本设备液压系统并卸压。

（6）进入地沟作业必须两人以上，加强联系确认，设立警示标志或派专人监护。处理作业线上的异常情况或进行带钢分离作业时，必须全线停机，专人监护。

8.3.4 冷轧常见事故案例

（1）不停机处理设备故障导致的伤害事故。

【案例8-5】1992年2月21日，某冷轧厂原料酸洗工段机组甲班上夜班按时开班前会，对各岗位人员进行了分工。吴某负责开卷，接班后按照生产计划酸洗厚度为3.5mm的不锈钢板卷。约4时30分许，当准备第17个钢卷时，吴某发现链运机链条不能正常运转，随即报告班长。班长在检查中发现卷筒弧形垫块卡在链条和开卷机架之间，便找到一个长约1.6m的切条，自制成钩子，站在开卷机架东南侧钩垫块。这时吴某随后也到开卷机东北侧趴在开卷机架上，将头伸入开卷机架东侧挡板内观察，头部不慎被挤在卷筒胀缩缸和挡板之间而导致死亡。

事故原因：直接原因是陈某不停开卷机处理故障，违章作业，而吴某将头部直接伸入正在运转卷筒和机架挡板间观察导致挤伤。间接原因是开卷机卷筒垫块固定不牢，时有脱落问题。管理原因是安全培训教育不够，现场动态管理有漏洞，作业人员安全意识不强，自我防范能力较差，盲目冒险作业等。

（2）横剪机挤伤手事故。

【案例8-6】2008年2月22日冷轧厂重卷机组丁班接班后重卷机组生产第一卷时，由杨某和杜某配合进行取样，待取完两块样板后，准备正常过钢时带钢卡在2号横剪机入口，此时卷取工杨某在未使用工具并且没有明确的语言联络和手势的情况下，背对操作台用左手去搬动带钢进行穿带。这时另一名卷取工杜某，试图抬高横剪机剪刃，使带钢头抬起通过剪刃区域，但在启动剪刃前，没有通知杨某启动设备，私自按下横剪机按钮，造成杨某左手食指、中指、无名指被挤伤。

事故原因：直接原因是杨某在处理卡钢时没有使用专用工具，违反冷轧厂卷取工“严禁徒手触摸运行中的带钢和设备”的规定。主要原因是杜某在启动设备前，没有对在横剪机入口工作杨某进行严格的安全确认，违反冷轧厂卷取工岗位安全操作规程。

（3）违规用手调整运转设备致人身伤害事故。

【案例8-7】2002年8月26日10时40分，某钢铁公司轧钢厂精整车间副主任陈某在经过清洗机列时，发现从清洗箱出来一块板片（2mm×820mm×2080mm）倾斜卡住。陈某在没有通知主操纵手停机情况下，将戴手套左手伸入挤水辊与清洗箱间空隙（约350mm）调整倾斜板片。由于挤水辊在高速旋转，陈某左手被带入旋转挤水辊内，造成手部重伤。

事故原因：这是一起典型的由于违反安全操作规程而造成的事故。事故的原因是陈某在不停机状态下处理故障，并戴手套操作旋转设备；主操纵手工作不负责，未及时发现设备故障；同时，车间安全管理混乱，管理制度不完善，监督管理不严。

8.4 轧钢设备检修安全

设备可靠性、维修性、安全性是轧钢设备推崇的管理模式，计划定修、故障抢修、设备维修形成了轧钢设备的检修维护保养模式。据统计，轧钢安全事故80%以上发生在设备检修、故障处理或者与设备相关的作业过程。轧钢设备检修安全控制，是降低安全事故发生的重要环节。

检修是保障设备在设定生产周期内良好运行的措施，一般由设备的日常点检维修、周期性计划检修、综合性设备年修、设备中长期中修与大修及非计划故障抢修等构成。

检修安全就是通过检修过程的危险预知与预防，消除检修过程中存在的危险因素对人的伤害、对设备的损坏、对环境的危害。事故的预知与预防是检修过程主动安全，避免盲目上场、莽撞作业、发生事故事后分析、被动吸取教训的有效手段。

8.4.1 轧钢检修中的主要危害因素及其防范措施

轧钢检修可分为机械检修、液压检修、动力介质管网检修、高压电器检修、电气仪表检修、起重设备检修、炉窑检修等。检修中的主要危害因素仍然是机械挤压伤害、物体打击、高处坠落、起重吊具、电击灼伤、中毒窒息、火情火灾、高温、射线辐射、尘毒等。设备定期检修，特别是综合性年修，往往是时间紧、规模大、人员多、专业全，多工种、多单位、多层面在同一工作区间作业，甚至是在狭小工作台面上进行平面交叉作业、立体配合作业。这已成为轧钢检修作业的特色。

在每年年修中，平时无法停机的高压电气设备、起重吊运设备、公辅水电风气供给设备、全线机电动力设备都会利用这个时机同时检修。此时，不同单位、不同专业、不同作业面交叉检修，完成各自检修工作，各种危害因素交织混淆成为必然。这就需要检修组织者加强科学管理，重视安全技术，利用有效工具，防范危害发生。

8.4.2 起重作业与检修中的主要危害因素及其防范措施

起重机及起重吊具种类繁多。起重机按驾驶方式分有固定驾驶室与随动驾驶室之分，按主梁分有单梁与双梁之分。起重吊具按控制方式分有机械吊具、电控吊具、液控吊具、电磁吊具等。起重机在轧钢工序承担着参与生产和配合检修的双重任务。由于起重机行驶空间高、运行节奏快、被吊物件视线远、检修装配部件精度高、检修吊物工件杂、安装作业空间小等工作特点，起重设备成为安全事故的主要来源之一。为此，在轧钢检修之前，需制订针对性的应急预案与防范措施，对所使用的吊车予以维护，对操作司机进行选拔和培训。在检修配合中，严格遵守操作规程，执行规范指吊动作，服从统一指挥，精心操作，精细控制。

（1）人机分离控制。为减少检修过程中的起重机失控，在操作上要提高操作人员的操作技能，注重指吊站位，严格遵守安全操作规程，找好挂件施力重心部位，平稳起吊。同时，应尽量采取人机分离措施，以避免起重机的不安全状态与人的不安全行为处于交叉状态。

（2）卷扬过卷防护。为避免吊钩向上操作失误或极限接点故障，应增加位置控制接点检查频率，还可采用先进的智能位置控制技术，在现有极限触点设计基础上，增设非接触式智能电子位置传感设备。这种双重安全设计会使事故概率大幅下降。

（3）防撞措施。传统的防撞措施是采用机械或液压缓冲器。这是一种被动的缓冲方式，而不是真正意义上避免物体相撞的本质安全设计。近年来出现的红外或雷达电子防撞技术，可集预警与起重机智能制动于一身。它的基本工作原理是：当红外、雷达等测距传感器，发现相邻吊车到达非安全距离时，发出报警信号，双方司机可采取相应减速措施。当相邻起重机到达危险距离时，系统自动采取减速、制动措施，以避免吊车相撞事件发生。

（4）检修伤害防护。起重机自身的检修，是轧钢设备检修的一部分。“五子操作法”是武钢总结推广的起重机检修的安全防护经验。“五子”是指隔离的绳子（在起重机检修时要在地面用安全绳子围成检修隔离区）、停电的牌子（按照检修安全规程，检修时需用停电牌换取起重机司机操作牌）、检修的旗子（在被检修的起重机明显的地方要悬挂检修旗子，以标识该机的状况）、轨道的卡子（在被检修起重机的轨道两端打上安全卡子，中大型企业同一轨道上，常配置两台以上的起重机，为避免相邻起重机失控撞击检修本体，需在行车轨道上打上安全卡子）、互保的对子（在高空起重机检修中，配合作业人员之间结为互保对子，彼此进行安全监护）。实践证明，该检修操作法简单易行，措施明确，效果显著。

8.4.3 机电设备检修中的主要危害因素及其防范措施

轧钢机电设备检修期间是各类安全事故的高发时段，其危险有害因素表现为动态不确定变化特性。

（1）电气伤害。高压电击、短路放炮伴起火灼伤、放电伤害、触电伤害是轧钢电气检修中常见的危害。针对这类伤害，应在检修中严格执行停电制度。有些企业采用“供电牌用电，操作牌生产”制度，这既是一种管理制度，又是一种技术行为。在检修作业前，要执行停电确认制度，对含有蓄能的电器件（如电容器），要采取放电措施。在检修作业中，要尽量采用停电检修，包括低压电器检修。

（2）机械伤害。轧钢设备作业线长，部件专业分工细，专业配合协调紧密，包括挤压伤害、物击伤害、起重伤害、坠落伤害等在内的事故伤害，是检修过程中最突出的机械伤害。针对这类伤害，在检修作业过程中，首先要严格遵守设备检修规程，检修作业前做好安全防护措施，如夹送辊、支撑辊、飞剪活动臂、助卷机构等活动部件插好安全销；对高压液动系统要采取泄压措施；对高温炉窑、蒸汽设备采取降温措施；对于可滚动滑动设备采取固定措施。在检修作业中，按照高处作业、高温作业、井下作业、移动设备检修技术规范施工，吊具在检修拆除与安装施吊中，要确认吊具、被吊物重心稳定；在吊物装配过程中，施工人员要始终站在安全位置；在立体作业面交叉检修时，检修管理者必须统一协调，禁止在同一平面上垂直作业并设置检修区域防护警示栏。高处作业人员要佩戴安全带，随身工具要用绳索系牢以防坠落伤人。在开机试车过程中，检修人员要撤离现场，严禁检修与联动试车交叉作业，要明确操作与检修负责人之间对口衔接送电、送气、开机、试车。

8.4.4 能源介质检修中的主要危害因素及其防范措施

氢氧爆燃、乙炔回火、氮气窒息、煤气中毒、液压击穿、制气原料腐蚀等能源介质危害是由其自身理化特性决定的。这些介质一般都是以液态或气态形式使用，它们有的无色无味，扩散性极强，具有很大隐蔽性，极易造成重大恶性事故。

轧钢车间常用能源介质是煤气，煤气通常分焦炉煤气、高炉煤气、高焦混合煤气、发生炉煤气等，在管网设备检修作业前，应根据煤气易燃、易爆、易中毒的危害特性，制订相应的应急预案。在关闭检修区间管网接口阀门后，堵上隔离盲板，然后用氮气或蒸汽等中间介质对检修管网、设备进行吹刷放散，在吹刷中应防止中间介质的次生事故发生，要防止遗漏吹刷死角，要科学确定放散排口，放散区域要做好安全监护，禁止所有明火作业，禁止无关人员进入该区域，禁止各类汽车等交通车辆进入该区域。吹刷结束后，用一氧化碳检测仪对管内气体进行检测或通过煤气爆发试验检验管网中残余煤气浓度，确认安全施火条件。检查确认安全合格后，方可进行检修作业。检修完毕要按检修前吹刷的逆程序对管网、设备进行吹刷、送气、检测。组织煤气停送是一项专业性很强的工作，需要具有相应专业资质的部门与人员来承担。

8.5　轧钢车间劳动保护常见事故及安全防护

轧钢车间地面油渍较多，造成摩擦系数过小易跌倒，并且由于轧钢车间的许多设备布置在不同标高平面上，现场落差也会造成跌落伤害。针对这种危害，现场人员劳保鞋穿着要得当，要在设计时考虑围栏防护装置、移动设备随动盖板装置，设计花纹钢板地面、防滑地面等。

坯料库和成品库管理中常见事故有高温物质、起重设备等。地面作业人员必须穿戴防高温辐射的工作服和面罩等，穿防砸的劳保鞋。

加热炉区域的主要危险有害因素有高温加热设备、高温物流、煤气等易燃易爆和有毒有害气体等。作业人员必须穿防高温辐射的工作服，进入炉区必须佩戴便携式煤气报警器，进行带气作业时必须戴好空气呼吸器。轧钢操作点测得的辐射热达 4180kJ/m，产生的红外线辐射可以使上呼吸道发生慢性疾病，作业人员必须定期进行体检。

暑天为补偿出汗而提供的饮料，有可能被冷却到远低于允许的低温，若仓促饮用，会引起胃肠失调。解渴的饮料温度不能低于 10℃，并且，应该养成每次饮用量不超过 0.3L 的习惯。此外不要正对高温工作场所风扇和鼓风机的位置吹风，以免着凉。

整个轧制区会产生很大噪声。轧机和矫直机的齿轮箱、高压水泵、剪切机和锯床、成品抛入坑内或金属挡板拦住正在移动的材料，都会发出噪声。这种噪声的强度不仅会损害人的神经系统，甚至会使人耳半聋。操作时发出的噪声，其强度一般约为 90dB，峰值往往达 115dB，甚至更高，即使是现代化的轧机，其噪声平均强度也接近 85dB。如果技术措施还不足以限制噪声的干扰，操作人员就需要戴护耳器。

振动用高速冲击工具清理成品，可导致肘、肩和锁骨关节及尺骨远侧骨和桡关节变形，或使肘骨和月骨受到损伤。材料送入轧辊辊隙时发生的反冲击和弹跳，可能使轧钢工手臂系统的关节受损伤。一般采用控制振动源、控制共振、隔振技术和加强个人防护来减少振动的危害。

使用火焰清理机及气割装置时会产生有害气体，可能吸进有毒的颗粒。焊接会产生臭氧，吸入臭氧造成的刺激与 NO_x 的刺激相同。均热炉和加热炉的值班人员可能暴露在有害气体中，有害气体的成分与所用材料（高炉煤气、焦炉煤气、油）有关，通常含有一氧化碳和二氧化碳。经常暴露在这种环境中的工人应定期进行体检。

用油雾润滑轧钢设备的工人，其健康可能受到油和油中所含添加剂的危害。用乳化液作为冷却剂和润滑剂时，要保证油和添加剂的比例正确，这样不但能排除它们对黏膜的刺激，而且还能防止与之接触的工人患急性皮炎。

在酸洗工序，加热盐酸清除热轧氧化铁皮过程中，会产生大量挥发性氯化氢气体；在镀锌钝化过程中使用的铬酸物质有剧毒；在氨分解装置分解时容器管道和液氨瓶嘴阀门或管件泄漏，都会使氨气挥发分解；在电解脱脂工序，氢氧化钠、碳酸氢钠电解会产生化学沉淀物，操作人员在处理断带碎片、查找辊组异物造成带钢划伤缺陷时，都需放掉电解液后进入电解槽体内作业，此时尽管穿着防腐劳保用品，但碱性化学沉淀物仍容易让人员滑倒造成化学灼伤；在镀锌钝化处理过程中使用的铬酸物质溢散在生产场所或接触人体都会造成无机物化学伤害。针对这类危害，应保持酸碱设备及挥发气体处理与排放装置和备用设备处于正常受控，厂房环境通风换气设施良好，作业人员正确穿戴劳动防护用品。装卸、加注酸碱类物质的作业人员应使用带面具的头盔、防酸碱手套和工作服，保持与加注管头的安全距离。在酸碱区域配备综合溶剂（如在酸洗区域配备碱性综合溶剂，脱脂区域配备弱酸综合溶剂），也要做好现场应急处置预案，一旦发生事故，能将事故损失减少到最低限度。

在轧钢乳化液冷却过程中产生的雾状挥发物，油雾润滑、油库溢散的有机物，在镀锡油膜清洗检测中采用的四氯化碳，彩涂常用的香蕉水、聚氨酯、环氧树脂、苯酚类物质的逸散气体容易造成接触人员有机化学吸人伤害。针对这类危害，应当保持厂房通风换气设施良好，使挥发性有机气体迅速排出；有些化学品应当按照操作规程在抽风罩内作业；作业人员应正确穿戴劳动防护用品，装卸、加注有机物质的作业人员应使用带面具的头盔、防护手套和工作服，保持与加注管头的安全距离。

9　动力部安全生产技术

9.1　动力部生产工艺及安全生产特点

动力部是保证各种压力蒸汽、压缩空气、氧气、仪表风、循环水、电力等维持工厂运行的公用动力的生产、供应及调配，包括给水、供电、制氧、供气、除尘和维检等车间。

9.1.1　主要生产工艺

9.1.1.1　发电厂生产工艺

电能是工业发展的主要动力。冶金企业的自备电厂属于火力发电，其生产过程如图 9-1 所示。燃料送入锅炉 1 中燃烧，放出热量将给水加热蒸发并形成饱和蒸汽。饱和蒸汽进一步加热后成为具有一定温度和压力的过热蒸汽。过热蒸汽通过蒸汽管道进入汽轮机 2 膨胀做功，高速气流推动汽轮机转子并带动发电机 3 的转子一起旋转发电。蒸汽在汽轮机中做完功以后排入凝汽器 4，并在凝汽器中被循环水泵 11 提供的冷却水冷凝成为凝结水。凝结水经凝结水泵 5 升压后打入低压加热器 6，利用汽轮机的抽汽将其加热后送入除氧器 7 中加热并除氧。除氧后的凝结水连同补给水由给水泵 8 升压，经高压加热器 9 进一步提高温度后送回锅炉。火力发电厂的生产过程就是不断重复上述循环的过程。汽水系统中的蒸汽和水总会有一些损失，故需要不断向系统补充经过化学处理的软化水。补充水通常是送入除氧器（或凝汽器）中。

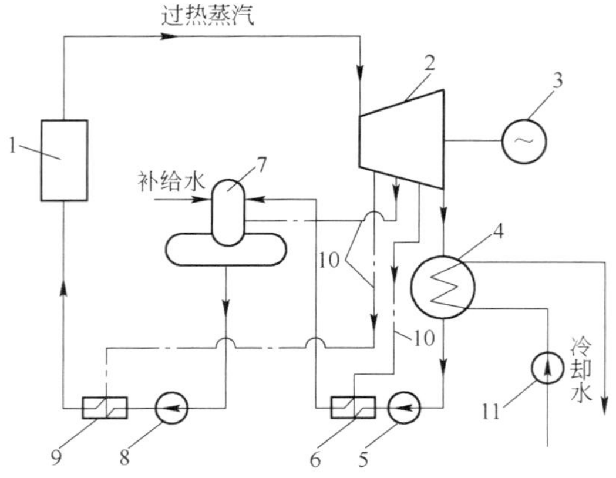

图 9-1　火力发电厂生产过程示意图

1—锅炉；2—汽轮机；3—发电机；4—凝汽器；5—凝结水泵；6—低压加热器；7—除氧器；8—给水泵；9—高压加热器；10—汽轮机抽汽管道；11—循环水泵

9.1.1.2 制氧生产工艺

氧气在钢铁企业具有重要地位。随着氧气炼钢、高炉富氧等强化冶炼措施和钢坯自动火焰清理新技术的采用，钢铁企业用氧技术发展很快，已成为国民经济中最大的用氧部门。钢铁企业普遍采用大型制氧机组（$60000m^3/h$ 及以上制氧机已不鲜见），并考虑综合利用。

氧气的制取方法一般有化学法、电解（水）法、变压吸附法、膜分离法和深度冷冻法等。

深度冷冻法制氧，以空气作原料，电耗低，大型制氧机制取 $1m^3$ 氧气仅耗电 0.45～0.55kW·h，成本低廉，最经济。此法制氧产量高（目前国外已有小时产氧 $100000m^3$ 的制氧机）、质量好（纯度 99.6% O_2）、运转周期长（2～3 年加温解冻一次）、安全连续运行、工艺成熟，因而在工业上被广泛应用。其制氧原理及工艺流程简述如下（见图 9-2）：空气加压、冷却、液化，利用氧组分与氮组分沸点的不同（1 个标准大气压下氧沸点为 -182.98℃，氮为 -195.8℃），在精馏塔内，上升蒸气与回流液体在塔板上接触时，进行传热、传质，多次部分冷凝与部分蒸发，高沸点的氧组分不断冷凝进入液相，低沸点的氮组分不断从液体中蒸发进入上升蒸气，使下流液体氧含量越来越高，上升蒸气中氮含量越来越高，达到空气分离得到氧、氮的目的。

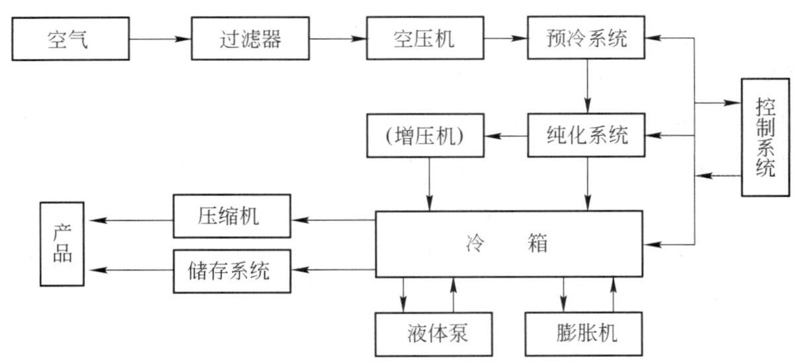

图 9-2 氧气生产流程图

9.1.2 安全生产特点

动力部是公司特种设备和特种作业人员最多的一个部门，设备多而杂，分布面广，且工作在高温、高粉尘、高噪声的环境。诸多客观因素给安全管理工作带来极大的不便。安全是车间工作的重中之重，车间始终要坚持“安全第一，预防为主”的思想，扎实做好安全管理工作。

9.2 动力部常见事故

9.2.1 锅炉常见事故

锅炉运行中可能发生各种事故。根据严重程度，锅炉事故可分为爆炸事故、重大事故和一般事故 3 类。

9. 2. 1. 1　爆炸事故

锅炉主要受压元件——锅筒（锅壳）、炉胆、管板、下脚圈及集箱等发生较大尺寸的破裂，瞬时释放大量介质和能量，造成爆炸。锅炉爆炸通常有以下 3 种情况：

（1）超压引起的爆炸。锅炉主要受压元件的介质压力超过了其允许计算压力，并达到爆破压力，造成爆炸。引起超压爆炸的原因有：安全阀、压力表等安全装置失灵；操作人员脱岗睡岗，放弃对设备的监控；关闭或关小出汽阀门造成锅炉“憋烧”；无承压能力的生活锅炉改作承压蒸汽锅炉。

（2）缺陷引起的爆炸。在未超压超载情况下，锅炉主要受压元件产生裂纹、严重变形、腐蚀、组织变化等缺陷而导致爆炸。

（3）严重缺水导致的爆炸。直接受火的锅炉筒体、封头、管板、炉胆等，如严重缺水并突然加水，常会导致锅炉爆炸。

9. 2. 1. 2　重大事故

锅炉部件或元件严重损坏，被迫停止运行进行修理的事故，即强制停炉事故。这类事故有多种，不仅影响生产和生活，也会造成人员伤亡。

其中缺水事故、满水事故、汽水共腾、过热器管损坏等属于蒸汽锅炉事故。其余事故在蒸汽锅炉、热水锅炉中均可能发生。缺水事故、炉膛爆炸事故发生率高，后果更严重。

（1）缺水事故。缺水事故表现为水位表水位低于最低安全水位、虚假水位或看不到水位；过热蒸汽温度及排烟温度异常升高。引起缺水的原因有水位表管路及阀门堵塞、给水设备及管路故障、排污阀及放水阀泄漏、炉管爆破、运行人员放弃监视。

（2）满水事故。满水事故表现为水位表水位高于最高安全水位，虚假水位或看不到水位；过热蒸汽温度降低，过热器内水击。引起满水的原因有水位表失灵、给水自动调节失灵、运行人员放弃监视。

（3）汽水共腾。汽水共腾表现为水位表内水位剧烈波动上升，过热蒸汽温下降，过热器内水击。引起汽水共腾的原因有锅炉水水质恶化，含盐量及碱度过高；用汽负荷增加过快。

（4）炉管（水冷壁、对流管束、烟管）爆破。炉管爆破表现为有爆破声及喷汽声，水位、气压显著下降，炉膛负压变为正压，排烟温度降低。引起炉管爆破的原因有管壁结垢、严重缺水、水循环故障、热膨胀受阻、腐蚀减薄、管材或焊接缺陷、吹灰不当、管内异物堵塞。

（5）过热器管损坏。过热器管损坏表现为过热器部位喷汽，给水流量明显大于蒸汽流量，烟气负压变为正压，排烟温度降低。引起过热器管损坏的原因有过热器内结垢、蒸汽超温、热偏差过大、管内积水腐蚀、管材或焊接缺陷、管内异物、吹灰不当。

（6）省煤器管损坏。省煤器管损坏表现为水位下降，给水流量大于蒸汽流量，省煤器部位有喷泻声，烟温降低。引起省煤器管损坏的原因有启动保护不当、外部低温硫腐蚀、内部氧腐蚀、烟气及飞灰磨损、管材及焊接缺陷。

9.2.1.3 一般事故

一般事故是指锅炉运行中发生了故障或损坏，但情况不严重，不需要立即停止运行。

(1) 轻微缺水：运行中水位低于规定的最低水位，但仍可见水位时。

(2) 轻满水：运行中水位虽高于规定最高水位，但水位计上仍有读数。

(3) 磨煤机断煤：给煤机的落煤管或给煤管堵塞、给煤机故障断煤等。

9.2.2 制氧常见事故

氧气车间制氧总量大，除生产氧气外还同时生产氮、氩、氪、氙、氖、氦、氢和压缩空气等九大系列很多种不同规格的工业气体和百余种特种气体产品。在氧气生产中，燃烧、爆炸、低温冻伤、氮气窒息、机械以及电气方面的事故常见发生。

氧气与可燃气体（如氢气、一氧化碳、乙炔等）能形成具有爆炸危险的爆鸣性气体，一旦达到引燃引爆所需的能量，就会发生激烈的、威力巨大的爆炸。表 9－1 是几种工业生产中最常见的可燃气体在空气和氧气中形成爆炸性气体的上、下限的体积百分比。

表 9－1 常见可燃气体的着火温度、爆炸范围

可燃气体名称	分子式	着火温度/℃	爆炸范围（体积分数）/%			
			在空气中		在氧气中	
			下限	上限	下限	上限
氢气	H_2	585	4.0	75.0	4.65	93.9
乙炔	C_2H_2	299	2.5	100	2.5	100
一氧化碳	CO	651	12.5	74	15.50	93.9
甲烷	CH_4	537	5.0	15.0	5.40	59.2
乙烷	C_2H_6	515	3.0	12.5	4.10	50.5
丙烷	C_3H_8	466	2.2	9.5	2.3	55
乙烯	C_2H_4	450	3.1	32	2.9	79.9
丙烯	C_3H_6	927	2.4	10.3	3.10	52.8
氨气（无水）	NH_3	651	16	25	13.5	79.0

9.2.2.1 氧气瓶的爆炸

(1) 物理爆炸。发生物理爆炸前，气瓶一般都有明显的变形过程，可以在超过设计的工作压力的条件下发生，也可以在不超压的情况下爆炸。

(2) 化学爆炸。由于瓶内发生激烈的化学反应，产生高温，瓶内气体急剧膨胀形成高压。爆炸前，气瓶发生变形的过程极短，一般都在瞬间发生爆炸，实际分析其过程仅 2～3s。在充氧过程中，爆炸一般都发生在打开或关闭瓶阀和充氧总闸的瞬间；在焊接、切割时，氧气瓶的爆炸一般都发生在工作结束、关闭焊枪的瞬间。但从爆炸可能发生的时机分析，使用时开关瓶阀的瞬间也可能发生爆炸，但其几率小。由于氧气瓶爆炸的威力大，且具有突然性，所以，氧气瓶一旦发生爆炸，对操作者和现场人员的安全威胁很大。

9.2.2.2　其他燃烧、爆炸事故

（1）液氧泵迷宫密封爆炸。液氧泵爆炸均发生在迷宫密封结构的液氧泵，且多数是在启动前，进行人工盘车时发生。

产生燃烧或爆炸需要有三个必要和充分条件：即有可燃物质、助燃物质和明火源（引爆源）。可燃物质是轴承润滑脂，微量的油脂或油蒸气可能进入靠近轴承处的密封室。助燃物质氧气来自液氧泵本身，泄漏到密封室。虽然在操作中规定，密封室的密封气压力要略高于密封前的压力，但是当精馏塔内压力波动时难以绝对保证。此外，如果迷宫间隙过大，则在停车时由于迷宫内处于静止状态，泄漏量会更大。氧气不但会充满迷宫密封室，还可能进入电机机壳。明火的产生有两种可能：一是迷宫密封间隙过小，尤其在低温状态下发生变形，加之如果密封的动静环均采用黑色金属，在盘车时用力过猛，发生金属相碰，就会产生火花；另一种是电机受潮漏电，也会产生火花。

（2）粗氩爆炸。工业上一般采用加氢除氧的生产氩气工艺，这种工艺要用氢气燃烧来除去粗氩中的氧气。氧气和氢气的同时存在，在操作工艺指标控制不好或管理不当时，就可能发生爆炸事故。如：

1）氢气瓶阀、加氢减压阀或加氢阀泄漏在局部空间形成爆鸣性气体。

2）粗氩工艺指标控制不好，使其中的氧含量高，超过3%。

3）加氢指标控制不好，工艺氩中氢气量超过太多，在工艺氩与粗氩气柜有循环阀的系统中，有可能使氢气进入粗氩气柜，并与其中的氧气形成爆炸性气体。特别是在加氢用的减压阀和加氢阀关不严或停车时以上阀门未关闭等情况下，更易发生上述情况。

（3）电缆、电机等烧毁事故。制氧车间内，因为氧气的泄漏，甚至将液氧排入地沟，从而使地沟、电缆沟中的氧气纯度往往比较高，有的甚至达到70%～80%，加上设备维护检修不够，润滑油流入地沟、电缆沟的事故也常常发生，而电缆的绝缘层本身就是可燃物。这些都使电缆、电机的燃烧具备了必要的条件，如果烟火管制及动火制度不严及电缆使用年限长，外包的绝缘层损坏而引起电火花等，都能造成电缆燃烧、电机烧毁等事故。另外，电缆、电机烧毁还与其自身的安装、接头、超载等原因有关。

9.2.2.3　其他事故

燃烧、爆炸以外的事故类型比较多，如活塞式压缩机的撞缸、液击等重大事故，氮气窒息伤亡事故等。另外，还有电气、仪表等非制氧行业所特有的事故。

（1）撞缸。压缩机运行中，由于活塞、活塞杆的热胀伸长或十字头、曲轴等连接部件松动等原因，活塞和气缸间的相对位置发生变化，当变化量大于预先所留的空隙时，就会发生活塞与缸盖的直接撞击。

异物进入气缸会导致撞缸。检修中由于工作疏忽常有螺栓、螺母、工具或其他金属异物放在气缸内，盖缸时又忘记取出，试车时发生撞缸。运行中落入气缸的异物主要有阀片、弹簧的断裂碎片、阀门紧固螺母、螺栓及阀座断裂碎片。

曲轴、连杆、活塞杆等部件断裂也会发生撞缸。

（2）液击。液击是由于液体的不可压缩性而引起设备破坏的事故。其根本原因是气缸

中存在较大量的液体。例如，气缸冷却水套与缸套间的O形胶圈密封不严，停车时大量冷却水漏入气缸内，或中间冷却器泄漏，停车时大量冷却水漏入吸气管道中，设备启动后水被吸入气缸而发生液击。用水润滑的氧气机，停车后未及时关闭润滑水阀门，使大量润滑水在气缸内积聚。用碱液洗涤二氧化碳的制氧工艺流程，由于操作失误和空气管道上的止逆阀失灵，使碱液倒入空压机气缸中。运行中油水分离器长期不排放油水，使油水分离器中的液体满缸，停车后重新启动时即可能造成大量油水进入气缸。

(3) 氮气窒息。在氮气含量较高的地方，氧含量低于18%时，人就有发生缺氧窒息的危险。

1) 制氧厂同时生产高纯度的氮气和氩气，如操作人员在检修等作业中出现失误或氮(氩)气设备、管道泄漏，可能发生窒息事故；在空气分馏塔内进行氩弧焊，如果不注意进行通风，容易引起窒息事故。

2) 空气分馏塔检修扒珠光砂时，如果措施不当，珠光砂会发生坍塌或发生砂爆，可能造成人员窒息甚至死亡。

(4) 低温冻伤、烫伤。如果操作人员不慎接触制氧厂生产、加工、储存液态氧(液态氮、液态氩)的设备及管道的裸露部分，可能造成冻伤；接触蒸汽管道、压缩机高温部位和管段会造成烫伤。

(5) 噪声。制氧厂噪声主要来源于高压气体放散、分子筛系统切换放空及管道和容器气体流动产生的噪声；空气压缩机、氧气压缩机、氮气压缩机、透平膨胀机、冷冻机、各种泵等转动设备产生的机械噪声。

噪声对人体的作用分为特异性作用和非特异性作用两种。特异性作用是指对听觉系统的损害。长期接触强噪声，可引起听觉系统受损，主要表现为听力下降。听力损伤的发展过程首先是听觉疲劳(生理性反应)，如继续接触则发展为病理性改变，称为噪声性耳聋。非特异性作用是指对其他系统的影响，如噪声可引起中枢神经系统抑制和兴奋过程平衡失调，自主神经功能紊乱，表现为神经衰弱、血压不稳等。对消化系统的影响主要是胃肠功能紊乱、食欲减退、胃液分泌减少、胃肠蠕动减慢等。

(6) 氧中毒。常压下，当氧的浓度超过40%时，有可能发生氧中毒，吸入40%～60%的氧时，会出现胸骨后不适感、轻咳，进而胸闷、胸骨后烧灼感和呼吸困难，咳嗽加剧；严重时可发生肺水肿、窒息，吸入的氧浓度在80%以上时，出现面部肌肉抽动、面色苍白、眩晕、心动过速、虚脱，继而全身强制性抽搐、昏迷、呼吸衰竭而死亡。

9.2.3 供电常见事故

9.2.3.1 触电

当人体接触带电体时，电流会对人体造成程度不同的伤害，即发生触电事故。触电事故可分为电击和电伤两种类型。

(1) 电击。电击是指电流通过人体时所造成的身体内部伤害，严重时会危及生命导致死亡。电击可分为直接电击和间接电击。直接电击是指人体直接触及正常运行的带电体所发生的电击；间接电击则是指电气设备发生故障后，人体触及意外带电部位所发生的电击。

(2) 电伤。电伤是指由电流的热效应、化学效应、机械效应对人体造成的伤害。电伤可伤及人体内部，但多见于人体表面，而且常会在人体留下伤害。电伤可分为电弧烧伤、电烙印、皮肤金属化和电光眼。电弧烧伤又称为电灼伤，是电伤中最常见也最严重的一种。电烙印是指电流通过人体后，在接触部位留下的斑痕。皮肤金属化是指由电流或电弧作用产生的金属微粒渗入人体皮肤造成的，受伤部位变得粗糙坚硬，并呈特殊的青黑色或红褐色等。电光眼主要表现为角膜炎或结膜炎。

9.2.3.2 电气防火防爆

在火灾或爆炸事故中，电气火灾爆炸事故占很大的比例。据统计，由于电气原因引起的火灾，仅次于明火所引起的火灾，在整个火灾事故中居第二位。在具有爆炸性气体、粉尘、可燃物质的环境中一定要加强电气的防火防爆。

危险场所电气防火防爆主要任务是不形成电气设备的着火源。引起电气设备火灾的着火源有电气设备本身原因，也有危险温度、电气火花和电弧等外部原因，所以在冶金动力车间要根据火灾或爆炸危险场所和爆炸性物体性质，对车间内的各电气设备、仪器仪表、照明装置和电气线路等，分别采用防爆、封闭、隔离等措施。

9.2.3.3 静电

静电危险主要有 3 个方面，即引起火灾或爆炸、静电电击和妨碍生产。

(1) 火灾或爆炸。静电放电可引起可燃易燃液体蒸汽、可燃气体以及可燃性粉尘着火、爆炸。

(2) 静电电击。橡胶和塑料制品等高分子材料与金属摩擦时，产生的静电荷往往不易泄漏。当人体接近这些带电体时，就会受到意外的电击。这种电击是由于带电体向人体发生放电，电流流向人体而产生的。同样，当人体带有较多静电电荷时，电流流向接地体，也会发生电击现象。

静电电击是由静电放电造成瞬间冲击性电击。这种瞬间冲击性电击不至于直接使人死亡，大多数只是产生痛感和震颤。但是在生产现场可造成人指尖负伤，或因为屡遭静电电击后产生恐惧心理，从而使工作效率下降。此外还能引起其他事故。

(3) 静电妨碍生产。随着科学技术的现代化，动力车间生产普遍采用电子计算机控制。静电的存在可能会影响到电子计算机的正常运行，致使系统发生误动作而影响生产。

9.2.4 供气常见事故

9.2.4.1 煤气输配

煤气的生产、净化、贮存和输配均需使用管道，管道的安全问题不仅是其本身能否正常运行的问题，而且是关系到其通过区域的人身和设备的安全问题。由于煤气管道所输送的是有毒和易燃易爆的气体，易发生泄漏中毒事故。

9.2.4.2 煤气柜

煤气炉由于某些原因向气柜送气量大减，或者煤气使用量过多没与造气车间联系，而引起气柜猛降或抽负。

煤气炉向气柜送气量过大或者使用量减量过多会引起气柜猛升或跑气。

9.2.5　动能部事故案例分析

（1）锅炉烧坏事故。

【案例9－1】1990年2月15日14时30分，某选矿厂动力车间2号锅炉SZZ10－1.25蒸汽采暖锅炉的司炉工在清理锅炉房时，2号锅炉处停炉压火状态，甲班司炉长发现双色水位计失灵，找仪表工检修。仪表工检查认定双色水位计12孔插头进水，暂时不起作用，便将双色水位计电源开关拉开断电，并告诉司炉班长。22时40分交接班时，甲班司炉班长未交代给乙班上述情况，乙班启动2号锅炉时发现水位计全绿色指示，就认为锅炉满水，当即开启两组排污阀放水，排污20min后见水位绿色指示还不下来就开启总排污阀。直到23时45分，才发现炉膛正压，到炉顶看水位时，发现水冷壁已经烧红，等到关闭排污阀、停炉已是16日0点10分。此次重大缺水事故，造成炉膛内71根水冷壁管变形，其中严重变形21根，锅筒部分脱碳，直接经济损失39000元。

事故原因：交接班不清，甲班已知道双色水位计失灵，不能再用，但没有将此情况交代给乙班，交接班记录也未填写；司炉工未认真执行操作规程，锅炉启动前未认真检查水位；乙班司炉发现水位连续长时间报警却不做认真检查，长时间排污却不去核查实际水位；领导管理不力，规章制度不落实。

（2）煤气站爆炸事故。

【案例9－2】2007年4月14日，某煤气站对C炉间风冷器检修完毕后，在送气前没有对检修的管路和设备进行吹扫，就打开了底部阀门，使存入其他管路的煤气进入本管道，成为混合气发生爆炸。这次事故使控制室从一楼到三楼的玻璃全部震坏。风冷器通往冷气的大横管炸裂，风冷器顶盖板和底箱被炸开，所幸无人员伤亡。此次事故造成直接经济损失10多万元，停产抢修3天，抢修费两万元。

事故原因：操作人员违章操作，送气前没有对管路吹扫；安全意识薄弱；操作人员对煤气炉的操作规程不了解，培训不到位；管理不到位。

（3）安全防范不彻底造成的意外触电事故。

【案例9－3】在进行一年一次的高压电容器卫生清扫工作时，班组中的老师傅胡某，一到高压配电室就抓紧做好相关的安全技术措施，进行停电、验电，挂牌三相短路接地等工作，并对每一组电压器进行放电，可就是在胡某往电容器柜上爬时，他的手刚接触到电容器的接线端，就被6000V的高压电容器内储存的强大电流击倒，从高处重重地摔下。

事故原因：尽管胡某采取了相关的安全技术措施和组织措施，但终因为了抢时间在ABC三相电容器主回路进行放电的时候，工作出现了漏洞，发生了检查不细、不周全、不彻底的问题。因为每个电容器中的电容都安装了保险管，胡某用手接触到的那个电容器由于电容器保险管熔断导致电容器内储存的电流在对地的时候没有被放掉，造成了本次触电事故的发生。

（4）氧气泄漏致人烧伤死亡的事故。

【案例9－4】2006年4月11日23时20分，某钢铁公司转炉停炉检修结束后，该厂设备作业长指挥进行氧枪测试作业，不到2min的时间，约1685m^{3}氧气从氧枪喷出后被吸入烟道排除，漂移近300m到达烟道风机处。23时30分，检修烟道风机的1名钳工衣服上被溅上气焊火花，全身工作服迅速燃烧，配合该钳工作业的工作人员随即用灭火器向其身上喷洒干粉。火被扑灭后，将其拽出风机并送往医院。因大面积烧伤，该钳工经抢救无效，于12日2时50分死亡。

事故原因：检修烟道的钳工在作业前没有检查周围环境气氛，在风机内有大量氧气的条件下便进行焊接作业，导致该钳工烧伤致死。导致这起事故的根本原因是该钳工冒险电气焊作业，另外操作氧枪的作业长的大意，没有及时控制氧气的放散范围。

（5）氢气瓶充装氧气引起的爆炸事故。

【案例9－5】1992年2月26日，某钢铁公司的氧气站进行氧气瓶充装作业，当充氧压力达到13MPa切换高压总阀时，突然一声巨响，1只氧气瓶爆炸，10只氧气瓶瓶阀飞出，当场炸死1人，重伤1人，设施全部被摧毁。

事故原因：事后据调查分析，发生爆炸的原因是充氧的气瓶原来充装过氢气，氧气站管理不到位，检查不严，未能查出该气瓶属于违章气瓶，以致气瓶在充氧中形成氢氧爆炸混合气，在高压状态切换阀门使其引爆。事故的发生反映了作业人员安全意识不够，氧气站管理混乱，规章制度不完善。

9.3　动力部安全生产技术

9.3.1　锅炉安全生产技术

9.3.1.1　爆炸安全防护

爆炸安全防护的内容有：

（1）超压引起的锅炉爆炸的主要安全防护是加强教育和管理。

（2）缺陷引起的爆炸涉及锅炉的设计、制造、安装、运行等各个环节，要防范这类爆炸，除确保上述环节无损于锅炉的性能与质量外，还应加强检验，及时发现并妥善处理各种缺陷。

（3）严重缺水导致的爆炸的主要安全防护是加强运行管理，避免缺水事故。万一发现锅炉严重缺水，必须立即停炉，不得加水。

9.3.1.2　重大事故安全防护

重大事故安全防护包括的内容有：

（1）缺水事故的安全防护主要是完善供水设备及相关管路附件加强运行管理。

（2）满水事故的安全防护主要是加强运行管理。

（3）汽水共腾的安全防护主要是严格进行水质化验、水质处理及锅炉排污操作。

（4）炉管（水冷壁、对流管束、烟管）爆破和过热器管损坏的安全防护主要是从设计、制造、安装、运行、维护、检验各环节严格控制。

（5）省煤器管损坏安全防护主要是做好对省煤器的启动保护，防止内外部腐蚀及磨损。

9.3.2 制氧安全生产技术

9.3.2.1 氧气瓶的燃烧、爆炸安全防护

（1）物理爆炸安全防护。

1）充灌时，要严密注意气瓶钢印标志中的充灌压力，并按其数值充灌，有降压标志的气瓶不可按制造厂钢印压力充灌。

2）修理瓶阀时，要注意检查爆炸片是否符合要求，爆炸片不准装两片或自行加厚、缩小或改变材质。

3）充瓶间和氧压间应装设完好准确的联系信号，安装电接点压力表，超压报警。

4）进口气瓶第一次充气前必须先进行全面的技术检验。

5）气瓶不可接近热源、火源。离明火距离应不小于10m，对放热量大的热源、火源的距离以保证氧气瓶瓶壁温度不超过60℃为准。

6）为了预防气瓶腐蚀，超过检验期限的、对质量有怀疑的、未进行全面技术检查确认能保证安全使用的气瓶，不得继续充灌氧气。瓶本身有裂纹、腐蚀或其他缺陷时，一律不准继续充灌氧气。

（2）化学爆炸安全防护。

1）氧气瓶一定要标志清晰。

2）瓶内无余压气瓶，应拆瓶阀检查瓶内、阀内有无油脂及橡皮塑料等可燃物。

3）充氧过程中，要经常检查气瓶的温升情况。

4）氧气阀门、垫片、连接螺母，操作人员使用的手套、工作服与气瓶接触的工具等，均严禁沾染油脂。

5）开关阀门要缓慢进行，不可太快，但阀门应一次开到全开位置，以防产生较大的摩擦热量和静电而发生燃烧，操作现场还应该严禁烟火等。

9.3.2.2 其他燃烧、爆炸安全防护

（1）液氧泵迷宫密封爆炸安全防护。液氧泵爆炸事故并不是不可预防和避免的。除了在结构上改进，使电动机与泵轴分开、远离，密封件（首先是静止零件）采用有色金属，以防产生火花外，在操作上要严格遵守操作规程。在液氧泵冷却启动前，应将吹除阀打开，先对迷宫密封通以常温干燥氮气吹除10～20min，一方面将其中的氧气驱走，另一方面使密封恢复到常温间隙。然后再打开泵的出口阀、进口阀，让液氧进入泵冷却。这时的密封气压力必须高于泵进口压力0.05MPa左右。待泵启动、压力趋于稳定后，再控制密封气压力比密封前的压力高0.005～0.01MPa。

在停泵时，必须先关闭泵进口阀，打开吹除阀。当泵内已无液氧时才能关闭泵出口阀。最后等泵的温度回升后，才能撤除密封气。

（2）粗氩爆炸安全防护。

1）加强对氢气瓶阀、加氢减压阀和加氢阀的检查、维护，保证能做到关死、不泄漏。

2）严格控制粗氩工艺指标，使氧含量在2%左右，氩中的过氢量在3%以内。

3）加氢室照明要防爆，严禁明火，粗氩吸入阀、加氢阀等阀门开关要缓慢，防止激

烈摩擦产生高温和静电。

4）首次使用或检修后开车前，要严格检查整个系统的气密性，并用氮气或粗氩进行吹除，置换系统中的空气。

5）除氧炉内温度有超过趋势时，应将工艺氩打回流，稀释氩中的氧含量。

6）停车后，水分离器应保持一定水位高度，防止大气窜入。严格控制冷却器的粗氩温度，使其在3～5℃范围内，防止水分冻结引起通道堵塞。

（3）电缆、电机等烧毁安全防护。

1）加强设备维护检修，消除气、油的跑、冒、滴、漏，其中尤其要防止氧气系统和油系统的泄漏；液氧应排入专门的容器中，不得直接排入与电缆及其他管线相通的地沟内。

2）车间内的电缆，尤其是氧压系统内的电缆，如条件许可，宜可架空敷设。对电缆、电机等绝缘性能应定期检查，发现问题及时处理。

3）润滑油的过滤工作，不应在现场进行，以免生产现场及地沟内聚集油脂。

4）生产现场严禁烟火，严格动火制度。

9.3.2.3　其他事故安全防护

（1）活塞式压缩机撞缸。

1）设备安装和检修时，活塞与缸盖间的余隙应调节在正常的技术要求范围内。

2）组装进、排气阀门时，对阀座、阀片及弹簧等零部件质量要严格地检查。

3）建立设备的定期检查制度，对阀片、弹簧等易损件要按时检查和更换，杜绝设备不坏不修的情况。

4）设备安装或检修完毕后，试车前或正常停车后重新启动前，必须用手动或电动盘车装置盘车，使飞轮缓慢地转动两转以上。

5）运行中要严密监视各级压力的变化，一旦发生压力变化和气缸中发生异响时，应及时分析、检查，或更换有关可能产生碎片落入气缸中的零部件。运行时，气缸中一旦发出撞击声，应立即停车。

（2）活塞式压缩机液击。设备安装或检修更换缸套、缸体前，应对缸体、缸套进行超压和保压试验，只有它们不泄漏，不渗漏时，才能使用。用润滑液润滑的氧压机，停车后应及时关闭润滑液阀门，防止气缸中积存液体。每15～20s，排放一次油水分离器中的积水。采用鼓泡式碱洗清除空气中二氧化碳工艺的空气压缩系统操作中，特别在停车时，要谨防洗涤塔与空气进口管或出口管之间产生大于19600Pa以上的压差。设备启动前必须盘车。

（3）氮气窒息。

1）使用氮气和惰性气体时须注意管道、法兰、附件、气柜密封，保证不泄漏。

2）需在可能含有高浓度氮或惰性气体的场所工作时，在进入该场所前必须化验其氧含量，对氧含量低于19%的场所，在未采取措施前，不得进入工作。到盛氮及惰性气体的容器内及管道旁进行工作前，必须用空气置换氮气及惰性气体，并化验气体的氧含量，只有在氧含量为19%～20%且对其进、出管道用盲板堵死后，工作人员方可进入其间工作。

3）不得将氮气及惰性气体排至室内。氮压机房要有良好的通风设施，生产时必须进行强制换气。在多台空分设备的氮气管道连通的情况下，在对某段氮气管道或贮氮容器进行检修时，必须用盲板隔离。进行隔离的工作人员必须戴氧气呼吸器。

4）应用符合技术要求的杜瓦瓶等容器盛装液氮、液氧等液体产品，不符合盛装液氮等产品技术要求的容器，原则上不得给予盛装液氮。

5）工作人员一旦发生氮气或惰性气体窒息，应首先撤离氧含量低的区域，并立即做人工呼吸和呼吸氧气。

（4）低温冻伤、烫伤。在设计中尽量减少低温、高温设备和管道的裸露部分；尽可能将裸露部分设置在人员不易接触的位置。在有冻伤、烫伤危险的区域设置明显标志、标线。人员进入操作场地应佩戴必要防护装备，如手套、工作服、工作鞋等。

（5）噪声。

1）对流速高的气体介质管道包覆隔声材料，并在配管设计中采取加大管道弯曲半径等措施，以降低气流噪声。

2）在管道放散口设置消声器。

3）将产生大量机械噪声的设备如空气压缩机、氧气压缩机、氮气压缩机、水泵等布置在厂房内或隔声罩内；内墙面敷设隔声材料；门窗采用隔声型门窗。

4）为保障工人的身体健康，主控室、操作室等均为隔声房间，工作人员在操作室操作可免受噪声危害，室内噪声均可低于70dB（A）。

5）操作人员在定期去机器间进行巡回检查时应佩戴耳罩或耳塞，以防止高强度噪声对人体的危害。

9.3.3　供电安全防护

9.3.3.1　触电安全防护

（1）绝缘。用绝缘物把带电体封闭起来。电气设备的绝缘只有在遭到破坏时才能除去，电工绝缘材料是指体积电阻率在107Ω·m以上的材料。要求设备的电气控制箱和配电盘前后的地板，应铺设绝缘板。变、配电室应备有绝缘手套、绝缘鞋和绝缘杆等。

（2）屏护和间距。屏护是借助屏障物防止触及带电体，一般可采用遮拦、护罩、护盖、箱（匣）等将带电体同外界隔绝开来的技术措施。屏护装置既有永久性装置，如电气开关罩盖等，也有临时性装置，如检修时使用的临时屏护。间距是将带电体置于人和设备所及范围之外的安全措施，安全距离的大小决定于电压的高低、设备的类型、安装方式等因素。

（3）保护接地或接零。

（4）漏电保护。漏电保护器主要用于防止单相触电事故，也可用于防止由漏电引起的火灾，有的漏电保护器还具有过载保护、过电保护和欠电压保护等。漏电保护装置可应用于低压线路和移动电具方面，也可用于高压系统的漏电检测。

（5）正确使用防护用具。不论是在正常情况下工作还是在特殊情况下工作，都必须按规定正确使用相应的防护用具，这样可以避免操作人员发生触电事故。

9.3.3.2 电气防火防爆安全防护

电气防火防爆安全防护的内容有：

（1）防爆电气设备的选型原则是安全可靠、经济合理。选用防爆电气设备的级别和组别不应低于该爆炸危险场所内爆炸性混合物的级别和组别。当存在两种或两种以上的爆炸性混合物时，应按危险程度较高的级别和组别选用。无法得到规定的防火防爆等级设备而采用代用设备时，应采取有效的防火、防爆措施。

（2）架空电线严禁跨越有爆炸和火灾危险的场所，爆炸和火灾危险场所不宜采用电缆沟配线；若需设电缆沟，则应采取防止可燃气体、易燃可燃液体、酸或碱等物质漏入电缆沟的措施，进入变、配电室的电缆沟入口处，应予填实密封。

9.3.3.3 静电安全防护

静电安全防护的内容有：

（1）场所危险程度的控制：可以采取减轻或消除场所周围环境火灾、爆炸危险性的间接措施。如通风、惰性气体保护、负压操作等。

（2）接地：这是消除静电危害最常见的措施。静电接地的连接线应保证足够的机械强度和化学稳定性，连接应当可靠，操作人员在巡回检查中，应经常检查接地系统是否良好。

（3）存在静电危险的场所，在工艺条件允许时，宜采用安装空调设备、喷雾器等办法，以提高场所环境相对湿度，消除静电危害。

（4）加抗静电剂和静电消除剂。

（5）人体防静电措施：采用金属网或金属板等导电材料遮蔽带电体，防止带电体向人体放电。操作人员在接触静电带电体时，宜戴用金属线和导电性纤维混纺的手套、穿防静电工作服和防静电工作鞋。采用导电性地面是一种接地措施，不但能导走设备上的静电，而且有利于导除积累在人体上的静电。在易燃场所入口处，安装硬铝或铜等导电金属的接地走道，操作人员从走道经过后，可以导除人体静电。

9.3.4 供气安全防护

9.3.4.1 煤气输配安全防护

煤气管道所输送的是有毒和易燃易爆的气体，所以不仅要求煤气管道有足够的机械强度，而且要有不透气性、耐腐蚀性和焊接加工性能等。增高煤气管道中压力，虽然可以减小管径、节省管材，但增加了泄漏的危险性。所以煤气的压力增高时，相应提高了对管道材料、安装质量的要求。目前使用的煤气管道主要有钢管、铸铁管和非金属管 3 种，需要根据使用地点和压力来选择。

由于地下工业管道复杂，所以常采用架空煤气管道。严禁发生煤气管道埋地敷设。因为煤气一氧化碳含量比较高，若管道埋地敷设，一旦泄漏煤气会沿地缝窜至值班室、操作室而不宜被察觉，容易引起中毒事件。

煤气管道可采用空气或氮气做强度试验和严密性试验，并做生产性模拟试验。

9.3.4.2 煤气柜安全防护

气柜猛降或抽负时，应加强调度联系，保证气柜进气量和用气量平衡。

气柜猛升或跑气时，应加强调度联系，立即联系煤气柜岗位停煤气炉，控制气柜上涨速度。

9.4 制氧岗位的安全生产操作

9.4.1 人员的安全教育与管理

任何作业环节都离不开人员的操作与管理，人员的操作技能与安全意识是安全生产管理的关键要素。

9.4.1.1 岗位操作人员的安全教育与管理

(1) 做好岗位人员理论与现场实际操作方面的技能培训。明确岗位职责和权限，处理好责、权、利的关系，做到奖优罚劣，以此调动工作积极性。

(2) 强化安全意识，树立全局观念，知道操作所伴随的风险、现场施工作业所存在的隐患、外界条件（如水、电、气、风）发生变化对生产运行的影响，时刻绷紧安全生产这根弦。

(3) 具备消防、自救、逃生技能，一旦出现火灾、爆炸、惰性气体泄漏，能够有效处理、救护与自救。

(4) 定期开展事故预案演练，模拟突发性事故，熟悉整个事故处理的程序过程，进一步提高事故处理能力及组织协调能力。预案本身就是对尚未发生的事故进行预想，提出处理方案，以便在事故真正来临时，能够沉着应对，按照预案程序进行处理。既然是未曾发生的事故，预案内容不一定完全符合现场发生的实际情况，或预想的手段不能较好地处理现场实际问题，毕竟现场实际要复杂得多。这就要求一方面预想案例要尽量考虑周全，另一方面通过对预案的演练及实际发生事故的处理过程来完善事故预案，形成良性循环，最终成为岗位较为完善的事故处理操作指导。

(5) 执行操作任务前要想一想：操作会对工况造成什么样的影响，有着什么样的危害，一旦危害发生应怎样处理。

(6) 上岗交接班后要立即安排缺员岗位的顶岗工作，并对现场的施工要做到心中有数，了解存在的危害及规避方法，做好事故预想工作。

(7) 重大操作实行唱票复诵制，即一人大声念出操作步骤（唱票），另一人复诵同时执行操作，并受唱票人的监督。该方法可以有效避免错误操作的出现。

9.4.1.2 现场施工人员的安全教育与管理

(1) 做好现场施工人员的教育。三级安全教育不要走过场、流于形式，要务实。要让施工人员知道现场存在什么样的危险，施工会造成什么样的危害，知道该做什么、不该做什么；并学会必要的急救与逃生技能，一旦出现事故能够救护，并按照事先制定的路线进行逃生。经验表明，做好施工前的安全教育及预案制定可有效避免事故的发生。

（2）现场施工作业票证要规范、齐全，并定期检查监督；一旦发现事故苗头要立即制止，使事故隐患消灭在萌芽中。

9.4.2 设备的安全管理

9.4.2.1 冷箱

冷箱的防雷接地一定要与主冷凝器设备的静电接地通过绝缘设施分开，自成体系。

9.4.2.2 液体储槽

（1）常压储槽压力的控制。一般常压储槽压力控制在10kPa左右，由于绝热效果不好、液体进出储槽造成蒸发量较大、放空管线较细等，可能造成储槽压力较高。要注意放空阀事故状态是否为气关阀，由于设计问题或安装问题可能造成错误，导致事故状态下放空阀关闭引起储槽超压。

（2）液体充装。要严格执行相应的液体槽车充装管理规定，充装液态氧、液态氮不准超过罐体容积的90%。液态氧充装时一方面要做好接口的脱脂，另一方面要做好槽车的静电接地。采用静电接地显示装置，对不正常接地可以显示报警，提醒操作人员，以保证充装的安全。

（3）液态氧储槽碳氢化合物的控制。没有规范或标准对液态的要求来做。由于储槽内一般相对为静态，减少了压力脉冲、静电等不安全因素，液氧蒸发积聚较主冷凝器偏弱，因此其碳氢化合物含量要求也可以适当放宽。

9.4.2.3 主冷凝蒸发器防爆

由于其机理的复杂性、环节的多样性、后果的严重性，主冷凝蒸发器防爆成为空气分馏塔安全生产管理的重中之重。

A 主冷凝蒸发器碳氢化合物的控制指标问题

中石化1989年制定了《关于空分设备液氧中乙炔及其他碳氢化合物控制指标的规定》，其中规定项目报警值与停车值（体积比）如表9－2所列。

表9－2 空分设备主冷液氧中乙炔及其他碳氢化合物控制指标

控制指标	报警值	停车值
乙烷	15×10^{-6}	40×10^{-6}
丙烷	10×10^{-6}	25×10^{-6}
乙炔	0.1×10^{-6}	1×10^{-6}
乙烯	10×10^{-6}	25×10^{-6}
丙烯	2×10^{-6}	5×10^{-6}
总烃①	100×10^{-6}	$250\times10^{-6}/500\times10^{-6}$②

①本规定控制指标中，总烃含量已折合为甲烷计，各单项指标则不折合为甲烷。

②若各单组分含量均在报警值范围内，总烃停车值可放宽到500×10^{-6}。

B 控制值的确定方法

控制值根据以下几点进行确定：

（1）根据液态氧中危险杂质许可量的控制计算出某一数值；根据流程及设备特点，结合实践经验加以修正确定。

（2）规定中参考林德、日本和法国有关标准，即乙炔靠近林德标准，总碳控制值靠近日本标准，单项碳氢化合物靠近法国标准。

（3）注意国内空气分离设备运行现状和部分生产厂的大气条件。

该控制指标制定的原则规定，除乙炔外，其他碳氢化合物的溶解度小于 50000×10^{-6}，控制指标警戒值的计算依据为其许可含量（按溶解度的$\frac{1}{20}\sim\frac{1}{3}$）乘以安全系数。以乙烷为例，警戒值 = $(20000\times10^{-6}\times1/20)\times0.015=15\times10^{-6}$。可见其碳氢含量的控制还是比较宽的。

C　影响主冷凝蒸发器碳氢化合物含量各因素的监控问题

影响主冷凝蒸发器碳氢化合物含量的因素主要包括大气、空气压缩机出口气体、空气冷却塔循环水、分子筛出口气体、增压机后冷出口气体、膨胀机出口气体、主冷凝器操作等。

（1）大气。当大气中碳氢化合物普遍较高，若遇生产装置不正常、大量排放物料或天气高湿多雾，空气中的有害杂质将会成倍增加。

1）对大气质量每天分析一次。分析项目包括碳氢化合物、NO_x 及 SO_2。

2）设立风向标，随时掌握四季风向。

3）建立装置紧急排放联系制度，若生产装置不正常排放，通知调度，调度再通知空气分馏部门，加强对液态氧的分析监测。

4）建立装置排放及气象台账，以利于对碳氢化合物积聚的分析及控制。

（2）空气压缩机出口气体。空气压缩机如果存在油烟泄漏至气侧，将会导致出口气体含有油烟成分，并且可能会在高温高压下裂解成轻馏分，分子筛又难以吸附，就带入主塔积聚在冷凝蒸发器内，对空气分馏塔造成威胁。因此也应将空气压缩机出口气体纳入监控体系进行定期检测。

（3）空气冷却塔。空气冷却塔要注意循环水水质情况，如浊度、COD、油含量、是否投加杀菌剂而产生泡沫等。浊度较高，会堵塞空气冷却塔筛板或填料换热通道，增大阻力；COD、油含量较高会毒化分子筛，引起主冷凝蒸发器碳氢化合物含量超高；循环水带有泡沫，会造成出塔气体带水，进入分子筛造成淹塔。有条件的企业尽量采取闭路循环的方式，减少外界干扰；但要注意定期置换，以防水质不断变坏，形成恶性循环。

（4）分子筛。

1）尽可能降低分子筛入口温度，以降低水分负荷，提高分子筛吸附杂质的能力。

2）当大气条件恶化或装置紧急排放时，应对分子筛进行高温再生，并适当缩短运行周期，以尽可能降低碳氢化合物入塔量。

3）保证对分子筛再生的彻底性，如果分子筛再生不彻底，就会大大降低对 CO_2 及碳氢化合物的吸附率，形成恶性循环。

4）虽然分子筛净化流程对主冷凝蒸发器碳氢化合物有了极大的改善，但亦经不起大气条件的恶化及长周期运行的考验。另外目前分子筛对碳氢化合物的吸附效果不是很理想，因此建议空气分馏生产企业与分子筛厂家、研究设计院联合研制开发对 CO_2 及碳氢化合物选择吸附性更强的专用吸附剂。

5）加强对分子筛出口品质的监测，包括露点、CO_2 及碳氢化合物，在线与离线分析相互结合。一般空气分馏装置分子筛出口露点及 CO_2 均配备了在线分析，而离线分析只有水分分析，没有 CO_2 分析。实际运行经验表明，配备 CO_2 实验室分析仪是必要的，尤其对于国产在线分析仪来讲更是如此。出口 CO_2 含量的增加将直接导致主换热器阻力上升，最后被迫停车。在线分析为操作提供了运行趋势。由于其精度一般比实验室分析仪要低，需要通过实验室分析仪来加以验证，以确定是否需要停车，什么时候停车，为生产决策提供重要依据。

（5）增压器膨胀机。

1）增压器后冷出口气体露点，一旦由于换热器泄漏而造成超标，主换热器阻力将会迅速上升，最终被迫停车，因此做好出口气体露点的监控是必需的。鉴于增压器后冷却器的重要性，建议其管束材质选用不锈钢材质。

2）膨胀机出口气体有存在油、烟的可能性，其危害与空气压缩机出口气体基本相同，唯一不同的是由于膨胀机出口温度较低，润滑油一旦漏入气侧便会凝固，堵塞通道。

（6）主冷凝蒸发器操作。

1）主冷凝蒸发器应采取全浸式操作，防止烃类析出，减少发生爆炸的危险性。

2）保持至少1%的液态氧取出量。使主冷凝器液态氧始终保持部分更新，将碳氢化合物的积聚消灭在萌芽之中。实际运行经验表明，主冷凝蒸发器做到连续排放，可以极大改善主冷凝蒸发器碳氢化合物积聚的危险性，比间歇一次性大量排放效果要好得多。

3）主冷凝蒸发器一旦超标，应在主冷凝器液面允许的情况下加大排放量，碳氢化合物含量低时可排放入罐，高时可放空。

4）考虑增设液态氧吸附器，液态氧通过该吸附器使部分积聚的碳氢化合物被吸附净化，减少爆炸的可能性，其功效要远远大于分子筛。

D　全面的安全管理体系

（1）危险点源管理。根据国家危险化学品管理规定的要求，确定空气分离装置界区内几处比较危险的区域（如氧气压缩机、液体储槽、冷箱等）作为危险点源来进行管理，悬挂危险点源标志牌，确定重点检查内容及参数，每周组织管理人员进行联合检查，对存在的问题立即提出整改意见，使危险点源始终处于重点监控状态下。

（2）关键设备特别维护机组管理。根据流程及生产上的特点，确定比较重要的设备、大型机组作为特别维护机组进行机、电、仪、管理、操作五位一体的特别维护管理；各专业每天根据制定的巡检内容进行巡检挂牌，发现问题及时处理；每周对一周运行情况进行总结、会诊，掌握关键机组的运行状态及趋势，据此采取必要措施来避免事故或延长机组运行周期。实践证明，该管理模式起到了较好的效果。

9.4.3　制氧岗位的危险应急救援预案及措施

9.4.3.1　应急救援预案

制氧厂各岗位（工种）的危险应急救援预案见图 9－3～图 9－6。

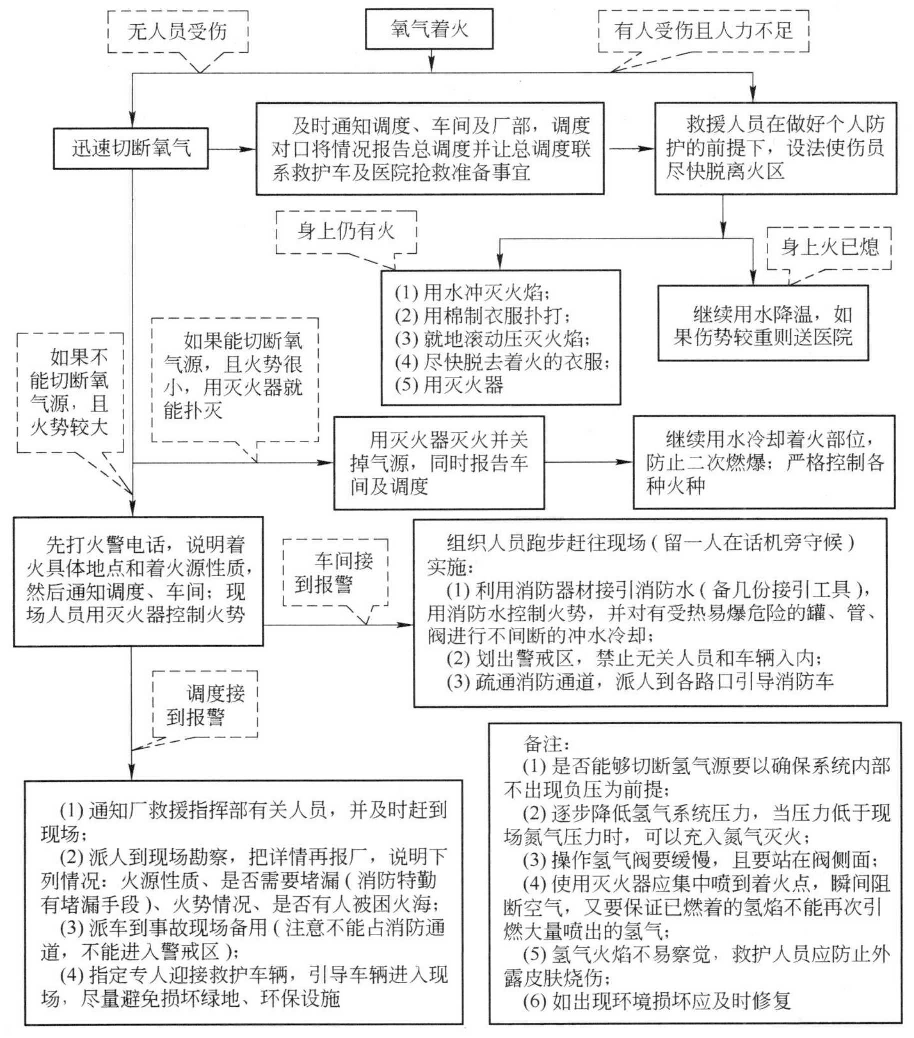

图 9－3　氧气助燃着火应急救援预案

9.4.3.2 事故应急处理措施

（1）人员的紧急疏散、撤离。

1）救援队到达事故现场后，救援人员佩戴好防护用具，首先查明现场有无受伤人员，以最快速度使受伤者脱离现场，严重者尽快送医院抢救。

2）治安队到达现场后，担负治安和交通指挥，组织纠察，在事故现场周围设岗，加强警戒和巡逻检查。

3）在发生重大事故，可能对厂区内外人群安全构成威胁时，必须在指挥部统一指挥下，对与事故应急救援无关的人员进行紧急疏散。疏散的方向、距离和集中地点，必须根据不同事故，做出具体规定。总的原则是疏散安全点处于当时的上风向。对可能威胁到厂外居民（包括友邻单位人员）安全时，指挥部应立即和地方有关部门联系，引导居民迅速

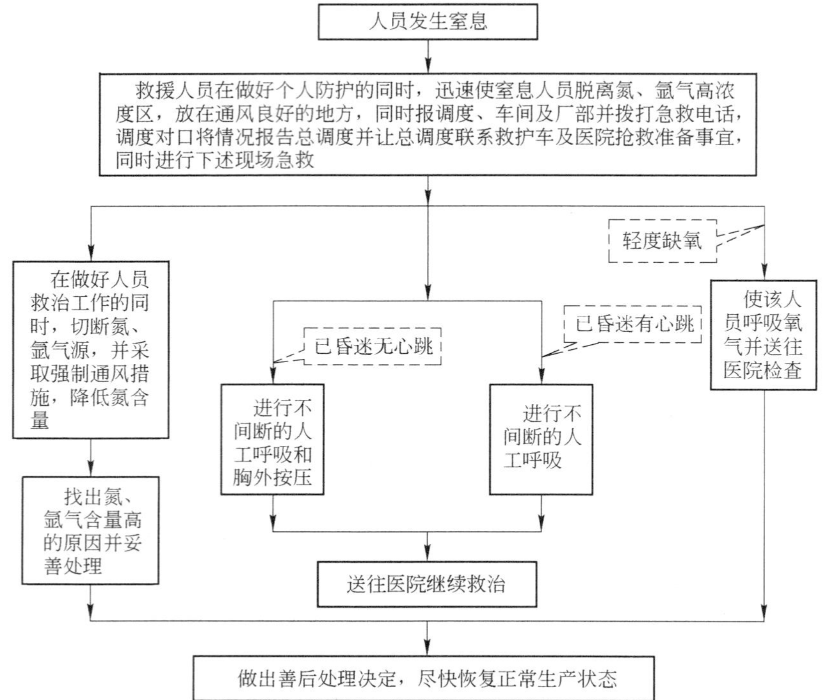

图 9－4　氮气、氩气窒息应急救援预案

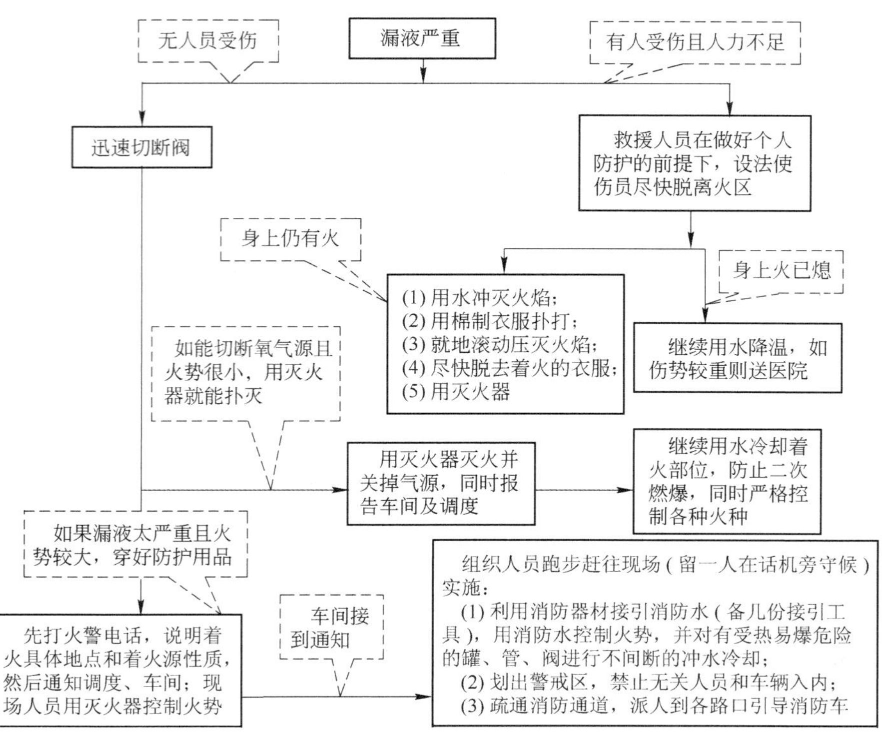

图 9－5　液态氧充装泄漏应急救援预案

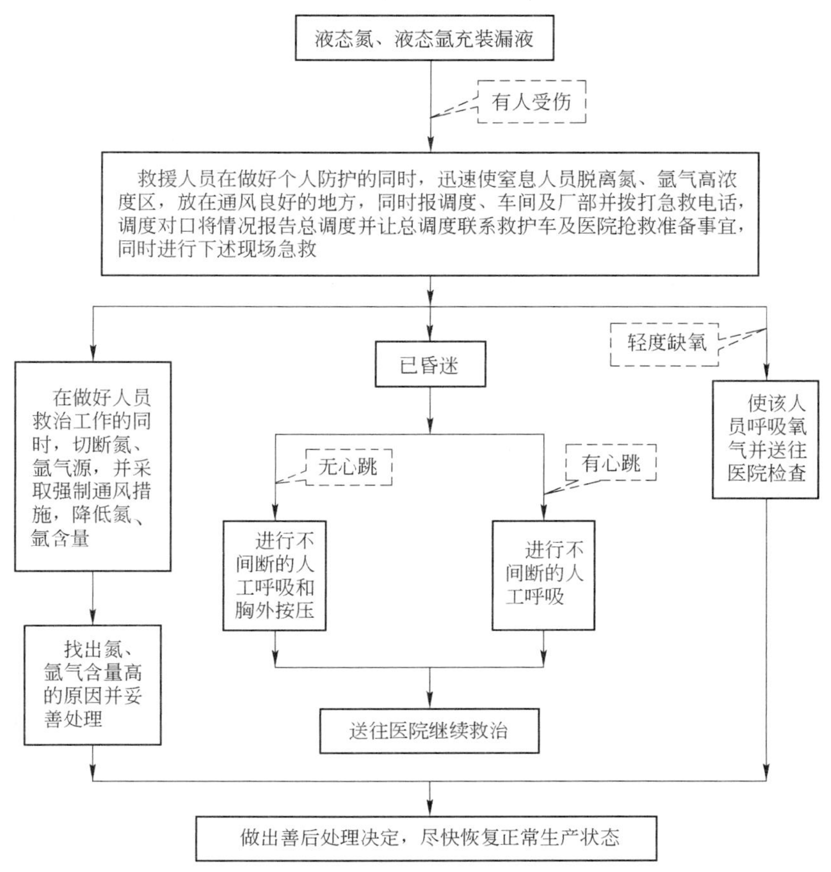

图9－6 液态氮、液态氩充装泄漏应急救援预案

撤离到安全地点。

（2）危险区的隔离。由指挥部根据事故现场情况划分隔离区域，由安全保卫科执行现场隔离，必要时向公安处请求支援。

（3）检测、抢救、救援及控制措施。由指挥部派专人到达事故现场，查明危害气体扩散情况，根据当时风向、风速，判断扩散的方向和速度，并对泄漏下风扩散区域进行监测。监测情况及时向指挥部报告，必要时根据指挥部决定通知扩散区域内的群众撤离或指导采取简易有效的保护措施。

（4）受伤人员现场救护、救治与医院救治。

1）车间应建立抢救小组，每个职工都应学会心肺复苏术等急救技能，一旦发生事故出现伤员，首先要做好自救、互救；发生化学灼伤，要立即在现场用清水进行足够时间的冲洗。

2）对发生中毒的病人，应由医护人员在注射特效解毒剂或进行必要的医理后才能根据中毒和受伤程度转送各类医院。

3）医疗救护队到达现场后，应与救援队配合，立即救护伤员，对伤员应根据症状及时采取相应的急救措施，对伤员进行伤口清洗包扎或输氧急救，重伤员及时送往医院抢救。

（5）现场保护与现场清洗、消毒。事故发生后，由安全保卫科负责指挥治安队对现场进行保护并负责对事故现场及有害物质扩散区域内的清洗、消毒、监测工作。

下篇

环境保护知识

10 环境概述

10.1 环境的基本概念及分类

10.1.1 环境的概念

环境是人类进行生产和生活活动的场所，是人类生存和发展的物质基础。在环境科学中，一般认为环境是指围绕着人群的空间，及其中可以直接、间接影响人类生活和发展的各种自然因素和社会因素的总体。其中自然因素的总体称为自然环境，社会因素的总体称为社会环境。

在世界各国颁布的环境保护法规中规定的环境是指自然环境。《中华人民共和国环境保护法》中明确规定："本法所称环境，是指影响人类生存和发展的各种天然的和经过人工改造的自然因素的总体，包括大气、水、海洋、土地、矿藏、森林、草原、野生生物、自然遗迹、人文遗迹、自然保护区、风景名胜区、城市和乡村等。"

10.1.2 环境的分类

环境作为一个十分复杂的系统，可按不同的原则进行分类。

（1）按环境功能分为生活环境和生态环境。生活环境是指与人类生活密切相关的各种天然的和经人工改造过的自然因素，例如房屋周围的空气、河流、水塘、花草、树木、城镇和乡村等。生态环境是指影响生态系统发展的各种生态因素，即环境条件，包括气候条件（如光、热、降水等）、土壤条件（如土壤的酸碱度、营养元素和水分等）、生物条件（如地面、土壤中的动植物和微生物等）、地理条件（如地势高低、地形起伏）和人为条件（如开垦、栽培和采伐等情况）。可见生态环境中也包括天然的自然因素和经过人工改造过的自然因素。生活环境与生态环境之间的关系非常密切，它们共同组成了人类的环境。《宪法》第二十六条规定："国家保护和改善生活环境和生态环境，防治污染和其他公害。"

（2）按环境范围的大小分为居室环境、街区环境、城市环境、区域环境（如流域环境、行政区环境等）和全球环境等。

（3）按环境要素的不同可分为大气环境、水环境（包括海洋环境、湖泊环境和河流环境）、土壤环境、生物环境（如森林环境、草原环境）和地质环境等。

（4）按环境要素的属性可分为自然环境和人工环境两类。自然环境是指环绕在人类的空间中对人类的生存和发展产生直接影响的一切自然物所构成的整体，即阳光、温度、气候、地磁、空气、水、岩石、土壤、动植物和微生物等自然因素的总和，也称天然环境，是在人类出现之前就已存在的，是人类目前赖以生存、生活和生产所必需的自然条件和自然资源的总称。人工环境亦称人为环境，是人类为了提高物质文化生活水平，在自然环境的基础上进行加工改造而形成的环境，如城市环境、农村环境和工业环境等。

10.2　环境问题

环境问题是指人类活动作用于周围环境所引起的环境质量变化，以及这种变化对人类的生产、生活和健康造成的不良影响。人类在改造自然环境和创建社会环境的过程中，自然环境仍以其固有的自然规律变化着，社会环境在受自然环境制约的同时，也以其固有的规律运动着。人类与环境不断地互相影响和作用，并由此产生环境问题。

10.2.1　全球性环境问题

环境问题的第一次高潮出现在二十世纪五六十年代。这一时期，震惊世界的环境污染事件频繁发生，有的已酿成震惊世界的公害事件，如表 10 - 1 所示。

表 10 - 1　世界八大公害事件

序号	公害名称	国家	事件及危害
1	马斯河谷烟雾事件	比利时	马斯河谷地带分布着三个钢铁厂，四个玻璃厂，三个炼锌厂和炼焦、硫酸、化肥等许多工厂；1930 年 12 月初，在两岸耸立 90m 高山的峡谷地区，出现了大气逆温层，浓雾覆盖河谷，工厂排到大气中的污染物被封闭在逆温层下，不易扩散，浓度急剧增加，造成大气污染事件；一周内几千人受害发热，60 人死亡，为平时同期死亡人数的 10.5 倍，也有大量家畜死亡；发病症状为流泪、喉痛、胸痛、咳嗽和呼吸困难等
2	多诺拉烟雾事件	美国	多诺拉镇是一个两岸耸立着 100m 高山的马蹄形河谷，盆地中有大型炼钢厂、硫酸厂和炼锌厂；1948 年 10 月，该镇发生轰动一时的空气污染事件，这个小镇当时只有 14000 人，4 天内就有 5900 人因空气污染而患病，20 人死亡
3	伦敦烟雾事件	英国	1952 年 12 月 5 ~ 9 日，几乎在英国全境有大雾和逆温层；伦敦上空因受冷高压影响，出现无风状态和 60 ~ 150m 低空逆温层，使从家庭和工厂排出的燃煤烟尘被封盖滞留在低空逆温层下，导致 4000 人死亡
4	洛杉矶光化学烟雾事件	美国	20 世纪 50 年代洛杉矶市有 350 多万辆汽车，每天有超过 1000t 烃类、30t 氮氧化合物和 4200t 一氧化氮排入大气中；这些物质经太阳光能作用，发生光化学反应，生成一种浅蓝色光化学烟雾；在 1955 年一次事件中，仅 65 以上老人就死亡 400 人
5	水俣事件	日本	熊本县水俣湾地区自 1953 年以来，经常发现生怪病的人，病人开始面部痴呆、全身麻木、口齿不清、步态不稳，进而耳聋失明，最后精神失常，全身弯曲、高叫而死；还出现“自杀猫”和“自杀狗”等怪现象；到 1969 年才揭开谜底，是某工厂排放出来的含汞废水污染了水俣海域，鱼贝类富集了水中的甲基汞，人或动物吃鱼贝后，引起中毒死亡

续表 10-1

序号	公害名称	国家	事件及危害
6	富山事件	日本	1955 年后，在日本富山通川两岸发现一种怪病，发病者开始手、脚、腰等全身关节疼痛；几年后，骨骼变形易折，全身骨髓疼痛，最后病人饮食不进，在疼痛中死去或自杀；到 1965 年底，近 100 人因骨痛病死亡；到 1961 年才查明是由于当地铝厂排放含镉废水，人吃了受镉污染的大米或饮用含镉的水而造成
7	四日市事件	日本	四日市是一个以“石油联合企业”为主的城市；1955 年以来，工厂每年排到大气中的粉尘和二氧化硫总量达 13 万吨，使这个城市终年烟雾弥漫 这些有害气体吸入肺内，使人患支气管炎、支气管哮喘、肺气肿及肺癌等呼吸道疾病，称为“四日气喘病”；截至 1972 年，日本全国患这种疾病者高达 6376 人
8	米糠油事件	日本	1968 年在九州发现一种怪病，病人开始眼皮肿、手掌出汗、全身起红疙瘩，严重时恶心呕吐、肝功能降低，慢慢地全身肌肉疼痛、咳嗽不止，有的引起急性肝炎或医治无效而死；当年 7~8 月患者达 5000 人，死亡 6 人；这是由于一家工厂在生产米糠油的工艺过程中，使载热体多氯联苯混入油中，造成食油者中毒或死亡

20 世纪 80 年代后，美国科学家证实在南极上空出现“臭氧空洞”，从而引起了世界环境问题的第二次高潮。

目前，环境问题仍困扰着整个世界。危及人类生存的环境问题主要有全球变暖、臭氧层破坏、酸雨、淡水资源危机、能源短缺、森林资源锐减、土地荒漠化、物种加速灭绝、垃圾成灾、有毒化学品污染等众多方面。

（1）全球变暖。全球变暖是指全球气温升高。近 100 多年来，全球平均气温经历了“冷—暖—冷—暖”两次波动，总的来看，全球气温为上升趋势。1981~1990 年全球平均气温比 100 年前上升了 0.48℃。导致全球变暖的主要原因是人类在近一个世纪以来大量使用矿物燃料（如煤、石油等），排放出大量的 CO_2 等多种温室气体。由于这些温室气体对来自太阳的短波辐射具有高度的透过性，而对地球反射出来的长波辐射具有高度的吸收性，也就是常说的“温室效应”，导致全球气候变暖。全球变暖，会使全球降水量重新分配、冰川和冻土消融、海平面上升等，危害自然生态系统的平衡，更威胁人类的食物供应和居住环境。

（2）臭氧层破坏。在地球大气层近地面 20~30km 的平流层里存在着一个臭氧层。该大气层中臭氧含量占这一高度气体总量的十万分之一。臭氧含量虽然极微，却具有强烈的吸收紫外线的功能，因此，它能挡住太阳紫外辐射对地球生物的伤害，保护地球上的一切生命。

然而人类生产和生活所排放出的一些污染物，如冰箱、空调等设备制冷剂的氟氯烃类化合物以及其他用途的氟溴烃类等化合物，它们受到紫外线的照射后可被激化，形成活性很强的原子与臭氧层的臭氧（O_3）作用，使其变成氧分子（O_2），这种作用连锁般地发生，臭氧迅速耗减，使臭氧层遭到破坏。

南极的臭氧层空洞，就是臭氧层破坏的一个最显著的标志。到 1994 年，南极上空的臭氧层破坏面积已达 2400 万平方公里。南极上空的臭氧层是在 20 亿年里形成的，可是在一个世纪里就被破坏了 60%。北半球上空的臭氧层也比以往任何时候都薄，欧洲和北美上空的臭氧层平均减少了 10%~15%，西伯利亚上空甚至减少了 35%。因此科学家警告说，地球上空臭氧层破坏的程度远比一般人想象的要严重得多。

（3）酸雨。酸雨是由于空气中二氧化硫（SO_2）和氮氧化物（NO_x）等酸性污染物引起的 pH 值小于 5.6 的酸性降水。受酸雨危害的地区，会出现土壤和湖泊酸化，植被和生态系统遭受破坏，建筑材料、金属结构和文物被腐蚀等一系列严重的环境问题。由于全世界使用矿物燃料的量有增无减，受酸雨危害的地区进一步扩大。

（4）淡水资源危机。地球表面虽然三分之二被水覆盖，但是 97% 为海水，只有不到 3% 是淡水，其中又有 2% 封存于极地冰川之中。在仅有的 1% 淡水中，25% 为工业用水，70% 为农业用水，只有很少的一部分可供饮用和其他生活用途。然而，在这样一个缺水的世界里，水却被大量滥用、浪费和污染，加之区域分布不均匀，致使全世界缺水现象十分普遍，全球淡水危机日趋严重。

目前世界上 100 多个国家和地区缺水，其中 28 个国家被列为严重缺水的国家和地区。我国广大的北方和沿海地区水资源严重不足，据统计我国北方缺水区总面积达 58 万平方公里。全国 500 多座城市中，有 300 多座城市缺水，每年缺水量达 58 亿立方米，这些缺水城市主要集中在华北、沿海和省会城市、工业型城市。

世界上任何一种生物都离不开水，人们把水比喻为“生命的源泉”。然而，随着地球上人口的激增，生产迅速发展，水已经变得比以往任何时候都要珍贵。一些河流和湖泊的枯竭，地下水的耗尽和湿地的消失，不仅给人类生存带来严重威胁，而且许多生物也随着人类生产和生活造成的河流改道、湿地干化和生态环境恶化而灭绝。

（5）资源、能源短缺。当前，世界上资源和能源短缺问题已经在大多数国家甚至全球范围内出现。这种现象的出现，主要是人类无计划、不合理地大规模开采所致。

从目前石油、煤、水利和核能发展的情况来看，要满足世界能源需求量是十分困难的。因此，在新能源（如太阳能、快中子反应堆电站、核聚变电站等）开发利用尚未取得较大突破之前，世界能源供应将日趋紧张。

此外，其他不可再生性矿产资源的储量也在日益减少，这些资源终究会被消耗殆尽。

（6）森林锐减。森林是人类赖以生存的生态系统中的一个重要的组成部分。地球上曾经有 76 亿公顷的森林。由于世界人口的增长，对耕地、牧场、木材的需求量日益增加，导致对森林的过度采伐和开垦，使森林受到前所未有的破坏。

联合国粮食及农业组织 2005 年 11 月 14 日发表的《全球森林资源评估报告》中说，全球有 40 亿公顷的森林，占陆地面积 30%。澳大利亚、巴西、加拿大、中国、刚果民主共和国、印度、印度尼西亚、秘鲁、俄罗斯和美国这 10 个国家的森林面积占全球森林面积的 2/3。目前全球每年损失 1300 万公顷的森林，但森林面积净流失量比率呈逐年下降的趋势。

对热带雨林的破坏主要发生在热带地区的发展中国家，尤以巴西的亚马逊情况最为严重。亚马逊森林居世界热带雨林之首，但是，平均每 5 秒就有一个足球场大小的森林消失。亚太地区、非洲的热带雨林也在遭到破坏。

（7）土地荒漠化。简单地说土地荒漠化就是指土地退化。1992 年联合国环境与发展大会对荒漠化的概念作了这样的定义：“荒漠化是由于气候变化和人类不合理的经济活动等因素，使干旱、半干旱和具有干旱灾害的半湿润地区的土地发生了退化。”

荒漠化作为一种自然现象，不再是一个单纯的生态问题，已经演变成严重的经济和社会问题，它使世界上越来越多的人失去了最基本的生存条件，甚至成为“生态难民”。目前，尽管各国人民都在进行着同荒漠化的抗争，但荒漠化仍以每年50000~70000平方公里的速度扩展，全球荒漠化面积达到3800万平方公里，占地球陆地总面积的四分之一，世界三分之二的国家和五分之一的人口受到其影响。联合国宣布，从1995年开始，每年的6月17日为“世界防治荒漠化和干旱日”。

我国是世界上荒漠化面积大、分布广、受荒漠化危害最严重的国家之一。截至2004年，全国荒漠化土地为263.62万平方公里，占国土面积的27.46%；全国沙化土地面积为173.97万平方公里，占国土面积的18.12%；一些地区沙化土地仍在扩展，因土地沙化每年造成的直接经济损失高达500多亿元人民币，全国有近4亿人受到荒漠化沙化的威胁，贫困人口的一半生活在这些地区。土地荒漠化已成为中华民族的心腹大患之一。

(8) 物种加速灭绝。物种就是指生物种类。现今地球上生存着500万~1000万种生物。一般来说物种灭绝速度与物种生成的速度应是平衡的。但是，人类活动破坏了这种平衡，使物种灭绝速度加快，据《世界自然资源保护大纲》估计，每年有数千种动植物灭绝。世界野生生物基金会发出警告：20世纪鸟类每年灭绝一种，在热带雨林，每天至少灭绝一个物种。物种灭绝将对整个地球的食物供给带来威胁，对人类社会发展带来的损失和影响是难以预料和挽回的。

(9) 垃圾成灾。全球每年产生垃圾近100亿吨，而且处理垃圾的能力远远赶不上垃圾增加的速度，特别是一些发达国家，已处于垃圾危机之中。美国素有垃圾大国之称，其生活垃圾主要靠表土掩埋。过去几十年内，美国已经使用了一半以上可填埋垃圾的土地，30年后，剩余的这种土地也将全部用完。我国的垃圾排放量也相当严重，在许多城市周围，排满了一座座垃圾山，除了占用大量土地外，还污染环境。危险垃圾，特别是有毒、有害垃圾的处理问题（包括运送、存放），因其造成的危害更为严重，产生的危害更为深远，已成了当今世界各国面临的一个十分棘手的环境问题。近十几年来，随着我国经济的迅猛发展，我国的固体废弃物的产生量也在不断增加。由于我国固体废弃物的处置率低和处理技术落后等原因，大量的固体废弃物引发了严重的环境污染问题。固体废弃物的污染控制已成为我国环境保护领域的一个突出问题。2006年全国产生工业固体废弃物151541万吨，其中危险废弃物1084万吨。2006年全国工业固体废物的综合利用量92601万吨，处置量42883万吨，贮存量22399万吨。在中国东部地区，经济较发达，许多城市的人口密度比日本还大，可用土地相对较少，使得人们对城市生活垃圾等废弃物减容无害化处理的要求越来越高，因此垃圾焚烧的比例将会越来越大。但这些焚烧设备简单而且规模小，焚烧处理和尾气净化装置不完全，通常造成焚烧废气和飞灰中含有大量的二噁英。

(10) 有毒化学品污染。市场上约有7万~8万种化学品。对人体健康和生态环境有危害的约有3.5万种。其中有致癌、致畸、致突变作用的约500余种。随着工农业生产的发展，如今每年又有1000~2000种新的化学品投入市场。由于化学品的广泛使用，全球的大气、水体、土壤乃至生物都受到了不同程度的污染、毒害，连南极的企鹅也未能幸免。如果不采取有效防治措施，涉及有毒有害化学品的污染事件日益增多，将对人类和动植物造成严重的危害。

环境是人类生存发展的物质基础和制约因素，人口的增长要求工农业迅速发展，从环境中取得食物、资源、能量的数量必然要增大。然而，环境的承载能力和环境容量是有限的，如果人口的增长、生产的发展，不考虑环境条件的制约作用，超出了环境允许的极限，就会导致环境污染与破坏，造成资源的枯竭和对人类健康的损害。人口急剧增长是当今影响环境的最主要、最根本的因素。人类人口 1830 年是 10 亿人，1975 年是 40 亿人，1995 年是 56.8 亿人，2000 年已超过 60 亿人，2011 年是 70 亿人。预计 2025 年全球人口可能超过 87 亿人。人类为了生存需要消耗大量的耕地、矿产和能源等自然资源，在大量的生产过程中排出大量废物，必然造成环境污染和生态破坏。

因此，可以认为，环境问题的实质在于人类经济活动索取资源的速度超过了资源本身及其替代品的再生速度，以及向环境排放废弃物的数量超过了环境的自净能力。

面对严峻的环境问题，“先污染，后治理”是十分不明智的选择。人类要征服自然，就必须尊重自然。只有尊重自然，遵循自然规律，才能控制自然，使人类利益与自然协调发展。

10.2.2　钢铁生产的环境问题

钢铁工业是中国国民经济的基础产业，对国民经济的发展有着举足轻重的作用。同时，钢铁工业也是中国的重要污染源。钢铁冶炼过程中，由于各工程所采用的原材料及制造程序等原因，很有可能在较广范围内产生多种污染物质。钢铁厂产生的各种污染物有大气污染物、污水、固体废弃物。

（1）大气污染物。

SO_x：是通过原料、燃料中硫黄成分的燃烧而产生的，烧结工厂等为其主要发生源。

NO_x：通过燃烧后发生，烧结工厂等为其主要发生源。

煤尘：通过燃烧后发生，烧结炉、各加热炉为其发生源。

粉尘：从燃料原料的输送、处理过程及储藏场中产生，炼铁、炼钢工程为其主要发生源。

（2）污水。污水中含有固体悬浮物、油、化学需氧量、酸和碱等污染物。

固体悬浮物（SS）：从排气集尘、高温物质的直接冷却等过程中产生。

油：由各种机械等所使用的油所发生的泄漏及冷轧工程使用轧制机的机油等原因而产生。

化学需氧量（COD）：从煤炭干馏时的氨水及冷轧、电镀废水中产生。

酸、碱：从冷轧工程的酸洗工程、电镀工程等的脱脂工程中产生。

（3）固体废弃物。

炉渣：从高炉、铁水预处理、转炉、电炉、二次精炼设备等的冶炼工程中产生。

污泥：在各种水处理过程中产生。

灰尘：从各种干式集尘机中产生。

2002 年，钢铁工业废水排放量占我国重点统计企业废水排放量的 10.3%，居第五位；钢铁工业 SO_2 排放量占我国工业 SO_2 排放总量的 6%，烟尘排放量占 5.5%，粉尘排放量占 12.6%，工业固体废弃物排放量占 16.7%。2004 年，重点大中型钢铁企业排放的主要污染物当中 SO_2 总量为 64.66 万吨，烟尘总量为 13.26 万吨，工业粉尘总量达 119.9 万吨，挥发分总量达 126.78 吨，氰化物总量为 12131 吨；污染物综合排放合格率仅为 91.46%。2006 年，大中型钢铁企业吨钢排放 SO_2 2.66kg；烟尘 0.52kg；粉尘 1.62kg；COD0.23kg。

2007 年大中型钢铁企业 SO_2 排放总量 75.6368 万吨，比 2006 年下降 0.51%；COD 排放总量 6.5723 万吨，比 2006 年下降 8.76%；工业粉尘排放总量 38.2275 万吨，比 2006 年下降 2.79%；烟尘排放总量 15.6648 万吨，比 2006 年上升 3.02%。

随着单位产品能耗继续下降和各类污染物治理技术的研发与应用，我国钢铁生产单位产品污染物排放量大幅下降，但小型钢铁企业大多没有配套建设最起码的污染物回收和处置装置，排放的“三废”对环境的污染极为严重。从总体上看，在钢铁工业经济保持快速增长的情况下，主要污染物排放强度逐年下降并保持在较稳定的水平，钢铁工业污染防治取得重要进展。但由于基础较差和过热发展带来的种种环境问题仍亟待解决。

10.3 环境保护

环境保护是利用环境科学的理论和方法，协调人类与环境的关系，解决各种问题，保护和改善环境的一切人类活动的总称。它包括采取行政、法律、经济和科学技术等多方面的措施，合理地利用自然资源，防止环境的污染和破坏，保持和发展生态平衡，扩大自然资源的再生产，保证人类社会的发展。环境保护涉及的范围广、综合性强，它涉及自然科学和社会科学的许多领域，还有其独特的研究对象。环境保护包含至少三个层面的意思：

（1）对自然环境的保护。防止自然环境的恶化，包括对青山、绿水、蓝天和大海的保护，涉及不能私采（矿）滥伐（树）、不能乱排（污水）乱放（污气）、不能过度放牧、不能过度开荒、不能过度开发自然资源、不能破坏自然界的生态平衡等。这个层面属于宏观的，主要依靠各级政府行使自己的职能、进行调控，才能够解决。

（2）对人类居住、生活环境的保护。保护环境使之更适合人类工作和劳动的需要。这就涉及人们衣、食、住、行、玩的方方面面，都要符合科学、卫生、健康和绿色的要求。这个层面属于微观的，既要靠公民的自觉行动，又要依靠政府的政策法规作保证，既要依靠社区的组织教育来引导，又要工农兵学商各行各业齐抓共管，才能解决。

（3）对地球生物的保护。对地球生物的保护主要指物种的保全，植物植被的养护，动物的回归，生物多样性，转基因的合理、慎用，濒临灭绝生物的特别、特殊保护，栖息地的扩大，人类与生物的和谐共处等。

11 大气污染及其防治

11.1 大气污染物

按照国际标准化组织（ISO）的定义，大气污染通常是指由于人类活动和自然过程引起某种物质进入大气中，呈现出足够的浓度，达到了足够的时间并因此而危害了人体的舒适、健康和福利或危害了环境的现象。从定义可以看出，造成大气污染的原因是人类活动（包括生活活动和生产活动，以生产活动为主）和自然过程；形成大气污染的必要条件是污染物在大气中要含有足够的浓度并对人体作用足够的时间。按污染的范围由小至大大气污染可分为局部地区污染（如某工厂排气造成的直接影响）、区域大气污染（如工矿区或整个城市的污染）、广域大气污染（如酸雨，涉及地域广大）和全球大气污染（如温室效应、臭氧层破坏，涉及整个地球大气层的破坏）四类。

11.1.1 大气污染物的来源和分类

大气污染物种类繁多，主要来源于自然过程和人类活动。由自然过程排放污染物所造成的大气污染多为暂时的和局部的，因此人类活动排放污染物是造成大气污染的主要根源。因此我们对大气污染所做的研究，针对的主要是人为造成的大气污染问题。

11.1.1.1 大气污染物来源

大气污染物从产生源来看主要来自以下几个方面。

（1）燃料燃烧。火力发电厂、钢铁厂、炼焦厂等工矿企业和各种工业窑炉、民用炉灶、取暖锅炉等燃料燃烧均向大气排放大量污染物。发达国家能源以石油为主，大气污染物主要是一氧化碳、二氧化硫、氮氧化物和有机化合物。我国能源以煤为主，约占能源消费的75%，主要污染物是二氧化硫和颗粒物。

（2）工业生产过程。化工厂、炼油厂、钢铁厂、焦化厂、水泥厂等各类工业企业，在原料和产品的运输、粉碎以及各种成品生产过程中，都会有大量的污染物排入大气中。这类污染物主要有粉尘、碳氢化合物、含硫化合物、含氮化合物以及卤素化合物等。生产工艺、流程、原材料及操作管理条件和水平的不同，所排放污染物的种类、数量、组成、性质等也有很大的差异。

（3）农业生产过程。农药和化肥的使用可以对大气产生污染。例如，DDT施用后能在水面漂浮，并同水分子一起蒸发而进入大气；氮肥在施用后，可直接从土壤表面挥发成气体进入大气，以有机氮肥或无机氮进入土壤内的氮肥，在土壤微生物作用下转化为氮氧化物进入大气，从而增加了大气中氮氧化物的含量。

（4）交通运输过程。各种机动车辆、飞机、轮船等均排放有害废物到大气中。交通运输产生的污染物主要有碳氢化合物、一氧化碳、氮氧化物、含铅污染物等。这些污染物在阳光照射下，有的可经光化学反应，生成光化学烟雾，形成二次污染物，对人类的危害更大。

11.1.1.2 大气污染物分类

依照与污染源的关系，大气污染物可分为一次污染物和二次污染物。从污染源直接排出的原始物质，进入大气后性质没有发生变化，称为一次污染物；若一次污染物与大气中原有成分，或几种一次污染物之间，发生了一系列的化学变化或光化学反应，形成了与原污染物性质不同的新污染物，称为二次污染物。

按照污染物存在的形态，大气污染物可分为颗粒污染物与气态污染物。

（1）颗粒污染物。进入大气的固体粒子和液体粒子均属于颗粒污染物，有以下几种类型。

1）粉尘。粉尘是煤矿等固体物料在运输、筛分、碾磨、加料和卸料等机械处理过程中所产生的，或者是由风扬起的灰尘等。其粒径一般在 1～100μm 之间。大于 10μm 的粒子，在重力作用下能在短时间内降到地面，称为降尘；小于 10μm 的粒子，能长期漂浮在大气中，称为飘尘（PM10）。粉尘因可以进入人体呼吸道，故被称为可吸入颗粒物。不同粒径的可吸入颗粒物滞留在呼吸道的部位不同。当颗粒物直径小于 2.5μm 时称为微粒子（PM2.5）。粉尘由直接排入空气中的一次微粒和空气中的气态污染物通过化学转化生成的二次微粒组成。一次微粒主要由尘土性微粒、植物和矿物燃料燃烧产生的炭黑粒子组成。二次微粒主要由 $(NH_4)_2SO_4$ 和 NH_4NO_3 组成。这两种微粒是由大气中的 SO_2 和 NO_x 与 NH_3 反应生成，都是水溶性化合物。所以，在低空湿度大时容易生成 PM2.5。PM2.5 能严重降低大气能见度，并且由于粒径小，更容易被吸入深部呼吸道，再加上它的载体作用，对人体健康危害较其他粒径的可吸入颗粒物更大。

2）烟和黑烟。烟是指由固体升华、液体蒸发、化学反应等过程生成的蒸气，在空气或气体中凝结成浮游粒子的气溶胶。黑烟是指固体或液体在燃烧时所产生的细小的粒子，在大气中漂浮出现的气溶胶现象。烟气溶胶粒子的粒径通常小于 1μm，黑烟微粒的粒径为 0.05～1.0μm。

3）雾。雾是指由蒸汽状态凝结成液体的微粒，悬浮在大气中所出现的现象。其粒径小于 100μm，此时的相对湿度为 100%，影响 1km 以外的大气水平可见度。

4）总悬浮颗粒（TSP）。总悬浮颗粒是指大气中粒径小于 100μm 的所有固体颗粒。

（2）气态污染物。气态污染物种类极多，能够检出的有上百种，对我国大气环境产生危害的主要污染物有五种。

1）含硫化合物：主要指 SO_2、SO_3 和 H_2S 等，以 SO_2 的数量最大，危害也最大。

2）含氮化合物：最主要的是 NO、NO_2、NH_3 等。

3）碳氧化合物：CO、CO_2 是主要污染大气的碳氧化合物。

4）碳氢化合物：主要指有机废气。有机废气中的许多组分构成了对大气的污染，如醇、酮、酯、胺等。

5）卤素化合物：主要是含氯化合物及含氟化合物，如 HCl、HF、SiF_4 等。

（3）二次污染物。最受人们普遍重视的二次污染物是光化学烟雾。

1）伦敦型烟雾：大气中未燃烧的煤尘、SO_2 与空气中的水蒸气混合并发生化学反应所形成的烟雾，也称为硫酸烟雾。

2）洛杉矶型烟雾：汽车、工厂等排入大气中的氮氧化物或碳氢化合物，经光化学作用形成的烟雾，也称为光化学烟雾。

3）工业型光化学烟雾：如在我国兰州西固地区，氮肥厂排放的 NO_x，炼油厂排放的碳氢化合物，经光化学作用所形成的光化学烟雾。

11.1.2 大气的主要污染物及其危害

大气中的污染物对环境和人体都会产生很大的影响，同时对全球环境也带来影响，如温室效应、酸雨、臭氧层破坏等，对全球的气候、生态、农业、森林等产生一系列影响。

图 11－1 所示为大气污染对人体及环境的影响途径。大气污染物可以通过降水、降尘等方式对水体、土壤和作物产生影响，并通过呼吸、皮肤接触、食物、饮用水等进入人体，对人体健康和生态环境造成直接的近期或远期的危害。

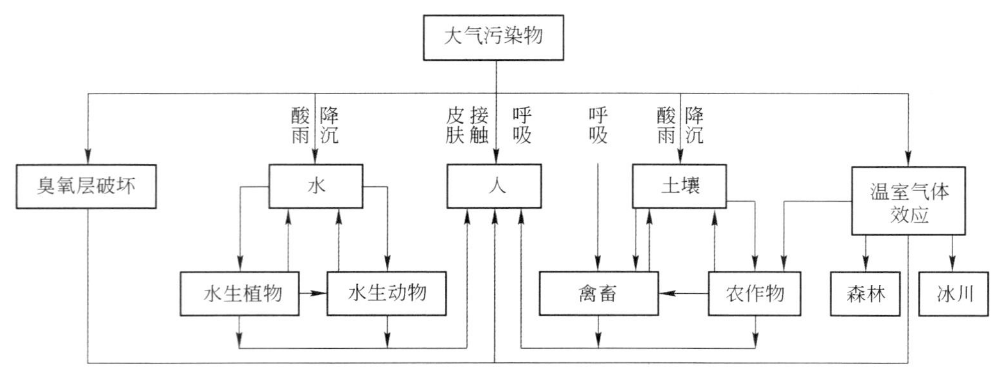

图 11－1 大气污染对人体及环境的影响途径

由于“污染”这个词具有“毁坏”的含义，世界卫生组织（WHO）把大气中那些含量和存在时间达到一定程度后对人体、动植物和物品危害达到可测程度的物质，称为大气污染物。因此，当前最普遍被列入《环境空气质量标准》的污染物，除颗粒物外，主要有碳氧化物、硫氧化物、氮氧化物、碳氢化合物、臭氧等。

（1）碳氧化物。碳与氧反应而产生碳的氧化物，如一氧化碳和二氧化碳就是碳氧化物。

1）一氧化碳。一氧化碳也是城市大气中数量最多的污染物，碳氢化合物燃烧不完全是 CO 的主要来源，如汽车排放尾气。其主要危害在于能参与光化学烟雾的形成，以及造成全球的环境问题。

一氧化碳中毒是含碳物质燃烧不完全时产生一氧化碳经呼吸道吸入引起的中毒。中毒机理是一氧化碳与血红蛋白的亲和力比氧与血红蛋白的亲和力高 200～300 倍，所以一氧化碳极易与血红蛋白结合，形成碳氧血红蛋白，使血红蛋白丧失携氧的能力和作用，造成组织窒息。空气中混有过量的一氧化碳（大于 $30mg/m^3$）即可引起中毒。一氧化碳对全身的组织细胞均有毒性作用，尤其对大脑皮质的影响最为严重。

一氧化碳（即煤气）中毒大多由于煤炉没有烟囱、烟囱闭塞不通、大风吹进烟囱使煤气逆流入室、因居室无通气设备所致。冶炼车间通风不好、发动机废气和火药爆炸都含大量一氧化碳。工业上炼钢、炼铁、炼焦等都要接触一氧化碳。

2）二氧化碳。二氧化碳是含碳物质完全燃烧的产物，也是动物呼吸排出的废气。它本身无毒，对人体无害，但其含量大于8%时会令人窒息。且大气中 CO_2 浓度上升会引起地球气候变化，即温室效应。所以联合国环境决策署决议将 CO_2 列为危害全球的6种化学品之一，并愈来愈受到环境科学的关注。

（2）硫氧化物。矿物燃料燃烧、冶金、化工等都会产生 SO_2 或 SO_3；

据统计，全世界每年排放 SO_2 约为1.50亿吨。而由煤和石油燃烧产生 SO_2 占总排放量的88%。值得指出的是，如燃煤电厂、冶金厂等的硫烟气是以大气量、低浓度（含 SO_2 0.1%～0.8%）的形式排放，回收净化相当困难。这已成为环境化学工程中一个具有战略意义的课题。尤其像我国以煤为主要能源的发展中国家，既要以煤作能源，又要花费大量费用来除去煤中高含量的硫，处于进退两难之中。

SO_2 具有强烈的刺激性气味，它能刺激眼睛，损伤呼吸器官，引起呼吸道疾病。特别是 SO_2 与大气中的尘粒、水分形成气溶胶颗粒时，这三者的协同作用对人的危害更大。这种污染称为伦敦型烟雾或硫酸烟雾。由 SO_2 氧化成 SO_3 是硫酸烟雾形成的关键一步，在大气中可能由光化学氧化、液相氧化、多相催化氧化这三个途径来实现。许多污染事件表明，SO_2 与其他物质结合会产生更大的影响。比如1952年12月的5天内，伦敦上空烟尘和 SO_2 浓度很高，地面上完全处于无风状态，雾很大，从工厂和家庭排出的烟尘在空中积蓄久久不能散开，导致死亡3500～4000人，超过正常死亡状况。尸体解剖表明，呼吸道受到刺激，SO_2 是造成死亡率过高的祸首。

另外，在大气中 SO_2 含量过高是形成酸雨污染的重要因素。如中国华中地区是全国酸雨污染最重的区域，北方京、津、青岛等地也频频出现酸性降水，见表11－1。1982年12月初美国洛杉矶经受了两天的酸雾污染，地面形成高浓度酸雾颗粒，pH为1.7。酸雨导致大气能见度低，人呼吸受到强烈刺激。

表11－1　我国部分城市降水的pH

城　市	pH	城　市	pH	城　市	pH
贵阳	4.07	杭州	4.72	北京	5.96
重庆	4.14	宜宾	4.87	天津	5.96
长沙	4.30	石家庄	5.36	济南	6.10
南京	4.59	武汉	5.47		

（3）氮氧化物。在大气中含量多、危害人的氮氧化物（NO_x）只有一氧化氮（NO）和二氧化氮（NO_2）。人为排放主要来源于矿物的燃烧过程（包括汽车及一切内燃机排放）、硝酸生产工厂排放的尾气。氮氧化物浓度高的气体呈棕黄色，因此从工厂烟囱排出来的氮氧化物气体称之为“黄龙”。

（4）碳氢化合物。碳氢化合物的人为排放源有汽油燃烧（38.5%）、焚烧（28.3%）、溶剂蒸发（11.3%）、石油蒸发和运输损耗（8.8%）、提炼废物（7.1%）。美国排放碳氢化合物占总产量的比例高达34%，其中半数以上来自交通运输。汽车排放的碳氢化合物主要是两类：烃类（如甲烷、乙烯、乙炔、丙烯、丁烷等）和酸类（如甲醛、乙醛、丙醛、丙烯醛和苯甲醛等），此外还有少量芳烃和微量多环芳烃致癌物。

一般碳氢化合物对人的毒性不大，主要是酸类物质具有刺激性。其对大气的最大影响是碳氢化合物在空气中反应形成危害较大的二次污染物，如光化学烟雾。

碳氢化合物从大气中去除的途径主要有土壤微生物活动、植被的化学反应、对流层和平流层化学反应以及向颗粒物转化等。

（5）粒状污染物。悬浮在大气中的微粒统称为悬浮颗粒物，简称颗粒物，这种微粒可以是固体也可以是液体。其因对生物的呼吸、环境的清洁、空气的能见度以及气候因素等造成不良影响，所以是大气中危害最明显的一类污染物。

粒状污染物的危害简单归纳如下：随呼吸进入肺，可沉积于肺，引起呼吸系统的疾病；颗粒物上容易附着多种有害物质，有些有致癌性，有些会诱发花粉过敏症；沉积在绿色植物叶面，干扰植物吸收阳光和二氧化碳和放出氧气和水分的过程，从而影响植物的健康和生长；杀伤微生物，引起食物链改变，进而影响整个生态系统；遮挡阳光，使气温降低，或形成冷凝核心，使云雾和雨水增多，以致影响气候；使可见度降低，交通不便，航空与汽车事故增加；可见度差导致照明耗电增加，燃料消耗随之增多，空气污染也更严重，形成恶性循环。

11.1.3　钢铁冶炼过程中的废气来源与特点

钢铁工业废气主要来源于：（1）原料、燃料的运输、装卸及加工等过程产生的大量含尘废气；（2）钢铁厂的各种窑炉在生产的过程中产生的大量含尘及有害气体的废气；（3）生产工艺过程化学反应排放的废气，如冶炼、烧焦、化工产品和钢材酸洗过程中产生的废气。

钢铁企业废气的排放量非常大，污染面广，年产100万吨钢的钢厂，每小时要净化的烟气量（标米）为$14.3\times10^6 m^3$。烟气中的主要污染物是烟尘和SO_2，2002年我国吨钢SO_2排放量是3.34kg，厂区降尘量每月是$35.07t/km^2$。冶金窑炉排放的废气温度高，一般为400～1000℃，转炉烟气高达1400～1600℃，对设备有特殊要求，冷却很重要。钢铁冶炼过程中排放的多为氧化铁烟尘，其粒度小（多小于$1\mu m$）、吸附力强，加大了废气的治理难度；在高炉出铁、出渣等以及炼钢过程中的一些工序，其烟气的产生排放具有挥发性，且又以无组织排放多，烟气波动量大。含有CO的烟气有毒、易燃，电炉烟气中含有ZnO等重金属粉尘，增加了处理难度。钢铁工业生产废气具有回收的价值，如温度高的废气余热回收，炼焦、炼铁及炼钢过程中产生的煤气的利用，含氧化铁粉尘的回收利用。

（1）焦化厂废气的来源与特点。在炼焦过程中，煤中30%～35%的硫转化成H_2S等硫化物，与NH_3和HCN等一起形成煤气中的杂质，焦炉煤气中H_2S的含量一般为5～$88g/m^3$，HCN的含量为$1\sim2.5g/m^3$。空气中有0.1%的H_2S就能使人致死，所以焦化煤气的泄漏对环境危害极大。一些技术和管理达不到环保要求的小型焦化厂已经对环境造成了恶劣影响。

（2）烧结厂废气的来源与特点。烧结厂的生产工艺中，在如下的生产环境将产生废气：

1）烧结原料在装卸、破碎、筛分和储运的过程中将产生含尘废气；

2）在混合料系统中将产生水汽－粉尘的共生废气；

3）混合料在烧结时，将产生含有粉尘、烟气、SO_2 和 NO_x 的高温废气；

4）烧结矿在破碎、筛分、冷却、贮存和转运的过程中也将产生含尘废气。

烧结厂产生废气的量很大，含尘和含 SO_2 的浓度较高，所以对大气的污染较严重。

（3）炼铁厂废气的来源与特点。炼铁厂的废气主要来源于以下的工艺环节：

1）高炉原料、燃料及辅助原料的运输、筛分、转运过程中将产生粉尘；

2）在高炉出铁时将产生一些有害废气，该废气主要包括粉尘、一氧化碳、二氧化硫和硫化氢等污染物；

3）高炉煤气的放散以及铸铁机铁水浇注时产生含尘和石墨碳的废气。

这些废气主要含粉尘，其次是一氧化碳和硫化物。

（4）炼钢厂废气的来源及特点。炼钢厂废气主要来源于冶炼过程，特别是在吹氧冶炼期产生大量的废气。该废气中含尘浓度高，含 CO 等有毒气态物的浓度也很高。

11.2 大气污染的防治

11.2.1 气态污染物的治理方法

工农业生产、交通运输和人类生活活动中所排放的有害气态物质种类繁多，应根据这些物质不同的化学性质和物理性质，采用不同的技术方法进行治理。

（1）吸收法。吸收法是采用适当的液体作为吸收剂，使含有有害物质的废气与吸收剂接触，废气中的有害物质被吸收于吸收剂中，使气体得到净化的方法。在吸收过程中，用来吸收气体中有害物质的液体称为吸收剂，被吸收的组分称为吸收质，吸收了吸收质后的液体称为吸收液。吸收操作可分为物理吸收和化学吸收。在处理以气量大、有害组分浓度低为特点的各种废气时，化学吸收的效果要比单纯的物理吸收好得多，因此在用吸收法治理气体污染物时，多采用化学吸收法进行。例如：若去除氯化氢、氨、二氧化硫、氟化氢等可选用水作吸收剂；若去除二氧化硫、氮氧化物、硫化氢等酸性气体可选用碱液（如烧碱溶液、石灰乳、氨水等）作吸收剂；若去除氨等碱性气体可选用酸液（如硫酸溶液）作吸收剂。

（2）吸附法。吸附法就是使废气与大表面多孔性固体物质相接触，使废气中的有害组分吸附在固体表面上，使其与气体混合物分离，从而达到净化的目的。具有吸附作用的固体物质称为吸附剂，被吸附的气体组分称为吸附质。

吸附过程是可逆的过程，在吸附质被吸附的同时，部分已被吸附的吸附质分子还可因分子的热运动而脱离固体表面回到气相中去，这种现象称为脱附。当吸附与脱附速度相等时，就达到了吸附平衡，吸附的表观过程停止，吸附剂就丧失了吸附能力，此时应当对吸附剂进行再生，即采用一定的方法使吸附质从吸附剂上解脱下来。吸附法治理气态污染物包括吸附及吸附剂再生的全部过程。

（3）催化法。催化法净化气态污染物是利用催化剂的催化作用，将废气中的有害物质转化为无害物质或易于去除的物质的一种废气治理技术。

催化法与吸收法、吸附法不同，在治理污染过程，无需将污染物与主气流分离，可直接将有害物质转变为无害物质，这不仅可避免产生二次污染，而且可简化操作过程。此外，催化法所处理的气体污染物的初始浓度都很低，反应的热效应不大。由于上述优点，可使用催化法使废气中的碳氢化合物转化为二氧化碳和水、氮氧化物转化为氮、二氧化硫转化为三氧化硫后加以回收利用，有机废气和臭气催化燃烧，以及气体尾气的催化净化等。该法的缺点是催化剂价格较高，废气预热需要一定的能量，即需添加附加的燃料使得废气催化燃烧。

（4）燃烧法。燃烧法是对含有可燃有害组分的混合气体加热到一定温度后，组分进行燃烧，或在高温下氧化分解，从而使这些有害组分转化为无害物质。该方法主要应用于碳氢化合物、一氧化碳、沥青烟、黑烟等有害物质的净化治理。燃烧法工艺简单，操作方便，净化程度高，并可回收热能，但不能回收有害气体，有时会造成二次污染。

（5）冷凝法。冷凝法是利用物质在不同温度下具有不同饱和蒸气压这一性质，采用降低废气温度或提高废气压力的方法，使处于蒸气状态的污染物冷凝并从废气中分离出来。该法特别适用于处理污染物浓度在 $10000cm^3/m^3$ 以上的高浓度有机废气。冷凝法不宜处理低浓度的废气，常作为吸附、燃烧等净化高浓度废气的前处理，以便减轻这些方法的负荷。如炼油厂、油毡厂的氧化沥青生产中的尾气，先用冷凝法回收，然后送去燃烧净化；氯碱及炼金厂中，常用冷凝法使汞蒸气成为液体而加以回收；此外，高湿度废气也用冷凝法使水蒸气冷凝下来，大大减少气体量，便于下步操作。

11.2.2　消除粉尘技术

在冶金工业生产中产生的粉尘物质主要来源于由物料的破碎、筛分、运输过程和堆料场所散发的粉尘，以及在钢铁冶炼加工过程中各种炉窑排放的高温烟气中含有的烟尘，主要是金属氧化物。抑制这些粉尘污染物的排放数量，是大气保护的重要内容。

11.2.2.1　粉尘的控制与防治

粉尘的控制与防治工作，主要有以下四个工程技术领域。

（1）防尘规划与管理。防尘规划与管理工作主要包括园林绿化的规划管理以及对有粉状物料加工过程和生产中产生粉尘的过程实现密封化和自动化。园林绿化带具有阻滞粉尘和收集粉尘的作用，对生产粉尘的单位尽量用园林绿化带保护起来或隔开，可使粉尘向外扩散减少到最低限度；而在生产过程中对物料进行破碎、研磨等操作时，要使生产过程在采用密闭技术从自动化技术的装置中进行。

（2）通风技术。通风技术是对工作场所引进清洁空气，以替换浓度较高的污染空气。通风技术分为自然通风和人工通风两大类。人工通风又包括单纯换气技术及带有气体净化措施的换气技术。

（3）除尘技术。除尘技术包括对悬浮在气体中的粉尘进行捕集分离，以及对已落到地面或物体表面上的粉尘进行清除。前者可采用干式除尘和湿式除尘等不同方法；后者可采用各种除（吸）尘设备进行处理。

（4）防护技术。防护技术包括个人使用的防尘面罩及整个车间的防护措施。

11.2.2.2　除尘装置

各种除尘装置根据作用原理的不同，可以分为机械除尘器、湿式除尘器、电除尘器和过滤除尘器等四大类。声波除尘器除依靠机械原理除尘外，还利用了声波的作用使粉尘凝集，故有时将声波除尘器分为另一类。机械除尘器还可分为重力除尘器、惯性力除尘器和离心除尘器。

近年来，为提高对微粒的捕集效率，还出现了综合几种除尘机制的新型除尘器，如声凝聚器、热凝聚器、高梯度磁分离器等。但目前大多仍处于试验研究阶段，还有些新型除尘器由于性能、经济效果等方面原因不能推广应用。

11.3 大气污染的综合防治

在20世纪70年代中期以前，对大气污染的治理主要采用的是尾气的治理方法。随着人口的增加、生产的发展以及多种类型污染源的出现，大气中污染物总量非但没有减少，反而不断增加，空气质量不断恶化。特别是在20世纪80年代以后，大面积生态破坏、酸雨区的扩大、城市空气质量继续恶化及全球性污染的出现，使大气污染呈现了范围大、危害严重、持续恶化等特点。因此，只靠单项治理或末端治理解决不了大气污染问题，必须从城市和区域的整体出发，统一规划并综合运用各种手段及措施，才有可能有效地控制大气污染。

(1) 减少污染物的排放。

1) 改革能源结构，采用无污染能源（如太阳能、风力、水力）和低污染能源（如天然气、沼气、酒精）。

2) 对燃料进行预处理（如燃料脱硫、煤的液化和气化），以减少燃烧时产生污染大气的物质。

3) 改进燃烧装置和燃烧技术（如改革炉灶、采用沸腾炉燃烧等）以提高燃烧效率和降低有害气体排放量。

4) 采用无污染或低污染的工业生产工艺（如不用和少用易引起污染的原料，采用闭路循环工艺等）。

5) 节约能源和开展资源综合利用。

6) 加强企业管理，减少事故性排放和逸散。

7) 及时清理和妥善处置工业、生活和建筑废渣，减少地面扬尘。

(2) 治理排放的主要污染物。燃烧过程和工业生产过程在采取上述措施后，仍有一些污染物排入大气，应控制其排放浓度和排放总量使之不超过该地区的环境容量。主要方法有：

1) 利用各种除尘器去除烟尘和各种工业粉尘。

2) 采用气体吸收塔处理有害气体（如用氨水、氢氧化钠、碳酸钠等碱性溶液吸收废气中二氧化硫；用碱吸收法处理排烟中的氮氧化物）。

3) 应用其他物理的（如冷凝）、化学的（如催化转化）、物理化学的（如分子筛、活性炭吸附、膜分离）方法回收利用废气中的有用物质，或使有害气体无害化。

(3) 发展植物净化。植物具有美化环境、调节气候、截留粉尘、吸收大气中有害气体等功能，可以在大面积的范围内，长时间地、连续地净化大气。尤其是大气中污染物影响范围广、浓度比较低的情况下，植物净化是行之有效的方法。在城市和工业区有计划地、有选择地扩大绿地面积是大气污染综合防治具有长效能和多功能的措施。

（4）利用环境的自净能力。大气环境的自净有物理作用、化学作用（扩散、稀释、氧化、还原、降水洗涤等）和生物作用。在排出的污染物总量恒定的情况下，污染物浓度在时间上和空间上的分布同气象条件有关。认识和掌握气象变化规律，充分利用大气自净能力，可以降低大气中污染物浓度，避免或减少大气污染危害。例如，以不同地区、不同高度的大气层的空气动力学和热力学的变化规律为依据，可以合理地确定不同地区的烟囱高度，使经烟囱排放的大气污染物能在大气中迅速地扩散稀释。

（5）加强大气环境质量管理。

1）搞好城镇规划和环境功能分区，加强管理。在城乡规划及企业布局时应充分分析、研究地形及气象条件对大气污染物扩散能力的影响，考虑生产规模和性质、回收利用技术及净化处理效率等因素，做出合理规划布局和调整，进行合理功能分区。对不同的功能区要有各自明确的环境目标，强化大气环境质量管理，提高环境效益。

大气环境质量管理首先要强化对大气污染源的监控，对污染源管理的目标分三个层次：

①控制污染源污染物的排放必须达到国家或地方规定的浓度标准；

②在污染物排放浓度达标基础上控制污染物排放总量；

③环境容量所允许的污染物排放总量控制。

其次，对城市空气质量现状进行报告。

第三，对可能出现的大气污染状况进行预报，这是为了更好地反映环境污染变化的态势。针对可能出现的空气污染情况采取必要的应对措施，同时还可为环境管理决策提供及时、准确、全面的环境质量信息。

2）加强污染源治理。实践证明，即使采取了污染源削减及综合利用措施，也无法避免废气的排放。通过末端治理使污染源排放达到规定的排放标准，对防治大气污染仍是一个积极有效的措施。尤其是化工生产所排废气，更应坚持“增产节约、化害为利、变废为宝、消除污染”的原则，加强治理的力度。

水污染及其防治

12.1 概述

水体污染是指排入水体的污染物在数量上超过了该物质在水体中的本底含量和水体环境容量，从而导致水体的物理特征、化学特征和生物特征发生不良变化，破坏水中固有的生态系统。或者说，排入水中的污染物的数量超过水体自净能力，污染物浓度达到破坏水原有用途，导致水质恶化的现象。

12.1.1 水体污染物的来源

水体污染主要源于人类的生产和生活活动。我们把向水体排放或释放污染物的来源和场所称为水体的污染源。根据来源不同，水体污染源主要有工业污染源、生活污染源、农业灌溉污水、城市垃圾、工业废渣渗滤液、交通运输废水和大气污染物等。

（1）工业污染源。工业废水是水体最主要的污染源和环境保护的主要防治对象。在工业生产过程中排出的废水、污水、废液等统称工业废水。不同工业所产生的工业废水中所含污染物的成分有很大差异。

冶金工业所产生的废水主要有冷却水、洗涤水和冲洗水等。冷却水（分直接冷却水和循环冷却水）中的直接冷却水由于与产品接触，其中含有油、铁的氧化物、悬浮物等；洗涤水为除尘和净化煤气、烟气用水，其中含有酚、氰、硫氰酸盐、硫化物、钾盐、焦油悬浮物、氧化铁、石灰、氟化物、硫酸等；冲洗水中含有酸、碱、油脂、悬浮物和锌、锡、铬等。在上述废水中，含氰、酚的废水危害最大。化学工业废水的成分很复杂，常含有多种有害、有毒甚至剧毒物质，如氰、酚、砷、汞等。有的物质虽然可以降解，但通过食物链在生物体内富集，仍可造成危害，如DDT、多氯联苯等。此外，化工废水中有的具有较强的硬度，有的则显较强的碱性、pH不稳定，对水体的生态环境、建筑设施和农作物都有危害。一些废水中含氯、磷均很高，易造成水体富营养化。

电力工业中，电厂冷却水则是热污染源。

炼油工业中大量含油废水排出，由于排放量大，超出水体的自净能力，形成油污染。

由此可见，工业污染源向水体排放的废水具有量大、面广、成分复杂、毒性大、不易净化、处理难的特点，是需要重点解决的污染源。

（2）生活污染源。生活污染源主要指城市居民聚集地区所产生的生活污水。这种污染源排放的多为洗涤、冲刷所产生的污水，因此，主要由一些无毒有机物如糖类、淀粉、纤维素、油脂、蛋白质、尿素等组成，其中含氮、磷、硫较高。在生活污水中还含有相当数量的微生物，其中一些病原体如病菌、病毒、寄生虫等，对人的健康有较大危害。

（3）农业灌溉污水。农业灌溉污水是指由于农业生产而产生的水污染源。农业污染源包括农业牲畜粪便、污水、污物、农药、化肥、用于灌溉的城市污水和工业污水等。由于农田施用化学农药和化肥，灌溉后经雨水将农药和化肥带入水体造成农药污染或富营养化，使灌溉区、河流、水库、地下水出现污染。此外，由于地质溶解作用以及降水淋洗也会使诸多污染物进入水体。农业污染源的主要特点是面广、分散、难于收集、难于治理，含有机质、植物营养素及病原微生物较高。

（4）城市垃圾和工业废渣渗滤液。垃圾和废渣倾入水中或堆积在水域附近，经水的溶解或浸渍作用，使垃圾和废渣中有毒有害成分进入水中。

（5）交通运输废水。交通运输废水主要指船舶运输过程中产生的含油废水。

（6）大气污染物。大气中污染物种类很多，它们可以直接降落或溶于雨雪后降落进入水体。

12.1.2　水体污染物的危害

水体污染物是指造成水体的水质、生物质、底质质量恶化的各种物质或能量。水体中的污染物大致分类见表 12 - 1。

表 12 - 1　水体中的污染物

分　类	主要污染物
无机有害物	水溶性氯化物、硫酸盐、酸、碱、盐中无毒物质、硫化物
无机有毒物	铅、汞、砷、镉、铬、氟化物、氰化物等重金属元素及无机有毒化合物
好氧有机物	碳水化合物、蛋白质、油脂、氨基酸等
植物营养物	铵盐、磷酸盐和磷、钾等
有机有毒物	酚类、有机磷农药、有机氯农药、多环芳烃、苯等
病原微生物	病菌、病毒、寄生虫
放射性污染	铀、钚、锶、铯等
热污染	含热废水

12.1.2.1　无毒污染物

A　无机无毒污染物

废水中的无机无毒污染物，大致可分为以下三种类型。

（1）悬浮状污染物。悬浮状污染物是指砂粒、土粒及纤维一类的悬浮状污染物质。对水体的直接影响是：大大地降低了光的穿透能力，减少了水的光合作用并妨碍水体的自净作用；对鱼类的生存产生危害，可能堵塞鱼鳃，导致鱼的死亡，尤以制浆造纸废水中的纤维最为明显；水中的悬浮物又可能是各种污染物的载体，它可能吸附一部分水中的污染物并随水流动迁移。

（2）酸、碱、无机盐类污染物。污染水体中的酸主要来自化工厂、矿山、金属酸洗工艺等排出的废水；水体中的碱主要来源于制碱厂、碱法造纸厂、漂染厂、化纤厂、制革及炼油等工业废水。酸性废水与碱性废水相互中和产生各种盐类，它们与地表物质相互反应，也可能生成无机盐类，因此酸和碱的污染必然伴随着无机盐类的污染。

酸碱进入水体后会使水体的 pH 发生变化，抑制或杀灭细菌和其他微生物的生长，妨碍水体的自净作用。水中无机盐的存在能增加水的渗透压，对淡水生物和植物生长不利。

酸、碱污染物造成水体的硬度增加，对地下水的影响尤为显著。如水的硬度增加，易结垢使能源消耗增大。如水垢传热系数是金属的1/50，水垢厚度为1～5mm，铜炉耗煤量将增加2%～20%。据统计，北京用于降低硬度而软化水，每年要耗资两亿多元。

（3）氮、磷等植物营养物质。所谓营养物质是指促使水中植物生长并加速水体富营养化的各种物质，如氮、磷等。天然水体中过量的植物营养物质主要来自农田施肥、植物秸秆、牲畜粪便、城市生活污水（粪便、洗涤剂等）和某些工业废水。氮、磷等植物营养物质大量而连续地进入湖泊、水库及海湾等缓流水体，将促进各种水生植物的活性，刺激它们异常繁殖。特别是藻类，它们在水体中占据的空间越来越大，使鱼类活动的空间越来越少；藻类的呼吸作用和死亡藻类的分解作用消耗大量的氧，有可能在一定时间内使水体处于严重缺氧状态，严重影响鱼类生存。

目前在欧、美及日本，由植物营养物质污染而引起的水体富营养化已成为极其严重的问题。我国天津的海河、昆明的滇池、济南大明湖等地也曾发生“水体富营养（水华）”现象。

B 有机无毒污染物

这一类物质多属于碳水化合物、蛋白质、脂肪等自然生成的有机物。它们易于生物降解，向稳定的无机物转化。有机无毒污染物在有氧条件下，在好氧微生物作用下进行转化，这一转化进程快，产物一般为CO_2、H_2O等稳定物质。在无氧条件下，则在厌氧微生物的作用下进行转化，这一进程较慢，而且分两阶段进行。首先在产酸菌的作用下，形成脂肪酸、醇等中间产物，继而在甲烷菌的作用下形成H_2O、CH_4、CO_2等稳定物质，同时放出硫化氢、硫醇、粪臭素等具有恶臭的气体。在一般情况下，进行的都是好氧微生物起作用的好氧转化。由于好氧微生物的呼吸要消耗水中的溶解氧，因此这类物质可称之耗氧物质或需氧污染物。

有机无毒污染物对水体污染的危害主要在于对渔业水产资源的破坏。水中含有充足的溶解氧是保证鱼类生长、繁殖的必要条件之一。一旦水中溶解氧下降，各种鱼类就要产生不同的反应。某些鱼类，如鳟鱼对溶解氧的要求特别严格，必须达8～12mg/L，鲤鱼为6～8mg/L。当溶解氧不能满足这些鱼类的要求时，它们即将力图游离这个缺氧地区，而当溶解氧降至1mg/L时，大部分的鱼类就要窒息而死。当水中溶解氧消失时，水中厌氧菌大量繁殖，在厌氧菌的作用下有机物可能分解放出甲烷和硫化氢等有毒气体，更不适于鱼类生存。

C 热污染

因能源的消费而引起环境增温效应的污染称之热污染。水体热污染主要来源于工矿企业向江河排放的冷却水。其中以电力工业为主，其次是冶金、化工、石油、造纸、建材和机械等工业。热污染致使水体水温升高，增加水体中化学反应速率，使水体中有毒物质对生物的毒性提高。如当水温从8℃升高到18℃时，氰化钾对鱼类的毒性将提高1倍：鲤鱼的48h致死剂量，水温7～8℃时为0.14mg/L，当水温升到27～28℃时仅为0.005mg/L。此外，水温增高可使一些藻类繁殖增快，加速水体富营养化的过程，使水体中溶解氧下降，破坏水体的生态和影响水体的使用价值。

12.1.2.2　有毒污染物

A　无机有毒污染物

根据毒性发作的情况，此类污染物可分为两大类：

（1）非重金属的无机毒性物质。

1）氰化物（CN^-）。水体氰化物主要来自于电镀废水、焦炉和高炉的煤气洗涤冷却水、某些化工厂的含氰废水及金银选矿废水等。氰化物排入水体后，可在水体的自净作用下去除，一般有以下两个途径：

一是挥发逸散。氰化物易挥发逸散，氰化物与水体中的 CO_2 作用生成氰化氢气体逸入大气，反应式为：

$$CN^- + CO_2 + H_2O \longrightarrow HCN\uparrow + HCO_3^-$$

水体中的氰化物主要是通过这一途径而得到去除的，其数量可达90%以上。

二是氧化分解。氰化物易氧化分解，氰化物与水中的溶解氧作用生成铵离子和碳酸根，反应式为：

$$2CN^- + O_2 \longrightarrow 2CNO^-$$

$$CNO^- + H_2O \longrightarrow NH_4^+ + CO_3^{2-}$$

氰化物的毒害是极其严重的。作为剧毒物质它只要介入人体就会引起急性中毒，抑制细胞呼吸，造成人体组织严重缺氧，人只要口服0.3～0.5mg就会致死。氰对许多生物有害，只要0.1mg/L就能杀死虫类；0.3mg/L能杀死水体赖以自净的微生物。

2）砷（As）。砷也是常见的水体污染物质，工业生产排放含砷废水的有化工、有色冶金、炼焦、火电、造纸、皮革等，其中以冶金、化工排放量较高。

砷对人体的毒性作用十分严重，三价砷的毒性大大高于五价砷。对人体来说，亚砷酸盐的毒性作用比砷酸盐大60倍，因为亚砷酸盐能够和蛋白质中的硫基反应；耐三甲基砷的毒性比亚砷酸盐更大。砷也是累积性中毒的毒物，当饮用水中砷含量大于0.05mg/L时，就会导致累积。砷还是致癌元素（主要是皮肤癌）。

（2）重金属毒性物质。重金属与一般耗氧有机物不同，在水体中不能为微生物所降解，只能产生各种形态之间的相互转化以及分散和富集，这个过程称为重金属的迁移。重金属在水体中的迁移主要与沉淀、配位、螯合、吸附和氧化还原等作用有关。

从毒性和对生物体的危害来看，重金属污染的特点有如下几点：

1）在天然水体中只要有微量浓度即可产生毒性效应。一般重金属产生毒性的浓度在1～10mg/L之间；毒性较强的如汞、镉等，产生毒性的浓度在0.01～0.001mg/L之间。

2）微生物不能降解重金属，相反地某些重金属有可能在微生物作用下转化为金属有机化合物，产生更大的毒性。如汞在厌氧微生物作用下，转化为毒性更大的有机汞（甲基汞、二甲基汞）。

3）金属离子在水体中的转移或转化与水体的酸、碱条件有关，如六价铬在碱性条件下的转化能力强于酸性条件；在酸性条件下二价镉离子易于随水迁移，并易为植物吸收。镉是累积富集型毒物，进入人体后主要累积在肾脏和骨骼中，引起肾功能失调、骨骼软化。

重金属进入人体后能够和生理高分子物质如蛋白质和酶等发生强烈的相互作用，使它们失去活性，也可能累积在人体的某些器官中，造成慢性累积性中毒，最终造成危害。

B　有机有毒污染物

有机有毒物质多属于人工合成的有机物质，如农药（DDT、六六六等有机氯农药）、醛、酮、酚以及聚氯联苯、芳香族氨基化合物、高分子合成聚合物（塑料、合成橡胶、人造纤维）、染料等。它们主要来源于石油化工的合成生产过程及有关的产品使用过程中排放出的污水，这些污水不经处理排入水体后造成严重污染并引起危害。

有机有毒物质种类繁多，其中危害最大的有以下两类：

（1）有机氯化物。目前人们使用的有机氯化物有几千种，但其中污染广泛、引起普遍注意的是多氯联苯（PCB）和有机氯农药。

多氯联苯流入水体后只微溶于水（每升水中最多只溶 1mg），大部分以浑浊状态存在，或吸附在微粒物质上。它化学性质稳定，不易氧化、水解并难以生化分解，所以多氯联苯可长期保存在水中。多氯联苯可通过水体中生物的食物链富集作用，在鱼、贝体内浓度累积到几万甚至几十万倍，然后在人体脂肪组织和器官中蓄积，影响皮肤、神经、肝脏，破坏钙的代谢，导致骨骼、牙齿的损害，并有亚急性、慢性致癌和致遗传变异等可能性。

有机氯农药是疏水性亲油物质，能够为胶体颗粒和油粒所吸附并随其在水中扩散。水生生物对有机氯农药同样有很强的富集能力，在水生生物体内的有机氯农药含量可比水中的含量高几千到几百万倍。它通过食物链进入人体，累积在脂肪含量高的组织中，达到一定浓度后，即将显示出对人体的毒害作用。

（2）多环有机化合物。它是指含有多个苯环的有机化合物，一般具有很强的毒性。例如，多环芳烃可能有致遗传变异性，其中 3，4－苯并芘和 1，2－苯并蒽等具有强致癌性。多环芳烃存在于石油和煤焦油中，能够通过废油、含油废水、煤气站废水、柏油路面排水以及淋洗了空气中煤的雨水而径流入水体中，造成污染。

12.2　钢铁企业废水来源、分类及污染特征

钢铁联合企业工序多，各工序用水量大，废水排放量大。用水量较大的工序为炼焦、热轧。在钢铁生产过程中排出的废水，主要来源于生产工艺过程用水、设备与产品冷却水、设备和场地清洗水等。其中 70% 的废水来源于冷却用水，生产工艺过程排出的只占一小部分。废水含有随水流失的生产用原料、中间产物和产品以及生产过程中产生的污染物。

12.2.1　钢铁工业废水的分类

按所含的主要污染物性质，钢铁工业废水通常可分为含有机污染物为主的有机废水和含无机污染物（主要为悬浮物）为主的无机废水以及仅受热污染的冷却水。例如焦化厂的含酚氰污水是有机废水，炼钢厂的转炉烟气除尘污水是无机废水。

按所含污染物的主要成分，钢铁工业废水可分为含酚氰废水、含油废水、含铬废水、酸性废水、碱性废水和含氟废水等。

按生产和加工对象分类，钢铁工业废水可分为烧结厂废水、焦化厂废水、炼钢厂废水、轧钢厂废水等。

12.2.2　钢铁工业废水污染的特征

钢铁工业废水的水质，因生产工艺和生产方式不同而有很大的差异，有的即使采用同一种工艺，水质也有很大变化。如氧气顶吹转炉除尘污水，在同一炉钢的不同吹炼期，废水的 pH 值可在 4～13 之间、悬浮物可在 250～25000mg/mL 间变化。间接冷却水在使用过程中仅受热污染，经冷却后即可回用。直接冷却水与产品物料等直接接触，含有同原料、燃料、产品等成分有关的多种物质。归纳起来，钢铁工业废水造成的污染主要有：无机固体悬浮物污染、有机需氧物质污染、化学毒物污染、重金属污染、酸污染、热污染等，其污染特征和废水中的主要污染物见表 12－2。

表 12－2　钢铁工业废水的污染特征和主要污染源

排放废水车间	污染特征						主要污染物															
	浑浊	臭味	颜色	有机污染物	无机污染物	热污染	酚	苯	硫化物	氟化物	氰化物	油	酸	碱	锌	镉	砷	铅	镍	铜	锰	矾
烧结	●		●		●																	
焦化	●	●	●	●	●	●	●	●	●		●	●	●	●			●					
炼铁	●		●		●	●	●		●		●				●			●			●	
炼钢	●		●		●	●				●	●											
轧钢	●		●		●	●					●											
酸洗	●		●		●					●		●	●	●	●			●	●	●		
铁合金	●		●		●	●	●		●							●					●	●

钢铁工业在从原料准备到钢铁冶炼以至成品轧制的生产过程中，几乎所有工序都要用水，都有废水排放，其特点是废水量大，污染面广。我国水资源缺乏，钢铁企业又是用水大户，为确保资源充分合理利用，钢铁工业用水存在的问题急需解决。

12.3　废水治理技术

废水治理，就是采用各种方法将废水中所含的污染物质分离出来，或将其转化为无害和稳定的物质，从而使废水得以净化。根据其作用原理，废水治理可划分为四大类别，即物理法、化学法、物理化学法和生物处理法。

（1）物理法。通过物理作用和机械力分离或回收废水中不溶解悬浮污染物质（包括油膜和油珠），并且处理过程中不改变其化学性质的方法称为物理处理法。

物理处理法一般较为简单，多用于废水的一级处理中，以保证后续处理工序的正常进行并降低其他处理设施的处理负荷。物理法有均衡与调节法、沉淀法、筛除与过滤法、隔油法、离心分离法等。

（2）化学法。化学法（或称化学处理法）是利用化学作用处理废水中的溶解物质或胶体物质，可用来去除废水中的金属离子、细小的胶体有机物、无机物、植物营养素（氮、磷）、乳化油、色度、臭味、酸、碱等，对于废水的深度处理也有着重要作用。化学法包括中和法、混凝法、氧化还原法、电化学等方法。

13 固体废物的综合利用和处置

人类在生产和生活过程中所排出的固体废弃物质，简称为固体废物。如工矿业生产过程中排放的废渣、尾矿、粉煤灰等，产品经过使用和消费后形成的生活垃圾以及农业固体废物等。这些固体废物虽不像工业废气、废水那样到处流失扩散，但它们对环境的危害却是不能低估的。许多有害固体废物通过不同途径污染大气、水体、土壤等环境，危害人群健康。

13.1 固体废物的种类

（1）矿业固体废物。矿业固体废物来自矿物开采和矿物洗选过程，如废石、尾矿、砂石等。废石是指各种金属、非金属矿石开采过程中从主矿石剥离下的，从工业角度看利用价值不大的各种岩石。这类废物量大，多在采矿现场就近排放。尾矿是指选矿过程中，经提取精矿以后剩余的尾渣。这类废物排放量也相当大，多弃置于选矿工场附近。

（2）工业固体废物。工业固体废物来自各类工业部门生产和加工过程，如各种废渣、粉尘、废屑、污泥等。它主要有下列几种：

1）冶金固体废物：主要指各种金属冶炼过程中排出的残渣，如钢渣、高炉炉渣、有色金属渣、铁合金渣等。

2）煤炭电力固体废物：包括煤矸石、煤炭燃烧所排出的粉煤灰炉渣以及烟道灰等。

3）其他工业固体废物：包括机械加工的金属碎屑，木材加工的边角料、木屑、刨花，粮食加工的谷屑、下脚料、渣滓，以及化工、造纸等的废渣、泥渣等。其中以化工废渣毒性最大，污染最严重。

（3）城市垃圾。城市垃圾包括人们日常生活所丢弃的各种废物，如炊事杂物、废纸、废织物、家用杂具、玻璃陶瓷碎物、废旧塑料制品、炉灰，还包括城市建设和维护的建筑垃圾（废砖、废瓦等），以及污泥、废土碎石和粪便等。

（4）农业废物。农业废物包括耕作业和畜牧业等农业生产和禽畜饲养产生的动物粪便、尸骸、作物枝叶、秸秆、壳屑等。

（5）放射性固体废物。放射性废物主要来自核工业生产、放射性医疗、科学研究等，还包括核武器试验所产生的具有放射性的各种碎片、弹壳、尘埃等。

此外，为了管理上的需要，将固体废物有害的那一部分列为有害固体废物，作为工业废物的细类。如美国《资源保护和回收法》将具有毒性、易燃性、腐蚀性、传染性、反应性和放射性的固体废物都归入有害固体废物。

13.2 固体废物的危害

（1）固体废物对水体的污染。固体废物主要通过 4 种途径污染水体。

1）固体废物直接倾入江河湖海。一些国家把海洋投弃作为对固体废物处置的一种方法。美国 1968 年投入太平洋和大西洋的固体废物达 4800 多万吨，我国江湖面积，20 世纪 80 年代比 50 年代减少 2000 多万亩，除围海造田外，主要是由于大量固体废物的侵入造成的。

2）固体废物随地面径流进入江河湖泊，使水域成为污水沟，水域中鱼类大量死亡。

3）粉状和尘粉状固体废物随风飘入地面水，造成地面水污染。

4）固体废物中有毒物质在降水的淋溶、渗透作用下进入土壤、污染地下水。我国某钢铁的尾矿积存量达 15000 万吨，因尾矿含氟，地面水、土壤和地下水中氟浓度相当高。某铁合金厂的渣露天堆积，经雨水渗入土壤，厂区下游 10 多平方公里范围内地下水污染，水中六价铬超标 1000 多倍。

（2）固体废物对大气的污染。固体废物中的尘粒会随风飘入大气，遇到大风，会刮到很远的地方。垃圾、废渣中的某些有机物质在生物分解过程中产生恶臭和有害气体污染大气。固体废物露天焚烧或用没有净化装置的焚化炉焚烧时，也会排出大量有害气体。据美国统计，大气污染物中，来自固废处理的占 5% 左右。我国包头市的粉煤灰堆场，遇 4 级以上风力时，可剥离 1 ~ 1.5cm，灰尘飞扬高度达 20 ~ 50m，平均视度降低 30% ~ 70%，形成“黑风口”，车辆行人难以通行。

（3）固体废物对土壤和生物的污染。固体废物的有害物质会改变土质成分和土壤结构。有毒废物还能杀伤土壤里的微生物和动物，破坏土壤生态平衡，影响农作物生长。某些有毒物质，特别是重金属和农药，会在土壤中累积并迁移到农作物中去。联邦德国某冶金厂附近的土壤污染后，使该地生长的农作物含铅量为一般作物的 80 ~ 260 倍，含锌量为一般作物的 26 ~ 80 倍。英国威尔士北部康维盆地某铅锌尾矿场，由于雨水冲刷、废渣覆盖地面，土壤中含铅量超过极限值 100 多倍，严重地危害了草场和牲畜，使草原不能放牧。辽宁铁岭柴河铅锌矿废水含镉量超标，使附近水稻中镉的含量达到 24.34×10^{-6}，超过日本骨痛病的镉含量 15.26×10^{-6} 指标。

（4）固体废物对人群健康的危害。固体废物中的病原体和有毒物质，经大气、水体、生物传播和扩散，危害人群健康。许多种传染病，如鼠疫等都同固体废物处置不当有关。固体废物对人群健康危害的潜伏期长，往往短期内反映不出来，需要相当长时间才能表现出危害。例如，20 世纪 40 年代美国胡克化学公司在尼亚加拉瀑布城附近的腊夫运河堆放数以百计的废渣桶。1953 年该废运河河道被废渣填满后，在此修建中学和运动场，建起住宅区。后来发现这里的孩子皮疹患者增多。1978 年，这里的许多建筑物渗进了各种剧毒化学物质。经纽约州环境保护部门对当地空气、地下水和土壤监测，发现了六六六、氯苯等 82 种有毒化学物质，其中有 11 种是致癌物质。卫生部门对居民健康作了调查，发现该地区新生儿生理缺陷、早产、癫痫、肝障碍、直肠出血、头痛等症状发病率都高。

（5）固体废物的其他危害。固体废物的堆弃，占用大量土地，不但污染环境，还浪费土地资源。冶金固体废物产生以后，需占地堆放，堆积量越大，占地越多。据估算，每堆积 1×10^4t 废渣，需占地 667m^2。现冶金固体废物占地量仍有上升的趋势。这就出现了固体废物与工农业生产争地的矛盾。废弃物不仅占地，而且污染土壤，受污染的土壤面积往往大于堆渣占地面积的 1 ~ 2 倍，经日晒、雨淋，有害成分向地下渗透，破坏土壤微生物的生存条件，有碍植物根系生长，或者这些有害成分会在植物体内积蓄。固体废物堆置不当，还可能发生塌方、滑坡和泥石流，造成生命财产损失。

13.3 固体废物的综合利用

固体废物是指相对某一过程或某一方面没有使用价值的物质，并不是在一切过程或一切方面都没有使用价值。实际上，某一过程所产生的废物，往往是另一过程的原料。实践证明，处理固体废物的最好办法是综合利用，变废为宝；消极的埋藏、填坑、填海或者焚烧都可能造成二次污染。随着现代科学技术的发展，综合利用固体废物的方法越来越多，许多国家设立专门机构，研究固体废物的处置、回收、利用技术，使固体废物逐步资源化。

13.3.1 矿业废物的处理和利用

废石和尾矿的无害化处理和综合利用是处理利用矿业废物的首要问题和发展方向。

（1）无害化处理。为了防止废石风化和尾矿被水冲刷污染大气和水体，往往将它们稳定处理，避免危害。常用的稳定处理方法有物理法、化学法和植物法。

（2）矿业废物的综合利用。矿业废物的综合利用像工业废物一样，有着巨大的潜力和前途。表 13－1 所列是其主要用途。

表 13－1 矿业废物的主要用途

废物名称	主要用途
重金属尾矿	制作砖瓦和回填矿坑
轻金属尾矿和废石	制作建筑材料和水泥
多种金属共生矿的废石和尾矿	回收有价值的金属
含二氧化硫大于 70% 的尾矿	作加气混凝土的配料
无毒无害废石和尾矿	铺路、填坑造地、建筑骨料
大部分废石和尾矿	作矿坑回填材料
煤矸石	燃料、建筑材料和化工材料

多数矿山开采剩下的废石和矿石洗选剩的尾矿可以作为天然的建筑材料，或人工制成的建筑材料，广泛用于建筑材料工业。例如，含石灰石成分多的废石可制成水泥，化学成分及体积稳定的各种废石可直接作为混凝土的骨料或铺路材料，铁和铜的尾矿粉可用来蒸制或烧制砖瓦、水泥原料或制成加气混凝土等。

从废石和尾矿提炼金属或其他有用物质，是综合利用的良好途径，因为许多种废石和尾矿都含有一定数量有用的金属和非金属元素，回收后用于生产，有显著的技术经济效果。例如，铜、铅、锌矿体多是共生的，采取综合冶炼工艺可以提取多种金属并减少尾矿排量。以铁为主的铁钒钛共生矿，从废石中或尾矿中可提取钒钛金属。从世界范围看，从废石、尾矿中回收金属，在技术上和数量上都是不够的。

在煤矿开采、选洗过程排出煤矸石，我国每年的排出量上亿吨。煤矸石的综合利用潜力很大。通过简单洗选工艺，仍可选出好煤，作为动力锅炉的燃料。有些取暖锅炉，也可以直接以煤矸石为燃料，从而增加能源。例如，用沸腾炉烧煤矸石其效果很好。

从煤矸石及其他尾矿中提取化工原料目前已有成功经验。例如，焙烧煤矸石可使无化学活性的高岭土转变为有活性的高岭土（$Al_2O_3 \cdot 2SiO_2$），再用盐酸浸取可制得结晶氯化铝。

13.3.2　粉煤灰的综合利用

粉煤灰是煤燃烧所产生的烟气中的细灰，一般多指燃煤电厂从烟道气中收集的细灰。煤灰中有许多有用成分。对煤灰综合利用，目前已有几十种用途，随着科学技术的发展，其综合利用的前途是非常广阔的。我国是以煤为主要能源的国家，粉煤灰排出量很大，更应当重视对它的综合利用。

（1）从粉煤灰中提取碳和铁。粉煤灰中含有多种化学成分，如二氧化硅、三氧化二铁、二氧化钛和碳等。我们可以采用适当的方法提取其有用成分。例如，利用煤炭和煤灰同水的亲疏关系不同的特点（煤灰亲水疏油、煤炭则亲油疏水），采用浮选的方法，用油（一般用煤油和柴油）作为辅收剂来收集煤。这种方法浮选回收煤可达90%以上。又如，粉煤灰中的铁，可采用磁选方法加以回收。经过磁选的铁精矿粉，品位一般在50%左右，含硫量较低，主要为四氧化三铁，还有少量固定碳。经过磁选从粉煤灰提取的铁精矿，完全可以产出高质量的铸造生铁。

（2）粉煤灰水泥。凡由硅酸盐水泥熟料、粉煤灰和适量石膏磨细制成的水硬胶凝材料称为粉煤质硅酸盐水泥（简称粉煤灰水泥）。水泥粉煤灰掺加量按重量百分比计为20%～40%。

（3）粉煤灰砖。利用粉煤灰可生产蒸养粉煤灰砖、烧结粉煤灰砖、碳化粉煤灰砖等，我国已建成许多粉煤灰砖厂，年产量达16亿块，年处理粉煤灰500万吨。

（4）粉煤灰砌块与板材。利用粉煤灰生产的各种砌块有蒸养粉煤灰硅酸盐砌块、蒸压粉煤灰泡沫混凝土砌块和粉煤灰混凝土大型墙板等。

1）蒸养粉煤灰硅酸盐砌块（简称硅酸盐砌块）：是以煤渣为骨料，以粉煤灰、磨细石灰和石膏为胶结料，加水搅拌、振动成型、蒸汽养护而成的一种墙体材料。

2）蒸压粉煤灰泡沫混凝土砌块：是一种轻质多孔墙体材料，采用粉煤灰、磨细石灰、石膏与泡沫剂拌和成型，经蒸压养护而成。

3）粉煤灰墙板：目前生产的粉煤灰墙板有粉煤灰硅酸盐大板、粉煤灰矿渣混凝土墙板、粉煤灰炉渣大型墙板等。

粉煤灰墙板是以粉煤灰、磨细生石灰和石膏为胶结料，以矿渣碎石或炉渣等为骨料配制而成。粉煤灰墙板已在我国工业与民用建筑中使用，效果良好。

（5）粉煤灰生产其他建筑材料。

1）粉煤灰陶粒。粉煤灰陶粒是以粉煤灰为主要原料，掺部分黏土及无烟煤混合成球，在1200～1300℃高温下烧结而成的一种人造轻骨料，可以采用回转窑、烧结机、立波尔窑等焙烧。

2）粉煤灰作混凝土掺和料及细骨料。在配制混凝土混合料时，加入一定量的粉煤灰（或磨细粉煤灰），可有效地节约水泥，改善混凝土和易性，提高混凝土质量。此法已在我国一些大型水电工程的混凝土中使用，取得良好经济效果。国外对粉煤灰作混凝土掺和料也很重视，在泵送混凝土、压浆、灌缝混凝土中都广泛应用。粉煤灰还可用作细骨料，代替轻砂配制轻质混凝土。

3）粉煤灰加气混凝土。采用粉煤灰、磨细生石灰、石膏及少量水泥配料，并加入适量加气剂（铝粉），经搅拌注模、静停切割、入窑蒸养即成粉煤灰加气混凝土。

4）制轻质耐热混凝土。用425号硅酸盐水泥为胶结料，粉煤灰做填充料，可生产使用温度在1100℃以下的轻质耐热混凝土。粉煤灰轻质耐热混凝土适用于一般机械、化工业使用的窑炉中。

（6）粉煤灰筑路。用粉煤灰可代替砂石做公路路基材料的承重层。采用粉煤灰和石灰的混合料做路面，强度比砂石材料高1.5～3倍，路面造价降低10%，路基不但能防冻、防翻浆和龟裂，而且板体性好，后期强度高。

（7）粉煤灰在农业上的应用。利用粉煤灰可生产肥料和不经处理直接施用于农田。

粉煤灰中一般含一定量的钙和镁，只要加适量的磷矿粉，并利用白云石作助熔剂，以增加钙和镁的含量，就可达到钙镁磷肥的质量要求。利用粉煤灰可以生产高效低污染的、直接用于农田的化肥。

利用电厂旋风炉附烧钙镁磷肥，可使灰渣全部变成磷肥。这是发电厂粉煤灰综合利用的途径之一，但对锅炉排烟中的氟化物等要采取措施。

粉煤灰还可直接施用于农田，以利用其中有营养价值的元素（如钾、磷、铁、钙、锰、硼等），作为农作物的刺激剂。粉煤灰对水稻的稻瘟病、苹果的黄叶病均有抑制作用。

（8）粉煤灰制分子筛。分子筛是用碱、铝、硅酸钠等人工合成的一种泡沸石晶体，其中含有大量的水。当把它加热到一定温度时，水分被脱去而形成一定大小的孔洞。它具有很强的吸附能力，能把小于孔洞的分子吸进孔内，而把大于孔洞的分子挡在孔外，这样就把大小不同的分子过筛。

用粉煤灰制成的分子筛主要用于各种气体与液体的脱水和干燥以及气体的分离和净化等方面。利用粉煤灰制分子筛工艺简单，质量好。

13.3.3　钢渣的综合利用

（1）钢渣作为水泥原料。以钢渣和铁渣为主要原料，掺入少量激发剂（水泥熟料、石膏等）经磨细后即可制成钢渣水泥。钢渣水泥的质量同钢（铁）渣所含成分、原材料的配比和工艺过程有关。目前生产的钢渣水泥有两种，一种是用石膏作激发剂生产的水泥，这种水泥早期强度较低，可能对钢筋有锈蚀作用，一般用于无筋混凝土构件。另一种是用熟料和石膏作复合激发剂的水泥，性能比前一类好，又无锈蚀钢筋的缺点。

（2）钢渣砖。利用钢渣制砖，其原材料与钢渣水泥相似，都要掺入高炉水渣和激发剂，不同的是钢渣制砖用石灰和石膏作激发剂。

原材料的配比（质量百分比）对砖的质量和成本都有很大影响。通常为增加砖的强度，改变钢渣活性低、颗粒坚硬、胶结量过少的缺点，一般要加高炉水渣或粉煤灰，且水渣或粉煤灰的掺量不宜少于30%。

（3）钢渣磷肥。钢渣含有较多的五氧化二磷及其他几种对农作物有益的元素如铁、铝、镁、锰、钙、硅等，可作为生产磷肥的原料。钢渣磷肥的肥效显著，成本低，所含硅、钙、锰等养分对植物生长的早期和晚期都有肥效，是一种复合矿质肥料。它不但对当季有效，而且对第二、三茬作物亦有一定的增产效果。

13.4　有害废物的处置

目前固体废物中危害较大是工业生产排出的有害固体废物，它可分为有害、易燃、有腐蚀性和有较强化学反应性等几类。处理这些废物的方法有焚化法、固化法、海洋投弃法、化学处理法和生物处理法等。

（1）焚化法。焚化法适用于有机有毒固体废物，通过焚化使其转化成二氧化碳、水和灰分以及少量含硫、氮、磷和卤素的化合物等。这种方法效果好，占地少，对环境影响小；但设备和操作较为复杂，费用大，同时还需处理焚烧过程中产生的有害气体和剩余的有害灰分。因此，如果有害固体废物的毒性是由所含元素造成的，则不宜采用这种方法。沈阳环科所建立一座焚烧多氯联苯等有害废物的中心，将难以处理的有害、有毒废物集中焚烧处理。

（2）固化法。固化法是采用物理的或化学的固化剂，使有害废物形成基本不溶解或溶解度较低的物质，或将它们包封在惰性固化体中的处理技术。通过这种处理，有害废物的渗透性和浸出性都可大大降低，利于进一步处置和运输，达到无害化或低害化的目的。最常用的固化法是用水泥固化和沥青固化。

水泥固化是把工业有害废物按一定的水灰比直接跟水泥混合时，还可加入一定的添加剂，经过养护形成水泥固化块。这种方法适用于处理有毒无机物、金属污泥、洗涤塔污泥等。尤其是对含硫化物的污泥，水泥固化能特别有效地抑制汞的浸出。但此法不能用来处理有机物和有毒阴离子。这种方法的工艺和设备简单，不需热源，无尾气处理；固化体强度高，抗渗性强，耐久性好，适于向海洋投放。但固化体如不进行涂覆时，其中的污染物易于在酸性溶液中浸出，处理过程中会影响水泥的凝结和硬化的废物，需要进行预处理。

沥青固化法是为处理放射性废物而发展起来的固体废物处理方法，对于工业废物的处置也很适用。如核工业系统使用过的离子交换树脂、其他工业的有害金属污泥的处理都可以采用此法。沥青固化法一般要求先将废物干燥脱水，然后与沥青在高温下混合，也可将废物与沥青放在一起加热脱水并混合、冷却成固态混合物。通常需要有沥青废物包装容器。对于沥青有溶解作用的有机化合物和强氧化剂如硝酸盐等废物，不宜采用此法。

（3）海洋投弃法。将有害固体废物直接或经过处理以后投入海洋的方法称为海洋投弃法。投弃的废物主要是放射性废物或其他剧毒的工业废物。向海洋投弃废物历史较久，且各国投弃废物的种类也不同，如美国每年向海洋投弃的废物，以污泥数量最大，其次是工业废物。废物入海造成的海洋污染，正在引起人们的重视。目前虽然在应用，但人们呼吁应予以取缔，或至少先作无害处理后再投弃。1974 年曾召开国际大会，防止海洋因倾倒废物遭受污染，并通过了一项国际协议，禁止把超过一定限量的污染物泄入海洋。1983 年在伦敦召开的一次国际原子能机构会议上，也通过了一项决议，禁止把放射性废物投入海洋。

（4）化学处理法。化学处理法是利用有害固体废物的化学性质，将有害物质转化为无害的最终产物的方法。最常用的化学处理法是酸碱中和法、氧化还原法、化学沉淀法等。酸碱中和法可采用弱酸或弱碱就地中和；氧化还原法常用于处理氰化物和铬酸盐类有害废物，需用强氧剂和还原剂，通常需用一个运转反应池；化学沉淀法是利用沉淀作用使溶解度低的水合氧化物和硫化物沉淀下来，以减少毒性。

（5）生物处理法。生物处理法是利用生物技术和特性，通过生化过程，使废物经生物的降解而降低或解除毒性。常用的生物处理法有堆肥法等，这些方法主要是降解有害有机物，使之无害化。

 噪声与热污染及其防治

14.1　噪声的危害及防治

14.1.1　噪声

凡是干扰人们休息、学习和工作的声音，即人们不需要的声音，如机器的轰鸣声、车辆的鸣笛声等，统称为噪声。

从物理学角度来说，声音强度和频率变化没有规律、杂乱无章的声音为噪声，它研究的是声音的质量。从环境保护来说，断定一种声音是不是噪声，着重看它是否干扰人们的休息、学习和工作，它研究的是声音对人的健康影响。在日常生活中，人们需要有一定的声音背景，才能保持头脑清醒、神志正常。任何人在消声室内停留一会，就会体会到人一点也不能在完全无声的环境中生活，人们并不要求周围没有一点声音。人们需要的是安静，而不是完全听不到声音。

我们可以这样认为：在特定环境条件下，凡是超过噪声标准的声音，都是噪声。20世纪50年代以来，噪声污染被公认为是一种严重的社会公害。

14.1.2　冶金企业噪声污染的来源

钢铁企业按照生产工艺设置有矿山、烧结球团、炼铁、炼钢、轧钢、焦化、氧气站、耐火及铸造等部门。各部门生产采用的主要机械设备不同，噪声的治理方法也不同。

（1）矿山噪声的来源。矿山主要负责采矿和选矿工作。矿石开采分井下开采和露天开采。井下开采主要噪声源为凿岩机、局扇风机和主扇风机。露天开采的主要噪声源为自卸汽车、穿孔机及选矿用的球磨机、破碎机、筛分机等。这些设备的声功率级一般在100～120dB(A)之间，属强噪声源。

（2）烧结生产的噪声来源。烧结生产的主要噪声来源有破碎机、筛分机、鼓风机或压缩机等强噪声源，其声功率级一般为105～115dB(A)。可以通过隔声室或控制室进行远距离操作以达到保护工人健康、免受噪声危害的目的。

（3）炼铁、炼钢生产中的噪声来源。炼铁过程中噪声主要有高炉鼓风机站的鼓风机、蒸汽发电机、高炉放风阀等。炼钢生产主要噪声来源于炉头压缩空气喷头、空压机、鼓风机、燃料燃烧、天车、加料机、锻锤循环泵、气泵、电炉等。电炉噪声功率级一般都在110～126dB(A)；氧气转炉车间主要噪声源产生的噪声功率级在105～117dB(A)。

（4）铸造工序的噪声来源。铸造工序的噪声来源有造型机、落砂机、球磨机、清砂滚筒、抛砂机、气锤、振动筛，其声功率级在105～117dB(A)。

（5）轧制过程中噪声的来源。轧制生产车间有初轧、开坯、大型轨梁、无缝钢管、多种板材、线材及其他型材车间，产生以机械噪声为主并伴随有空气动力性噪声。机械噪声

主要是轧机运转、钢材轧制、钢材与辊道和冷床摩擦及碰撞、热锯切割钢材、人工精整钢板及翻板等造成的。

轧制过程中还存在空压机、加热炉鼓风机、电动机、蒸汽排气等原因产生的空气动力噪声。噪声的功率级在105~120dB(A)。

(6) 耐火材料、金属制品、焦化工序的噪声来源。耐火材料、金属制品、焦化工序的主要噪声来源有球磨机、破碎机、电炉、振动筛、螺栓压力机、自动切边机、自动冷镦机、拔丝机、制钉压力机、包装机、水泵、鼓风机等。上述设备属强噪声源，其声功率级都在105~115dB(A)。

14.1.3 噪声的危害

(1) 听力损伤。噪声对听力的损害是人们认识最早的一种影响。早在1886年，英国格拉斯哥的一名医生托马斯巴尔曾就噪声对人听力的影响进行过著名的对照研究。近30年来，关于噪声对听觉影响的研究有了很大的进展。一般噪声对听力的损害可分为两种，一种是暂时性的，一种是职业性（永久性）的。

当人进入较强噪声的环境中时，会感到刺耳难受，听力下降，但当离开噪声场所在安静处待一段时间后，听觉又逐步恢复原状，这种现象称做暂时听阈偏移，也称做听觉疲劳。它是暂时性的生理现象，内耳听觉器官并未受到损害。

长期在噪声环境中工作的人，由于持续不断地受到噪声的刺激，或者说是一种慢性刺激，日积月累，听觉疲劳现象不但逐渐加深，而且不能复原内耳感受器已经发生的器质性病变，其听力发生不可恢复的永久性阈位移，这就是噪声性耳聋，又称作职业性听力损失。

一般地讲，在85dB(A)以上的噪声环境中长期工作，就会发生噪声性耳聋。另外，还有一种噪声性耳聋，这就是爆震性耳聋。当人们突然听到强烈噪声时，比如爆破、爆炸等，可使人的听觉器官发生急性外伤，引起鼓膜破裂流血，爆震性耳聋多发生在噪声强度高达130~150dB(A)的特殊场合。

(2) 噪声可引发多种疾病。噪声作用于人的中枢神经系统，使人的基本生理过程如大脑皮质的兴奋和抑制平衡失调，导致条件反射异常，使人们脑血管张力遭到损害，神经细胞边缘出现染色质的溶解，严重的可以引起渗出性出血灶，脑电图电位改变。这些生理学变化，早期24小时是可以复原的，但如果得不到及时恢复的话，久而久之，就会形成牢固的兴奋灶，产生神经衰弱症候群。

噪声作用于中枢神经系统，还会影响到人的整个器官，如引起肠胃机能阻滞，消化液分泌异常，胃酸度降低，胃收缩减退，造成消化不良，食欲不振，恶心呕吐，从而导致胃病及胃溃疡的发病率增高。噪声对内分泌机能亦有较大影响。

噪声对心血管系统的影响也很大。研究表明，噪声可以使交感神经紧张，从而使人的心跳加快、心律不齐、血管痉挛、血压升高等，由此导致心脏病。同时，噪声还可以引起心室组织缺氧、心肌损害，并引起血中胆固醇含量增高，从而导致冠心病和动脉硬化。

此外，强噪声会刺激耳腔的前庭，使人眩晕、恶心、呕吐。超过140dB(A)的噪声会引起眼球的振动，视觉模糊，呼吸、脉搏、血压都会发生波动，甚至会使全身血管收缩，供血减少，说话能力受到影响。

(3) 噪声影响睡眠。适当睡眠是保证人体健康的重要因素，但是噪声会影响人的睡眠，老年人和病人对噪声干扰更敏感。当睡眠受到噪声干扰后，工作效率和健康都受到影响。研究表明，连续噪声可以加快熟睡到轻睡的回转，使人多梦，熟睡的时间缩短；突发的噪声可使人惊醒。

(4) 噪声对交谈、通讯、思考的干扰。噪声妨碍人们之间的交谈以及通讯联络是常见的，同时影响人们的思维活动和语言信息交流，对生产和生活造成一定的影响和损失。

(5) 噪声对心理的影响。噪声引起的心理影响主要是使人烦恼激动，易怒，甚至失去理智。噪声也容易使人疲劳，往往会影响精力集中和工作效率，尤其是对那些要求注意力高度集中的复杂作业和从事脑力劳动的人，影响更大。另外，由于噪声的心理学作用，分散了人们的注意力，容易引起工伤事故。特别是在能够遮蔽危险警报信号和行车信号的强噪声下，更容易发生事故。

(6) 噪声对儿童和胎儿的影响。噪声会影响少年儿童的智力发展。在噪声环境下，老师讲课听不清，会造成儿童对讲授内容不理解，长期下去，将会影响智力的发展。调查显示，吵闹环境下生长的儿童智力发育比安静环境中的低20%。

此外，噪声对胎儿也会造成有害影响。研究表明，噪声会使母体产生紧张反应，引起子宫血管收缩，以致影响供给胎儿发育所必需的养料和氧气。

14.1.4 噪声污染的控制

噪声污染的控制可分为加强行政监督管理和采取工程控制措施两方面。

14.1.4.1 加强行政监督管理

(1) 合理调整城市工业布局，制定环境噪声区划。对现有的噪声污染严重、群众反映强烈而短期内又无法治理的企业，应坚决实行关停并转迁。新建企业必须考虑所在地的环境功能，不得在文教、旅游、居住区内增加新的噪声污染源，在建筑布局上除考虑噪声源的位置外，还要考虑利用地形和已有建筑物作屏蔽。

(2) 加强立法和行政监督。实行噪声超标收费或罚款等管理制度，用法律手段促进企业治理噪声污染。

(3) 对新建的改造建设项目。认真抓好“三同时”，在环境影响评价中不能忽视噪声污染的影响，避免产生新的噪声污染源。

(4) 解决好噪声治理的资金落实。疏通资金渠道，企业缴纳的排污费可返回一部分作为噪声治理专项资金，对噪声污染严重的企业限期治理，并按标准对治理项目认真验收。

14.1.4.2 采取工程控制措施

A 噪声源的控制

(1) 工艺改革：利用改变工艺，减少噪声产生的条件，来降低噪声。如金属铆接时，把撞击铆接改为挤压铆接后，能明显降低噪声。

（2）降低产生噪声的激发力：如提高旋转部件的动平衡精度，降低各种气流噪声源的流速，对振动部件隔离等。

（3）降低系统中发声部件对激发力的响应：每一个发声系统都有自己的固有频率，如果把系统固有频率降低到激发力频率的1/3以下或远高于激发力频率，系统的噪声将明显降低。例如一金属板在外力激发下产生强烈噪声，如果改变板厚或增加板刚性来改变它的固有频率，可以降低噪声。

B 噪声传播途径的控制

（1）吸声。利用可以吸收声能的材料和结构，在传播途径中，减少传播给接受者的声能，降低噪声。当声波遇到一个物体表面时，它的一部分能量被反射；另一部分能量被吸收。如果在噪声源周围布置一些能吸收声能的材料（称为吸声材料），就会降低声源周围墙壁反射回来的声能，达到降低噪声目的。现代噪声控制工程中，广泛采用了各种吸声材料和吸声结构。

（2）消声器。消声器是控制气流噪声的一种主要方法。凡是以气流噪声为主的噪声均可在进、排气口安装消声器来降低。消声器按其消声机理可分为阻性消声器、抗性消声器和阻抗复合式消声器。阻性消声器中，多孔吸声材料（如玻璃棉、矿渣棉、泡沫塑料等），以一定方式布置在管道内，当噪声通过管道时，吸声材料将声能转化为热能，达到消声目的。抗性消声器是利用各种不同形状的管道和共振腔进行适当的组合，使声波反射或干涉，降低由消声器辐射的声能。抗性消声器可分为膨胀腔式的、干涉式的和共鸣式的。阻抗复合式消声器是由阻性消声器与抗性消声器复合而成，是工程实践中经常应用的消声器，特点是消声量大、消声频带宽。

（3）隔声。利用一些具有一定质量、坚实的材料和结构，隔离声传播通路，降低噪声。经常采用的形式有隔声壁板、隔声罩、隔声屏障和隔声室等。最简单的隔声结构是单层均匀密实壁，如钢板、木板、砖墙、钢筋混凝土墙等。此外，还有双层壁的隔声。双层壁具有较高的隔声量，比单层壁更优越。如果噪声源的体积较小，形状比较规则，工作时又不要经常拆修，则可采用隔声罩把噪声源包围起来，减少噪声污染。隔声罩的壳体一般采用金属板，内饰一定厚度的吸声材料。从接受噪声人员的角度考虑，还可采用隔声间的方法。隔声间是指在噪声较大的环境中修建的操作人员工作的操纵室、控制室等。现场采用的隔声间，多是土木结构，一般可以隔声30～40dB（A）。

（4）振动的隔离和阻尼。声音是由物体振动产生的，减少噪声源的振动也是控制噪声的有效方法。振动隔离是把振动源通过减振器、阻尼器安装在基础上，减弱传递给基础的力；或者当基础是振动源时，把被保护对象通过减振器和阻尼器安装在基础上，免受基础振动的干扰。经常采用的减振器和减振材料有金属弹簧、橡胶、软木、毛毡、玻璃纤维、矿渣棉等。在工业机械和交通车辆中，为了减少噪声，通常采用附加阻尼的方法，例如在振动构件上喷涂一层高内损耗系数的黏滞弹性材料，或把构件设计成夹层结构。当构件振动时，由于阻尼作用，一部分振动机械能转化为热能，从而降低振动和噪声。这种方法被广泛地应用于汽车、火车、轮船和各种机械产品中。

14.1.5 钢铁企业主要噪声防治措施

在钢铁生产中，多生产工序产生的噪声不太一致，治理方法也不尽相同。表 14－1 从噪声源角度出发，对传统钢铁企业采取的噪声控制措施进行了简单的介绍。

表 14－1 钢铁生产企业噪声的特点及其控制措施

噪声源	噪声特性	采取的措施
凿岩机	其中排气噪声属中、低频率噪声，有部分高频噪声；钎杆振动噪声多属高频噪声	排气噪声控制采用衬有部分吸声材料的抗性消声器，可降低 13～30dB（A）；钎杆振动噪声控制采用延长撞击时间、增大钎杆直径及对钎杆减振处理等办法降低噪声
局扇风机和主扇风机	主要是来自电动机的噪声，噪声声功率级因电动机功率、转速不同而不同	采用消声器降噪，主扇风机的消声器可采用混凝土吸声砖砌成
球磨机	由钢球、衬板和矿石之间的相互撞击与研磨产生，主要是筒体向外辐射的撞击声，高、中、低频都有，一般球磨机噪声为 100～120dB（A）	采用橡胶衬板代替锰钢衬板可降低噪声 15～20dB（A）；在锰钢衬板与筒体外壳之间加橡胶衬板垫可明显降低噪声；采用隔振与阻尼可降低噪声 10～15dB（A）；采用装隔声罩，可使噪声降低 20dB（A）；采用皮带传动代替齿轮传动也可降低传动装置噪声 10dB（A）
破碎机	噪声由撞击、摩擦产生，属高频噪声，其声功率级为 105～115dB（A）	设置隔声室或控制室进行远距离操作；在进、出料口安装消声器，可降低噪声达 30dB（A）；在破碎机与机座之间安装弹性衬垫，在机架外壳、基座及进料漏斗的振动表面涂敷阻尼材料可一定程度地降低噪声
筛分机	由箱体与流嘴侧壁振动产生的低中频、金属筛振动产生的高频噪声	减小振动器转速，减少机器振动，在振动器外壳与筛分机机架之间装减振器等可明显降低噪声；在筛箱壁上加筋、采用橡胶筛、在筛上和流嘴内表面衬耐磨橡胶层以降噪
鼓风机	包括进出气口噪声、机壳等机械部分的振动噪声、电动机噪声等，噪声强度不一	进排气口按照噪声成分安装阻性或阻抗复合型消声器，可降噪 25dB（A）左右；给风机机组安装带进出口消声器的隔声罩和低噪声通风风扇，可降低噪声 30～40dB（A）；多风机情况可在进行机座减振、机壳敷贴阻尼材料的基础上将风机房改造成隔声间；对风机、电动机采用加装消声器或设立隔声罩的办法降噪
压缩机	与鼓风机噪声相似，但低频成分突出，以进气口噪声最强	采用文氏管消声器可在低频部分获得 30～40dB（A）的消声量；其他方法与鼓风机相同
冶炼炉	冶炼炉噪声最大，且温度高；电炉噪声声功率级在 110～126dB（A）之间；锻锤噪声属中、高频噪声；氧气转炉车间的循环泵、气泵和鼓风机，其声功率级在 105～120dB（A）之间	为工作人员建立隔声控制室以免受冶炼炉噪声危害；接近冶炼炉的工人应带耳塞或耳罩等个人防护用品
放风阀	由压缩空气经放风阀向大气高速排放时产生噪声高达 120dB（A）	采用多级扩容减压消声器降低噪声，可达数十分贝的降噪量；采用管式消声器可降低噪声；对大送风管道采用阻尼、隔声包扎的办法降低噪声；对于高压放空排气噪声，国内多采用多孔扩散消声器或小孔消声器，两种消声器对降低高压放空排气噪声都很有效，但此类型消声器的设计工作有待进一步规范化
热风炉煤气燃烧器	有排气口产生的高中频噪声，风机传动装置的低频噪声及燃烧噪声	采用隔声罩、阻性消声器、减振器可以降低噪声

续表 14－1

噪声源	噪声特性	采取的措施
造型机	主要包括其部件的撞击声和气动阀的排气噪声，是宽频带噪声	在振动机械与机架之间安装橡胶衬垫，延长其部件的撞击时间可有效降低撞击噪声；气动排气阀噪声采用多孔扩散消声器可降低 15～25dB(A)
惯性振动落砂机	属于机械噪声	使振动落砂机形成周期性的稳定运转可降低噪声；增强落砂机与机架之间的刚性、在承压的工作机构与被加工件之间安装弹性衬垫，可使噪声降低 10dB(A) 左右；在其伸缩罩内表面加装吸声材料，可使中频噪声下降 20dB(A) 左右
轧制机工作机座	主要由轧辊旋转过程中的梅花轴套与轴承部件的撞击产生噪声，属中、低频噪声	采用塑料部件代替梅花轴套中的金属部件；用滚动轴承代替滑动轴承或用带塑料的轴承；采用衬橡胶的磁性辊子等可降低噪声；安装与轧件同时移动的运输带也可降低噪声 10dB(A) 以上
圆盘锯	主要是锯片的振动声，属高、中频噪声	采用锯片上敷贴阻尼材料、增大压垫直径、采用压紧夹板限制被切割金属的振动等办法降噪；在锯片上打孔填入韧性金属进行局部隔声；对锯片开适当的减振槽，对机组施用隔声罩等综合措施，可使圆锯在工作时整机噪声的明显降低
接受料箱和垛板机	主要是撞击噪声，属高、中频噪声	在料箱导板上衬贴耐磨橡胶、在垛板机上采用减振钢板可降低噪声
剪断机和修整机	主要是撞击噪声，属高、中频噪声	采用活动或半敞开式隔声罩可有效降低噪声
自动镦头机和压力机	主要是撞击噪声，属高、中频噪声	实现生产自动化，让工人在隔声控制室中工作；在车间内进行吸声和设置隔声屏障进行降低噪声

从上面的分析可知，在钢铁企业，风机、空压机电动机、冲床、圆锯机、球磨机、高压放空排气以及凿岩机等影响工人健康、严重污染环境的工业噪声源普遍存在，噪声污染涉及面极广。

14.2 冶金企业热污染及其防治

14.2.1 热污染的概念

热污染是一种能量污染，是指人类活动危害热环境的现象。随着人口和耗能量的增长，城市排入大气的热量日益增多。按照热力学定律，人类使用的全部能量终将转化为热，传入大气，逸向太空。这样，就使地面反射太阳热能的反射率增高，吸收太阳辐射热减少，沿地面空气的热减少，上升气流减弱，阻碍云雨形成，造成局部地区干旱，影响农作物生长。近 100 年以来，地球大气中的二氧化碳含量不断增加，气候变暖，冰川积雪融化，使海水水位上升，一些原本十分炎热的城市变得更热。据预测，如按现在的能源消耗的速度计算，每 10 年全球温度会升高 0.1～0.26℃；100 年后即升高 1.0～2.6℃，而两极温度将上升 3～7℃，这对全球气候会有重大影响。

热污染作为一种物理污染，曾一度被忽视。随着国民经济的发展，此项污染的危害正日趋加重，造成的损失也正在加大，应引起足够重视。热污染主要包括大气热污染、水体热污染和全球影响三个方面。

14.2.2 热污染的危害

14.2.2.1 大气热污染

按照大气热力学原理，现代社会生产、生活中的一切能量都可转化为热能扩散到大气中，大气温度升高到一定程度，引起大气环境发生变化，形成大气热污染。

根据能量守恒定律，人类利用的全部能量最终将转化为热能进入大气，逸向宇宙空间。在此过程中，废热直接使大气升温。建筑物的增多不仅导致绿地减少，还使风力减弱，阻碍了热量的扩散，同时，建筑物白天吸收太阳光能，晚上放出热量，特别是冬季取暖期，本身也成为较强热污染源。造成的影响是一方面夜晚温度升高，减小了昼夜温差，人的生理代谢发生紊乱；另一方面是暖冬现象，冬季气温持续偏高，病毒和细菌滋生，疾病流行。

城市中企事业、饭店、汽车、电气化设施及居民住宅区等无时无刻不在排放着热量，在近地面气温分布图上表现为以城市为中心形成一个封闭的高温区，犹如一个温暖而孤立的岛屿，这种气候特征称为“热岛效应”。由于热岛中心区域近地面气温高，大气做上升运动，与周围地区形成气压差异，周围地区近地面大气向中心区辐射，从而形成一个以城区为中心的低压旋涡，结果就造成人们生活、工业生产、交通工具运转等产生的大量大气污染物（硫氧化物、氮氧化物、碳氧化物、碳氢化合物等）聚集在热岛中心，危害人们的身体健康，甚至危害生命。长期生活在“热岛”中心，会表现为情绪烦躁不安、精神萎靡、忧郁压抑、胃肠疾病多发等。因城区和郊区之间存在大气差异，便形成“城市风”，它可干扰自然界季风，使城区的云量和降水量增多。大气中的酸性物质易形成酸雨、酸雾，诱发更加严重的环境问题。

14.2.2.2 水体热污染

由于向水体排放温水，水体温度升高到有害程度，引起水质发生物理、化学和生物变化，称为水体热污染。

水生生物对温度变化敏感性较一般陆地生物高，温度的骤变会导致水生生物的病变及死亡，温度再高则难以生存。水的各种性质受温度影响。水温升高，使水中溶解氧逸出而减少，而且还使水中生物代谢增强，需要更多的溶解氧。当溶解氧不能满足需要时，鱼类便会力图逃离那个水域，当溶解氧降到1mg/L时，大部分鱼类会发生窒息而死亡；水温升高，使水体中物理化学和生物反应速度加快，导致有毒物质毒性加强，需氧有机物氧化分解速度加快，耗氧量增加，水体缺氧加剧，引起部分生物缺氧窒息，抵抗力降低，易产生病变乃至死亡。此外，水体温度的异常升高，会直接影响水生生物繁殖行为以及生物种群发生变化，寄生生物及捕食者相互关系混乱，影响生物的生存及繁衍。

温度升高，水的黏度降低，密度减小，水中沉积物的空间位置和数量会发生变化，导致污泥沉积量增多，甚至由于水质改变而引发一系列问题。水体的富营养化是以水体有机物和营养盐（氮和磷）含量的增加为标志，它会引起水生生物的大量繁殖，藻类和浮游生物的爆发性生长，这不仅破坏了水域的景色，而且影响了水质，并给航运带来不利影响。

水温的升高为水中含有的病毒、细菌提供了一个人工温床，使其得以滋生泛滥，造成疫病流行。水中含有的污染物，如毒性比较大的汞、铬、砷、酚和氰化物等，其化学活性和毒性都因水温的升高而加剧。

水温的升高使水分子热运动加剧，也使水面上的大气受热膨胀上升，加强了水汽在垂直方向上的对流运动，从而导致液体蒸发加快，陆地上的液态水转化为大气水，使陆地上失水增多，这对缺水地区尤其不利。

14.2.2.3 热污染对全球的影响

整个地球的热污染可能破坏大片海洋从大气层中吸收二氧化碳的能力。热污染使得吸收二氧化碳能力较强的单细胞水藻死亡，而吸收二氧化碳能力较弱的硅藻数量增加，如此引起恶性循环，会使地球变得更热。热污染使海水温度略微升高，使海藻、浮游生物和甲壳纲动物等物种栖息的珊瑚礁和极地海岸周围的冰架遭到破坏；同时滋生了人类从前不知道的细菌和病毒，威胁人类的健康，破坏生态平衡，加快生物物种灭绝。热污染引起的南极冰原的持续融化，造成海平面的上升可能要远远超出人类的想象。

14.2.3 热污染的防治

热污染防治的措施有：

（1）提高热能利用效率。改变燃料的构成，如将城市家用燃料由煤改为煤气，城市的集中供热或发电厂改为热电厂等，这样都可以提高热能利用效率。这不但节约了能源，而且还减少了热污染的可能性。

（2）废热利用。将冶金企业冷却水的热量作为余热供给城市取暖，既节约了燃料，又减少了城市热污染。加强各类工业窑炉的废热的利用，可以减少工业窑炉的排热量。

（3）降温冷却。冶金企业的冷却水都必须通过再冷却设施，将外排水温冷却到不高于地面水温4℃，然后外排。

清洁生产与循环经济

15.1　清洁生产

15.1.1　清洁生产的概念

清洁生产在不同的发展阶段或者不同的国家有不同的叫法，例如“废物最小化”、“无废工艺”、“污染预防”等，其内涵都是对产品和产品的生产过程采用预防污染的策略来减少污染物的产生，这是关于产品生产过程中的一种全新的、创造性的思维方式。清洁生产已成为一种潮流，体现了人们思想和观念的转变，是环境保护战略由被动反应向主动行动的转变，是实现可持续发展战略的必由之路。

1996 年，联合国环境规划署对清洁生产的定义是：清洁生产是关于产品的生产过程的一种新的、创造性的思维方式。清洁生产意味着对生产过程、产品和服务持续整体预防的环境战略，以期增加生态效率并降低人类和环境的风险。对于产品，清洁生产意味着减少和降低产品从原材料使用到最终处置的全生命周期的不利影响。对于生产过程，清洁生产意味着节约原材料和能源，取消使用有毒原材料，在生产过程排放废物之前减少废物的数量和毒性。对于服务，要求将环境因素纳入设计和所提供的服务中。

《中华人民共和国清洁生产促进法》中对清洁生产的定义为：清洁生产是指不断采取改进设计、使用清洁的能源和原料、采用先进的工艺技术与设备、改善管理、综合利用等措施，从源头削减污染，提高资源利用效率，减少或者避免生产、服务和产品使用过程中污染物的产生和排放，以减少或者消除对人类健康和环境的危害。

15.1.2　实施清洁生产的途径和方法

清洁生产是一个系统工程，是对生产全过程以及产品的整个生命周期采取污染预防的综合措施。清洁生产的实施涉及产品的研究开发、设计、生产、使用和最终处置全过程。工业生产过程千差万别，生产工艺繁简不一。因此，推行清洁生产应该从各行业或企业的特点出发，在产品设计、原料选择、工艺流程、工艺参数、生产设备、操作规程等方面分析生产过程中减少污染物产生的可能性，寻找清洁生产的机会和潜力，促进清洁生产的实施。根据清洁生产的概念和近年来各国的成功实践，实施清洁生产的有效途径主要包括合理布局、产品设计、原料选择、工艺改革、节约能源与原材料、资源综合利用、技术进步、加强管理、实施生命周期评估等许多方面。实施清洁生产的途径和方法有：

（1）调整和优化经济结构和产业产品结构。合理布局，调整和优化经济结构和产业产品结构，以解决影响环境的“结构型”污染和资源、能源的浪费。同时，在科学规划和地区合理布局方面，进行生产力的科学配置，组织合理的工业生态链，建立优化的产业结构体系，以实现资源、能源和物料的闭合循环，并在区域内削减和消除废物。

(2) 原材料选择。选择对环境最为友好的原材料是实施清洁生产的重要方面，主要包括：选择清洁的原料，避免使用在生产过程或产品报废后的处置过程中能产生有害物质排放的原材料；选择可再生的原料，尽量避免使用不可再生或需要很长时间才能再生的原料；选择可循环利用原料；对原料进行适当预处理，例如，含砷矿石的预处理可以防止砷进入熔炼主工艺。

(3) 改革工艺，开发新技术。科学技术的发展为推行清洁生产提供了无限的可能性。改革生产工艺，开发新的工艺技术，采用能够使资源和能源利用率高、原材料转化率高、污染物产生量少的新工艺，代替那些资源浪费大、污染严重的落后工艺。优化生产程序，减少生产过程中资源浪费和污染物的产生，尽最大努力实现少废或无废生产。适当改变工艺条件，采用必要的预处理或适当工序调整，往往也能收到减废的效果。如简化流程可减少工序，有效削减污染排放；变间歇操作为连续操作，保持生产过程的稳定状态，可以提高成品率，减少废料量。

(4) 采用和更新生产设备。采用和更新生产设备，淘汰陈旧设备，换用高效设备，改善设备布局和管线。例如，顺流设备改为逆流设备；优选设备材料，提高可靠性、耐用性；提高设备的密闭性，减少泄漏；设备的结构、安装和布置更便于维修；采用节能的泵、风机、搅拌装置。

(5) 节约能源和原材料。尽量提高资源和能源的利用水平，做到物尽其用。通过资源、原材料的节约和合理利用，使原材料中的所有组分通过生产过程尽可能地转化为产品，消除废物的产生，实现清洁生产。减少原材料的使用量，在不影响产品技术性能和寿命的前提下，使用的原材料越少，说明产生的废物越少，同时运输过程的环境影响也越小；保证原料质量，采用精料；利用废料作为原料，如利用铝含量高的燃煤飞灰作为生产氧化铝的原料。

(6) 开展资源综合利用。资源综合利用是实施清洁生产的重要内容。资源综合利用就是尽可能多地采用物料循环利用系统，如水的循环利用及重复利用，以达到节约资源、减少排污的目的，使废物资源化、减量化和无害化，减少污染物排放。资源综合利用是推行清洁生产的首要方向。如果原料中的所有组分通过工业加工过程的转化都能变成产品，这就实现了清洁生产的主要目标。资源综合利用有别于所谓的“三废的综合利用”，它是指并未转化为废料的物料通过综合利用就可以消除废料的产生。资源综合利用，不但可增加产品的生产，同时也可减少原料费用，降低工业污染及其处置费用，提高工业生产的经济效益，是生产全过程控制的关键。

(7) 改进产品的设计，开发、生产对环境无害、低害的清洁产品。改进产品设计旨在将环境因素纳入产品开发的所有阶段，使其在使用过程中效率高、污染少，同时使用后便于回收，即使废弃，对环境产生的危害也相对较少。近年来出现的“生态设计”、“绿色设计”等术语，即指将环境因素纳入设计之中，从产品的整个生命周期减少对环境的影响，最终导致产生一个更具有可持续性的生产和消费体系。

(8) 强化科学管理，改进操作。国内外的实践表明，工业污染有相当一部分是由于生产过程管理不善造成的。只要改进操作，改善管理，不需花费很大的经济代价，便可获得明显的削减废物和减少污染的效果。其主要方法是：落实岗位和目标责任制，杜绝跑冒滴漏，防止生产事故发生，使人为的资源浪费和污染排放减至最小；加强设备管理，提高设备完好率和运行率；开展物料、能量流程审核；科学安排生产进度，改进操作程序；组织安全文明生产，把绿色文明渗透到企业文化之中等。推行清洁生产的过程也是加强生产管理的过程，它在很大程度上丰富和完善了工业生产管理的内涵。

（9）提高企业技术创新能力。依靠科技进步，提高企业技术创新能力，开发、示范和推广无废、少废的清洁生产技术装备。企业要做到持续有效地实施清洁生产，达到“节能、降耗、减污、增效”的目的，必须依靠科技进步，开发、示范和推广无废、少废的清洁生产技术、装备和工艺；加快自身的技术改造步伐，提高整个工艺的技术装备和工艺水平；积极引进、吸收国内外相关行业的先进技术，通过技术进步重点项目（工程），实施清洁生产方案，取得清洁生产效果。

以上这些途径可单独实施，也可互相组合起来综合实施。应采用系统工程的思想和方法，以资源利用率高、污染物产生量小为目标，综合推进这些工作，并使推行清洁生产与企业开展的其他工作相互促进、相得益彰。

15.1.3　冶金行业清洁生产

改革开放以来，冶金工业取得了很大的发展。通过强化环境管理，冶金行业实现了增产减污，为国民经济建设做出了应有的贡献。但是冶金工业是资源型工业，能耗物耗大，环境污染比较严重。我国冶金工业环境保护与国外先进水平存在较大差距，整个行业仍然处于高投入、低产出、重污染、低效益的粗放型生产状况，国内企业之间也很不平衡。冶金工业结构不合理，工艺技术水平和经济效益不高，不适应于市场竞争的需要，结构性矛盾突出，市场竞争日益激烈，集中体现在品种质量、产品成本和劳动生产率和环境污染问题所构成的综合竞争力的压力。近年来，随着冶金工业的高速发展，冶金行业正面临着市场与环境的双重严峻挑战。为使冶金工业健康持续地发展，积极贯彻国家提出的可持续发展战略目标，必须大力推行清洁生产。这是实现我国由钢铁大国成为钢铁强国、改粗放经营为集约型经营、改善环境面貌的根本途径。

进入20世纪90年代以后，钢铁工业坚持以老企业改造为重点，加快行业结构调整和总体装备水平的提高。以宝钢和天津钢管公司为代表，国内新建了一批技术装备达到国际先进水平的钢铁企业，采用了先进的生产技术，推动了钢铁生产的结构优化，至今开发研究、推广应用了一批先进清洁生产工艺技术。

（1）烧结技术。我国自主开发的小球烧结工艺技术，提高了烧结机的生产效率和产品质量，降低能耗20%，提高烧结机生产效率15%～20%。

（2）炼铁技术。20世纪90年代以来，我国高炉装备水平提高较快。宝钢、武钢、首钢、马钢、鞍钢等大型高炉的装备达到了国际水平。高炉喷煤、高炉长寿、高风温、无钟炉顶等技术有了较大发展。

（3）转炉溅渣护炉技术。溅渣护炉是国外20世纪90年代初期开发成功的先进技术。1996年该项技术介绍到国内。在国家大力支持下，结合国内的资源、环境及装备条件，开发了适用于大、中、小型转炉的溅渣工艺和复吹转炉溅渣工艺以及中磷铁水、钒钛铁水半钢冶炼等复杂条件下的溅渣技术。

（4）电炉炼钢技术。电炉炼钢在减排环保方面具有明显的优势，生产1t电炉钢比生产1t转炉钢减少CO_2排放量1589kg，减少废渣排放量600kg。多年来，我国电炉钢产量比偏低，到2008年才达到12.6%，美国、韩国、德国电炉钢比都在30%以上。发展电炉钢，是钢铁业节能减排、发展循环经济、实现可持续发展的重要途径。

(5) 提高连铸比，开发推广高效连铸技术。采用全连铸技术取代模铸，轧钢综合成材率可提高16%，环境经济效益十分显著。在大力发展连铸的同时，高效连铸技术攻关开发取得显著进展，连铸机作业率从70%提高到80%～85%。

(6) 轧钢技术。推广采用连轧技术、加热炉节能技术和热送热装技术，淘汰落后的多火成材工艺。装备水平不断提高，热连轧机、冷连轧机、连轧管机、小型连轧机、高速线材轧机的引进，使我国钢材的连轧比大幅度提高。

(7) 冶金环保技术。20世纪90年代以来，一批企业通过节能降耗、资源回收利用、控制污染，在工业废水处理和循环利用、废气净化、可燃气体回收利用和含铁尘泥、钢铁渣综合利用等方面取得进展，如焦化酚氰废水脱酚技术、转炉煤气净化回收技术、电炉烟尘治理技术、钢渣烧结配料技术、焦炉装煤、推焦消烟除尘技术、冶炼车间电除尘、混铁炉除尘等烟尘治理技术，以及焦炉煤气脱硫技术和矿山复垦生态技术等。

由于环保科技进步和环保工程的有效实施，在钢产量大幅度增长的同时，烟（粉）尘和废水污染物石油类、COD等的排放总量相对减少，大部分环保指标有所改善。

15.1.4　清洁生产与环境保护

清洁生产是环境保护新的研究和发展方向，它可以实施污染预防，减少污染的产生，实现环境和经济的可持续发展。经济的持续发展首先是工业的持续发展，资源和环境的永续利用是工业持续发展的保障。实践证明，沿用以大量消耗资源和粗放经营为特征的传统模式，经济发展正愈来愈深地陷入资源短缺和环境污染的两大困境：一是传统的发展模式不仅造成了环境的极大破坏，而且浪费了大量的资源，加速了自然资源的耗竭，使发展难以持久；二是以末端治理为主的工业污染控制政策忽视了全过程污染控制，不能从根本上消除污染。而清洁生产恰能较好地解决这两个方面的问题。

15.1.4.1　清洁生产是解决环境污染问题的最有效途径

长期以来，受计划经济的影响，我国的产业结构不合理，在很大程度上加剧了环境污染和生态破坏。同时，我国的工业布局也不甚合理，资源配置不佳，环境容量未能最佳利用。因此，我国在经济发展的同时，环境问题也越来越突出，已成为经济持续发展的严重障碍。目前我国所面临的环境问题是严峻的，主要有：

(1) 能源、原辅材料的单耗过高，利用率低，浪费严重。

(2) 工艺技术落后，生产过程控制不严，缺乏最优参数。

(3) 设备陈旧，维护欠佳。

(4) 废物的回用率低，跑冒滴漏现象严重，这不仅使大量的产品或原料白白流失，导致较大的经济损失，而且造成环境污染。

(5) 管理不规范，缺乏科学性。

(6) 生产的集约化程度不高，经济的发展多为粗放型。

(7) 员工素质和技能不高，培训制度不健全。

造成我国环境污染的因素很多，除上述问题外，在技术路线和治理理念上的关键问题是十几年来将污染控制的重点放在末端治理上。

自联合国环境规划署正式提出清洁生产以来，我国政府积极响应。随着经济的转型和公众资源环境意识的日益加强，污染预防已成为国际上的环保主潮流。我国作为世界上最大的发展中国家，在迅速工业化过程中，面临人口增加、资源短缺和环境质量日益恶化的种种矛盾。近年来的实践证明，清洁生产作为实现社会经济可持续发展的优先行动领域，是解决这些矛盾的有效手段和必由之路。

15.1.4.2 清洁生产是防治工业污染的必然选择和最佳模式

我国作为世界上最大的发展中国家，在总结了国内外环境保护的经验教训后，认识到污染预防的重要性，发展中十分重视环境保护，明确提出“预防为主，防治结合”的方针，强调通过调整产业布局，优化产品、原材料、能源结构和通过技术改造、废物的综合利用以及强化环境管理手段来防治工业污染。但由于认识和预防重点的偏差，人们把预防核心置于污染物的环境效应削减上，片面追求污染物达标排放，加上该方针未得到有效的法规、制度支持，缺少可行的操作细则，缺乏市场的激励机制，使其精髓未能得到有效贯彻。这一时期制定的许多末端治理的措施，如“三同时”、“限期治理”、“污染集中控制”等制度，由于责任明确，具有较强的可操作性，基本都得到有效执行。而“源削减”方面的法规和制度措施很少，这也是我国环境质量在投资连续增长的情况下出现持续恶化的原因之一。

15.1.4.3 清洁生产能有效地协调经济发展与环境保护之间的矛盾

清洁生产对世界各国经济发展和环境保护的影响是广泛而深远的，它将最终改变各国的工业结构，直接影响各国经济总体发展方向和水平，以及各国技术和产品的国际竞争力。这一改变在一些国家已经开始。发达国家在把改善工业结构纳入污染预防和控制方面已经作出努力，这大大巩固了它们在国际竞争中的地位。这些国家对清洁生产技术的研究与开发日益重视。

目前我国的二氧化碳排放量位于世界第二位，氯氟烃类物质的使用量也很大。在发达国家对控制全球环境问题采取积极态度的今天，我国应尽快采取有效措施控制环境状况的恶化。

这些问题是环境问题，也是经济问题。是走传统末端治理的道路，还是及时用清洁生产思路调整工业及能源结构，将污染消除在生产过程中，这一问题已经十分实际地摆在了人们面前。一方面清洁生产正在改善发达国家的工业结构，进一步增强其贸易出口能力；另一方面我国在未来一段时期将面临上述种种环境问题，加上正在兴起的绿色标签对国际贸易的影响，以及国外对华投资者对环境要求的进一步提高，环境因素对中国发展外向型经济构成严峻的挑战，其出路就是积极推行清洁生产。

15.2 循环经济

15.2.1 循环经济的概念

“循环经济”一词是美国经济学家波尔丁在20世纪60年代提出生态经济时谈到的。

波尔丁受当时发射的宇宙飞船的启发来分析地球经济的发展。他认为飞船是一个孤立无援、与世隔绝的独立系统，靠不断消耗自身资源存在，它最终将因资源耗尽而毁灭，唯一使之延长寿命的方法就是实现飞船内的资源循环，尽可能少地排出废物。同理，地球经济系统如同一艘宇宙飞船。尽管地球资源系统大得多，地球寿命也长得多，但是也只有实现对资源循环利用的循环经济，地球才能得以长存。

循环经济本质上是一种生态经济，它要求运用生态学规律而不是机械论规律来指导人类社会的经济活动。与传统经济相比，循环经济的不同之处在于：传统经济是一种“资源—产品—污染达标排放”单向流动的线性经济，其特征是高开采、低利用、高排放；循环经济要求把经济活动组织成一个“资源—产品—废弃物—再生资源”的反馈式流程，其特征是低开采、高利用、低排放。所有的物质和能源要能在这个不断进行的经济循环中得到合理和持久的利用，以把经济活动对自然环境的影响降低到尽可能小的程度。

循环经济是集经济、技术和社会于一体的系统工程。其主要特征是：

（1）尊重生态规律。

（2）最大限度地节约资源。发展循环经济要求建设“节约型社会”。

（3）形成相对封闭的循环产业链条，以实现可持续发展。

由于循环经济力求在经济系统和生态系统之间建立一种协调、和谐的关系，所以也被称为绿色经济或生态经济。循环经济理念将会引起一场走向可持续发展的社会革命。

15.2.2 循环经济的实施方式

20 世纪 90 年代以来，就环境、生态、经济等相互关系，学术界、经济界展开了广泛讨论，相继提出了可持续发展、清洁生产、产品生命周期评价、环境设计等思想，并予以实施。它们之间有一定的联系，并与循环经济理念融合。

实施循环经济需要有技术保障，循环经济的技术载体是环境无害化技术或环境友好技术。环境无害化技术的特征是合理利用资源和能源，实施清洁生产，减少污染排放，尽可能地回收废物和产品，并以环境可接受的方式处置残余的废物。环境无害化技术主要包括预防污染的少废或无废的工艺技术和产品技术，但同时也包括治理污染的末端技术。

（1）清洁生产技术。清洁生产技术是一种无废、少废生产的技术。通过清洁生产技术实现产品的绿色化和生产过程向零排放迈进。清洁生产技术是环境无害化技术体系的核心。它包括清洁的原料、清洁的生产工艺和清洁的产品 3 个方面的内容，即不仅要实现生产过程的无污染或少污染，而且生产的产品在使用和最终处置过程中也不会对环境造成损害。当然，清洁生产技术不但要有技术上的可行性，还需要经济上的可盈利性，这样才有可能实施。它应该体现发展循环经济和环境与发展问题的双重意义。

（2）废物利用技术。废物利用技术是对废物进行再利用的技术，通过废物利用技术实现废物的资源化处理，并且实现产业化。目前比较成熟的废物利用技术有废纸加工再生技术、废玻璃加工再生技术、废塑料转化为汽油和柴油技术、有机垃圾制成复合肥料技术、废电池等有害废物回收利用技术等。德国是全球再生资源利用率最高的国家，由此节约了大量的原材料和能源。在德国流行这样一句话：“今天的垃圾是明天的矿山。”德国通过立法、政策推动、财政补贴、税收优惠和规模经营等方式，推动再生资源产业的发展，得以成功构建现代化循环经济体系，有效地保护了各类资源、气候、土地、水源和民众健康。

再生资源的回收利用不仅节约了资源，而且由于生产流程的减少，生产过程的能耗和污染排放大大降低，达到节能和环保双赢的目的。我国应大力发展这方面的技术。

（3）污染治理技术。污染治理技术即环境治理技术。生产及消费过程中产生的污染物质通过废物净化装置来实现有毒、有害废物的净化处理。其特点是不改变生产系统或工艺程序，只是在生产过程的末端（或者社会上收集后）通过净化废物实现污染控制。废物净化处理的环保产业正成为一个新兴的产业部门迅速发展。废物净化技术主要包括水污染控制技术、大气污染控制技术、固体废物处理技术、噪声污染防治技术、交通工具（飞机、汽车、船舶等）运行过程中废物治理技术。

15.2.3 循环经济与环境保护

环境保护是我国的一项基本国策。循环经济则是用绿色经济运行模式来指导人类的经济活动，使整个生产、经济和消费过程不产生或少产生废物，在物质不断循环的基础上发展经济，从而使经济活动对环境的影响降低到最低程度。因此发展循环经济是我国环境保护的根本手段和根本方向。

15.2.3.1 循环经济是我国环境保护发展的根本方向

（1）循环经济对传统环保概念的冲击。循环经济从经济增长和环境保护相结合的角度考虑问题，变消极的产品污染治理为积极的产品全过程管理。循环经济模式可以概括为：自然资源、清洁生产、绿色消费、再生资源。“资源—产品—再生资源”是将环境与经济行为科学地构建为一个严密的、封闭的循环体系。在这一体系中，资源与产品之间是一种平等的相互派生、相互依存、相互支撑的关系。在这种完全符合大自然可持续发展规律的关系支配下，实现着生产废物的最大减量化、最大利用化和最大资源化，从而大大提升了环境保护的高度、深度和广度。

（2）循环经济的思想品质丰富着环境保护的内涵。几十年来，我国环境保护经历了一个由污染物达标排放、废物综合利用、清洁生产全过程控制到推行实施 ISO 14000 质量管理体系的持续改进、逐步深入的过程。这些环保措施在不同社会经济发展时期都发挥了重要作用，然而，在不同程度上也存有某些明显的不足和缺陷。循环经济在思想上首先强调的是思维的严密逻辑性和事物的彼此相关性，不仅在其体系内部形成了完整的结构形式，而且将环境与经济紧密和巧妙地结合起来。循环经济在品质方面，无论在环境技术还是在经济技术上，都明显优于任何一种单一环保措施。

15.2.3.2 发展循环经济是促进工业污染防治从单纯的末端治理向污染预防转变的必由之路

早期工业化国家走的就是一条先发展经济后治理环境的恶性循环道路，我国绝不能再走这样的弯路。传统治污采取的“末端控制”方式，不仅需要投入大量的人员、技术和资金，给政府和企业带来沉重的经济负担，末端控制治污方法实质是少、慢、差、费，严重拖经济发展的后腿，企业普遍缺乏治污积极性。末端治理明显与生产过程脱节，它实行的是“先污染，后治理”，立足点在于“治”。而循环经济则不同，它是从源头抓起，实行生产全过程控制，减少乃至消除污染物的产生，立足点是“防”。它能最大限度地利用资源，将污染物消除在生产过程之中，不仅能从根本上改善环境状况，而且能够减少能源、原材料消耗，降低生产成本，提高经济效益，实现经济与环境的双赢。循环经济与传统末端治理的最大不同是找到了环境效益与经济效益相统一的结合点，能够调动起企业防治污染的积极性。

15.2.3.3 发展循环经济是建设资源节约型、环境友好型社会的必然选择

目前，我国人均资源短缺，特别是水资源、耕地资源和矿产资源短缺以及利用效率低的问题，已经成为制约我国经济安全和长远发展的关键问题。一些重要资源长期依赖进口，特别是石油资源严重不足，这对国家经济安全极为不利。我国生态环境恶化的趋势也尚未得到有效遏制，环境形势依然严峻。因此，要充分考虑我国资源短缺，环境脆弱的基本特点，不断提高工业化工厂科技含量、降低资源消耗和环境污染，建立起适合我国国情的资源节约型、环境友好型的工业化工厂发展道路，实现新型工业化与可持续发展战略的良性互动。党的十六大报告中也提出，要“坚持以信息化带动工业化，以工业化促进信息化，走出一条科技含量高、经济效益好、资源消耗低、环境污染少，人力资源优势得到充分发挥的新型工业化路子”。这是党中央在我国进入新的发展阶段作出的重大战略决策。党的十七大报告提出要加强能源资源节约和生态环境保护，并指出必须把建设资源节约型、环境友好型社会放在工业化、现代化发展战略的突出位置。党的十八大报告又再次强调了“坚持节约资源和保护环境的基本国策”，指出发展循环经济是节约资源的有效形式和重要途径。

据分析，造成我国资源短缺、浪费严重、生态破坏加剧的根本原因在于我国还没有从根本上摆脱粗放型的经济增长方式，结构不合理，技术装备落后，能源原材料消耗高、利用率低。解决这一问题的根本途径之一就是要大力推行和实施循环经济，提高资源利用效率，预防污染的产生和排放。多年的实践也表明，如果我们继续走传统经济发展之路，沿用“三高”（高消耗、高能耗、高污染）粗放型模式，结果只能延缓我国现代化进程。从战略角度来看，走循环经济之路，已成为我国社会经济发展模式的必然选择。

15.2.3.4 实现循环经济必须理性经营环保

理性经营环保就是以市场经济的经营理念为指导，用市场交易的运作方式使环境保护主体的经济活动更加合理化、规范化，也就是说，在环境保护与经济主体之间建立一种相互影响的制约关系。要做到理性经营，首先必须处理好以下几方面的关系：

（1）正确处理理性经营和依靠政府的关系。在环境保护和市场经济的初级阶段，环境保护在政府的宏观调控下，从组织建立制度法规到执法管理都发挥了重要作用。然而，随着市场经济发展的深入，单靠政府的行政职能不可能解决好现实中不断出现的新情况、新问题，尤其是复杂的环境问题。因此，环境保护仅靠政府支撑的状况亟须得到改观。但环境保护是一个庞大的专业，是一个与社会政治、经济、文化及各个领域都密不可分的专业。用环境保护的手段来实现循环经济，又必须在政府宏观指导下，对环保实行理性化经营。

（2）正确处理理性经营和市场经济的关系。从环境保护靠政府部门转到理性经营环保，环境保护便登上了市场经济的大舞台。而环境保护在其中究竟扮演什么角色，这就关

系到与市场经济的关系问题。以环保设施市场化经营机制为例，从社会化投资、专业化建设、市场化经营、规范化管理到规模化发展，无论哪项内容、哪个环节、哪个运行程序，如果离开了市场的支持，都难以有所作为。从另一方面看，如果离开了政府的支持和帮助，也无法获得成功。可以说，环境保护在政府和市场之间，既要全面接受政府的领导和监督，又要在市场经济中按照市场法则和客观规律办事。

（3）正确处理理性经营和继承与发展的关系。理性经营环保是在新的历史条件下市场经济赋予环境保护的新革命。欲真正实现环境保护的理性经营，既要秉承和发扬现实条件下符合我国国情的思想，即强调一切从实际出发的辩证唯物主义原则，又要将新思维、新观念和新方略引入到环境保护工作中来，充实、丰富和完善新时期环境保护的经营内容。

实现循环经济是由传统环境保护计划管理型向环境保护市场经营型的转变。在这一转变过程中，政府的角色主要是制订和提供标准、规划、政策和法律法规。而环境保护自身则要努力向社会化、产业化、专业化和企业化经营的方向发展。同时，整体环境保护规划和某个环境保护计划，也包括环境工程筹划与设计，如污染治理、废物利用、清洁生产等，都应以循环经济为指导思想，实现“减量—再利用—循环”的最大效益目标。一个新型的现代企业不仅要为企业和国家创造财富，还要最大限度地减少环境成本，努力实现绿色产品战略，树立绿色经营思想，进而构筑起完整系统的“绿色通道”，确保资源利用效率和整体环境的优化。循环经济模式不仅仅是一种新的经济发展模式，更是一种新型的物质变换方式。它是物质资料生产活动的革命，它必将引起产业升级、产业结构的大调整和经济增长方式的根本性改变。

综上所述，循环经济是人类面临环境的制约为可持续发展而提出的理念。它作为一种新的经济发展模式，是解决环境问题、促进经济改革、稳定持续发展的唯一途径。因而必须对其深刻的内涵和外延加以深入的理解。循环经济是一种含义深刻的理论框架，在实施过程中，应根据不同地区的特点、经济发展水平、目前和未来经济发展总体规划、城市或区域定位等因素，确定合适的循环经济的可操作规划，并在合适的区域内开展试点，逐步推广。实施循环经济并非一朝一夕就可见成效，而是需要长期不懈的努力。应加强循环经济的宣传，加快相关立法并制定相应的鼓励政策和措施，积极支持在不同层次开展循环经济的实施；结合实际情况和要求，用其理论来指导经济发展的实践，并使环境效益、经济效益和社会效益相统一，真正实现可持续发展。

参 考 文 献

［1］杨富．冶金安全生产技术［M］．北京：煤炭工业出版社，2010.
［2］刘淑萍，张淑会，吕朝霞，等．冶金安全防护与规程［M］．北京：冶金工业出版社，2012.
［3］张娜．安全生产基础知识［M］．北京：中华工商联合出版社，2007.
［4］李耀，张卫．气体生产系统安全［M］．北京：机械工业出版社，2011.
［5］邵明天，柳润民，刁承民，等．炼钢厂生产安全知识［M］．北京：冶金工业出版社，2011.
［6］王明海．冶金生产概论［M］．北京：冶金工业出版社，2008.
［7］张丽颖，贾继华．安全生产与环境保护［M］．北京：冶金工业出版社，2010.
［8］魏振枢，杨永杰．环境保护概论［M］．2 版．北京：化学工业出版社，2007.
［9］马红周，张朝晖．冶金企业环境保护［M］．北京：冶金工业出版社，2010.
［10］李光强，朱诚意．钢铁冶金环保与节能［M］．2 版．北京：冶金工业出版社，2010.
［11］左玉辉．环境学［M］．北京：高等教育出版社，2006.
［12］张锦瑞．环境保护与治理［M］．北京：中国环境科学出版社，2002.
［13］程发良，常慧．环境保护基础［M］．北京：清华大学出版社，2002.